高等职业教育物业管理专业项目式教材

U0722244

物业管家实务

WUYE GUANJIA SHIWU

主　编/陈　爽　张义斌

副主编/常　婷　陈　曦

参　编/高冬梅　朱洪江　李伟华　袁　超　付　宇
　　　　张丹媚　全　红　黄宗葵　韦耿新

重庆大学出版社

内容提要

本书是高等职业教育物业管理专业项目式教材之一,是校企共同开发的项目任务式新形态教材,也是南宁职业技术学院"双高建设"成果之一,主要内容有物业管家岗位认知、物业管家前置、物业承接查验、入住服务、装修管理、物业管家常规工作、投诉处理、社区文化、内外部沟通、社区增值服务发展与探索等。通过本书的学习,不仅能培养学生各项物业管家服务工作的方法和技能,还能培养学生的物业服务意识和职业素养。

本书可作为物业管理及房地产管理、城市管理、公共管理和社区管理等相关专业的学生教材或教学参考用书,也可作为物业服务企业培训用书和物业管理从业人员自学用书,还可供物业管理爱好者或其他社会读者阅读。

图书在版编目(CIP)数据

物业管家实务 / 陈爽,张义斌主编. --重庆:重庆大学出版社,2022.8
高等职业教育物业管理专业项目式教材
ISBN 978-7-5689-3107-6

Ⅰ.①物… Ⅱ.①陈… ②张… Ⅲ.①物业管理—高等职业教育—教材 Ⅳ.①F293.33

中国版本图书馆CIP数据核字(2022)第148957号

高等职业教育物业管理专业项目式教材
物业管家实务
主 编 陈 爽 张义斌
副主编 常 婷 陈 曦
策划编辑:范春青
责任编辑:姜 凤 版式设计:范春青
责任校对:刘志刚 责任印制:赵 晟
*
重庆大学出版社出版发行
出版人:饶帮华
社址:重庆市沙坪坝区大学城西路21号
邮编:401331
电话:(023)88617190 88617185(中小学)
传真:(023)88617186 88617166
网址:http://www.cqup.com.cn
邮箱:fxk@cqup.com.cn(营销中心)
全国新华书店经销
重庆华数印务有限公司印刷
*
开本:787mm×1092mm 1/16 印张:13.75 字数:328千
2022年8月第1版 2022年8月第1次印刷
ISBN 978-7-5689-3107-6 定价:38.00元

前　言

随着物业管理新时代的到来,物业管家随着业主需求和物业行业发展从单一的物业服务角色转变成为业主提供个性化服务的专职人员。物业管家作为物业服务企业的主要成员,其品牌价值和服务价值越来越凸显,管家团队类型向全能型和智慧型转变。物业管家服务的好坏不仅是物业服务企业自我考核的一项重要指标,也是业主是否满意的关键。发挥物业管家服务价值,不断改善服务质量,丰富服务内容,才能更好地满足业主的需求。

目前,物业管家服务的内容和方式呈现出了多样化的趋势,本书从物业管家服务理念入手,编写主体双元组合,立足于"以学生为主体、以能力为本位"的指导思想,打破"重管理,轻服务"旧有模式,全心全意为业主提供全面、及时、周到、安全、优质的服务。为此,本书编者充分考虑物业管家实务较强的专业综合性、实践应用性等,注重以物业管家多元任务为基础,强化项目任务与实践紧密关联,应用任务驱动理念,实现工作任务与学习任务对接、工作标准与学习标准对接、工作过程与学习过程对接,学习目标体现需求导向、学习内容体现工作任务导向。

本书通俗易懂,深浅有度。理论知识广,基本技能贯穿教材的始终,符合职业院校学生的学习特点。编者采用工作任务式教学方法编写本教材,每个项目都有对应的工作任务;学生完成工作任务后,可系统、全面地掌握该项技能;教材融入行业实操内容,在完成工作任务的同时,学生可领悟与掌握物业管家工作实操服务理论知识和方法技能。

本书内容充分贴近物业管家工作实际,既涵盖物业管家工作内容和工作流程、作业指引,又囊括了具有实操性和针对性的物业管家各项工作任务策略与技巧以及风险识别与控制,并对物业管家工作与物业服务企业开展社区增值服务进行探索。本书中的许多典型案例,力求重现真实的物业管家服务场景,增强教学针对性,培养学生从事物业管家工作的服务意识,使学生掌握各种物业服务技能。

本书由南宁职业技术学院陈爽、张义斌担任主编;南宁职业技术学院常婷、陈曦担任副主编;南宁职业技术学院高冬梅,利淮物业服务有限公司朱洪江、李伟华,中铁建物业管理有限公司南宁分公司袁超,广东龙光集团物业管理有限公司付宇,重庆建筑科技职业学院张丹媚,南宁职业技术学院全红、黄宗葵、韦耿新参与编写。具体编写分工如下:物业管家岗位认知由南宁职业技术学院陈爽、利淮物业服务有限公司李伟华编写;项目一物业管家前置由南宁职业技术学院陈爽、利淮物业服务有限公司朱洪江编写;项目二物业承接查验由南宁职业技术学院陈爽、全红及广东龙光集团物业管理有限公司付宇编写;项目三入住服务由南宁职业技术学院陈爽编写;项目四装修管理由南宁职业技术学院常婷编写;项目五物业管家常规工作由南宁职业技术学院陈爽、重庆建筑科技职业学院张丹媚编写,项目六投诉处理由南宁职业技术学院高冬梅编写;项目七社区文化由南宁职业技术学院陈曦编写;项目八内外部沟通交流由南宁职业技术学院张义斌、中铁建物业管理有限公司南宁分公司袁超编写;项目九社区增值服务发展与探索由南宁职业技术学院张义斌编写;南宁职业技术学院黄宗葵、韦耿新共同编写课后习题。

  在本书的编写过程中,我们力求做到尽善尽美,但由于编写能力和实践经验不足,书中难免存在不足和疏漏之处,恳请读者批评指正。

编　者

2022年4月

目　录

绪　论
物业管家岗位认知

【知识链接】

管家从何而来

管家起源于法国,然后传到英国。老派的英国宫廷更加讲究礼仪、细节,将管家的职业理念和职责范围按照宫廷礼仪严格规范,成为行业标准,英式管家也成为家政服务的经典,私人管家由此而来。所以,在英式管家享誉世界的最初,只有世袭贵族和有爵位的名门才能享受管家服务,原因无他,只是宫廷血统尊贵而已。

英语中的管家"butler"一词源自法语的"bouteiller"——贵族或宫廷宴会上的司酒官。英国管家带给用户的应该是一种有品位的生活状态。

管家是一个家庭中的管理人员,负责整个家的事务,工作目标是令雇主的生活舒适。通常,一个英式管家手下会有一支完善的家庭服务队伍,队伍包括家庭教师、厨师、保镖、花匠、裁缝、保姆、家务仆人等,这支队伍的日常工作由管家统筹管理。

管家的职责范围,包括处理保安事宜和保证家中的日常服务顺畅,他们甚至有权利雇佣或开除其他员工,管家的最大作用是规划和监督府上的人事。在欧洲,春秋两季,豪宅主人通常会广邀贵宾打猎聚会,举办大型聚会则是对管家最大的考验。

管家于法国起源时,专为法国王室服务,形成职业,并在英国形成了职业理念和职业标准,传统的"英式管家"服务是一个管家对应一个大家族,家庭私有化阶段后一个管家率领服务队伍为多个家庭提供服务;扩散融合阶段后,管家进入酒店、物业服务等领域,被赋予新的含义和使命。

一、管家的自我认知

(一)什么是物业管家

1.任务导入

在物业服务中,管家经常会收到业主的各种诉求,例如:

"管家,我家停水了,帮我处理一下"

"管家,我有一个快递到了,我现在上班无法领取,麻烦你帮我取一下"

"管家,楼上半夜三更打麻将,吵死人,麻烦帮忙沟通一下"

"管家,我的宠物狗不见了"

"管家,我家需要家政清洁服务,麻烦帮忙安排一下"

"管家,楼道的照明灯坏了,麻烦叫人来修一下"

......

管家是什么? 似乎谁都知道,又似乎谁都说不清楚。

问:物业管家到底是什么?

2.任务分析

2003年6月,国务院颁布了《物业管理条例》,将物业管理费改为物业服务费,从费用名称上明确了物业行业的服务性质。2003年以前我们的行业一直被称为"物业管理",2007年国务院修改物业管理条例,正式将物业管理企业修改为物业服务企业,从企业属性上明确了物业服务的性质。物业服务中融入管家服务就是物业管家服务,在日常的物业服务过程中,物业管家在特定区域内为业主提供物业服务,有独立支配的时间、独立负责的片区,提供法律法规物业服务合同所规(约)定的物业服务,并依照"满意+惊喜"服务理念,为业主、使用人配置专职人员,提供专属的个性化服务。

(二)如何理解物业管家

服务是一种感觉,主动与被动让服务体验不一样。传统的物业服务仅在满足物业服务合同约定的内容基础上提供服务,而物业管家服务的特征为主动服务和走动服务,即通过主动发现问题、解决问题为业主提供贴心服务,通过主动走访和园区巡视,深入了解业主服务需求,提供专属的个性化服务。从前台延伸到园区现场,随着业主需求和物业行业发展,管家从单一的物业服务角色转变成为业主提供个性化服务的专职人员。

随着物业新时代到来,管家作为物业服务企业的王牌团队,品牌价值和服务价值越来越凸显,管家团队也向全能型和智慧型转变。物业管家服务具有以下3个特点。

1.品质化呈现

细腻体贴的优雅服务让业主领略到精益求精、业主至上的物业管理品质。品质化呈现的关键是强化管家服务在物业服务中的作用。标准一致与适宜、价格合理、品牌优异、服务完美以及与业主密切是决定品质化呈现的主要因素。

2.人性化设计

物业管家对服务体系、服务内容、服务标准进行人性化的设计,分析业主的需求特征和需求偏好,让融入了管家服务的物业管理提升业主的满意度,体现业主的个人价值感、成就感、尊崇感。业主不喜欢千篇一律的产品和服务,因而根据业主的不同个性化需求提供令业主满意的个性化服务才是最佳的物业服务。

3.私属化服务

物业管家除为业主提供基本的物业服务外,还根据业主的实际需求和私人定制提供高标准、高质量、高品质的私有化服务,在为业主提供产品或服务的同时,为业主提供额外的私属化的服务,如为业主提供私属化的租赁服务、代订代购服务。在物业管家服务中,特别重视对业主年龄、性别、心理文化等要素细分并分析和研究,打破传统物业管理的条条框框,提供有针对性的、超常规的物业服务。

(三)物业管家的关键素质

1.物业管家的素质模型

物业管家需要有服务精神和担当,需要有学习和创新的勇气、沟通和协调的能力、良好的职业道德。

(1)服务精神和担当

物业管家要树立"业主至上"服务理念,"业主至上"服务理念要始终贯穿于物业管家服务工作中。物业服务的内容多、范围广、要求急、情况复杂,是从事物业服务的每一个人都会体会到的事实。管理事项大到房屋修缮,小到一个楼道灯,要想管理好,必须依靠全体服务人员的积极性和主动性。在细微琐碎的工作中,难免出现失误,面对工作上的疏忽和失误,物业管家不能相互推诿而不改正,不良行为会给物业服务企业形象造成负面影响,严重的可能将物业服务企业多年打造的良好品牌形象付之一炬。物业管家素质模型中,物业管家需要勇于承担责任、勇于担当。

(2)学习和创新的勇气

在我国,物业服务仍属于新兴产业,随着物业服务越来越紧密融入社区治理和城市服务,它需要各方面的专业人才,没有一定专业知识和专业能力的人是无法从事物业服务工作的。物业管家必须不断学习、与时俱进,具备现代管理知识、物业管理知识与专业能力,拥有良好的倾听能力和语言表达能力,掌握一定的物业服务技巧,掌握现代办公技能,如使用计算机和网络构建信息化物业管理平台来实现物业科学、信息化管理。

(3)沟通和协调的能力

物业管家面对的主要服务对象是形形色色的人,对不同业主灵活地采用不同服务方式,才能尽量满足业主的合理要求,减少服务不周带来的纠纷。物业管家应具备良好的人际沟通能力,包括与业主、员工以及其他部门的沟通能力和独立处理各种问题的能力、人际关系的协调能力。

(4)拥有良好的职业道德

物业管家应该忠于职守,尽职尽责,有强烈的事业心和责任感,不擅权越位,不掺杂私心杂念,不渎职。在工作中,凡属于自己的工作范围内的工作,应千方百计地完成,真正为业主创造安全、舒适、宁静、方便的工作、学习、生活环境。物业服务是为公众服务的,接触的是各种性格、各种职业、各种文化层次、各种素质修养的人。针对服务对象的多样性,物业管家要有很好的心理素质、很好的适应性。任何时候都要兢兢业业、热情服务,物业管家才能得到众多业主认可。

2.物业管家的发展力

(1)学习力

随着物业服务多样化发展,作为物业管家,应该保持学习能力,学习先进的物业管理知识,努力在职业实践中提高职业能力。虚心向前辈学习,努力学习专业知识,增强科技意识,加强专业技能训练,提高综合能力。

（2）服务设计力

物业服务的关键在于服务的质与量,高质或高量大都未必是上乘的服务。即便服务提供方为同一个人,在精力充沛与精疲力竭的时候提供的服务品质也会千差万别,而要求不同服务人员保持始终如一的服务更是难上加难。服务的重点在于设计好的服务质量,为业主提供持之以恒的服务。好的服务都是设计出来的,物业管家需要对服务进行设计,让服务看得见、听得见、感受得到。例如,巡区的服务设计、对不常住的业主服务设计只有吸引关注、满足业主的需求才能为业主创造价值。

（3）共情力

设身处地体验他人处境,敏锐地观察业主的要求、态度、需要。物业管家通过业主的言谈举止等,判断业主内心的真实想法,并根据事态的发展做出正确的判断和决策。感受和理解他人情感,牢记不要仅从自己角度去思考他人的问题,永远不要将你或别人的经验套在他人身上,不断向他人反馈,不断纠正理解偏差。

（4）实践力

有意识地提高和拓展自己的兴趣,加强自信心,去尝试一些未曾做过但有益于专业发展的实践,挖掘自身的潜能、拓宽自己的事业范围,有意识地培养、锻炼、提高实践能力,使实践能力转化为自己职业技能的一部分。

（5）意志力

物业管家服务是极其复杂的工作,物业管家需要不断克服各种主客观原因造成的心理障碍,不断发挥主观能动性。只有不断增强意志力才能做好服务工作。在服务工作中,物业管家应自觉支配自己的行动,为提高自己的业务水平而不懈努力,正确地对待自己的成绩与进步,虚心向他人学习,弥补自己的不足,勇于克服并战胜各种困难。在物业服务中,情况千变万化,各种矛盾复杂多变。物业管家必须具有驾驭整个事态的能力,在变化的事态中,物业管家应全面考虑,权衡利弊,恰到好处地利用一切可以利用的条件,不失时机地正确处理问题,使事态沿着预定的目标发展,达到预期的效果。

（6）自制力

自制力强的人,能够控制自己的情绪,无论在什么情况下,都能镇定自若,善于把握自己的行为分寸,不失礼于人。在物业管家服务工作中,物业管家难免会遇到各种不顺心的事情,这就需要能克制、调节自己的情绪,遇到困难、繁重的任务不回避,对工作不挑拣,不感情用事。

（7）应变力

物业管家每天都要面对不同的业主,不同的业主对服务感知和要求都是不一样的,很多时候物业管家要面对不同挑战,这就需要物业管家具备一定的应变力,特别是在处理一些恶性投诉的时候,物业管家要灵活地根据已发生的情况,迅速做出新的判断,灵活机智地选择新的、适应新情况的应变方法,使自己始终保持应变主动,处变不惊。

（8）记忆力

物业管家工作是一项复杂的工作。在服务工作中,物业管家要与业主打交道,业主的要求、需要又各不相同,因此物业管家应有良好的记忆力,牢记每个业主的外部特征和他们的需求,只有这样才能为业主提供优质的服务。

(9)业务能力

业务能力是物业管家在完成业务活动的过程中所具备的综合能力。物业管家工作有对应的职务范围和既定的工作程序、作业指导书,物业管家对这些职责、工作程序、作业指导书及相关的知识应熟练掌握以提升服务工作的质量和水平。

二、物业管家工作认知

物业管家要以业主满意度为工作依据,监督绿化、保洁、工程、秩序服务质量,协助解决物业服务区域品质问题,保证服务品质,跟进相关问题并及时反馈。物业服务企业是营利性企业,与其他服务型企业一样,需要凭借服务获取业主的满意度和忠诚度,以此来获得报酬而达到自己的营利目的。因此,物业管家必须做好自身的服务工作,树立以业主需求为导向、努力实现业主价值的服务理念,努力为业主提供优质、满意的服务。物业管家应满足业主的需求,提高业主的满意度和忠诚度,在与业主的双向互动中实现业主对物业服务企业认可和信任的最终目标。

(一)物业管家是业主关系的管理者

由于物业管家服务是一种不同于其他类型的服务,业主对其服务的切身感受和满意程度直接决定了物业服务企业的生存与发展,由此,物业服务企业必须下功夫研究业主对物业管家服务的感受和意见,了解业主的需求。因此,在服务过程中,物业管家担负着业主关系管理者的职责,应积极了解业主的信息、受理业主需求、维护业主关系,以业主为中心对业主信息有效管理,挖掘业主需求,把握服务关键点,为业主提供主动、贴心的服务,建立和谐、融洽的业主关系。

(二)物业管家是优质服务推广者

物业服务企业的增值业务是其利润增长的一个重要方面。作为物业服务企业与业主之间的沟通媒介,物业管家应根据业主需求,不断更新与深化服务内容,提高服务水平与服务质量,为业主推荐优质的社区生活服务,促进实现社区经营指标。例如,负责生活团购、房屋配套等产品宣传与推广;负责居家保洁、星级保姆、会员卡等产品宣传与推荐;负责房屋租赁,客源、房源推荐;车位业务,负责车位宣传与客源推荐。通过推广多种优质服务,努力实现物业管家服务与管理高度统一。

现今,没有任何一个行业像物业服务行业这样把管理和服务结合得如此紧密,没有优质服务的管理不能称为物业管理。对业主来说,支付了物业服务费就要享受到满意的服务,在日常生活中,物业服务企业的作用就是公共服务,物业服务企业必须把服务作为管家工作的重要内容,同时把管理作为有效手段。物业管理的满意与否、业主服务质量的优劣也直接影响物业服务企业的经济效益与社会效益。

(三)物业管家是社区文化营造者

物业项目在规划设计之初就应本着建筑文化与人文精神内涵和谐统一的宗旨,不但要为业主提供设计合理、质量优良的室内空间，而且还应为业主提供环境优美、自然、亲和的外部空间。在日常管理上，实施"以人为本"物业服务理念，推动开展片区社区文化活动，协助组建社区社团，营造睦邻友好社区氛围。

（四）物业管家的职责

在整个管家服务工作中，物业管家要立足一个中心，管理业主信息、受理业主需求、维护业主关系、协调物业资源、负责费用收缴、助推品牌传播和社区文化、提供优质服务。具体的工作如下。

1.服务管理

制定物业管家工作的各项管理制度、工作流程及工作标准。向业主或住户提供各项与物业管理相关的咨询。及时解决业主的各类投诉，并做好投诉的回访工作。为业主办理入住、装修或搬离手续以及各种收费手续。受理业主房屋设施、公共设施的报修，并及时安排相关人员上门处理。定期对辖区内业主回访，征求业主对物业服务的意见及建议，收缴所管理的片区物业服务费用。

2.社区文化建设

制订各种文化活动方案、节假日的装饰方案等，组织、安排人员布置物业服务区域，营造小区内的节日气氛。与业主、业主委员会紧密联系，组织开展各种文化娱乐活动，丰富社区文化生活。

3.业主档案建设及管理

收集整理及日常管理物业服务相关档案资料，保证归档及时、有效，确保档案无遗失。

（五）物业管家服务的价值

1.管理价值

管理价值是物业服务的基础。服务管理的全部核心内容都集中在对建筑物及附属设施维修和养护上。服务管理所涉及的全部内容的基础是，为谁提供价值和提供什么价值。对建筑物维修和养护可以使得建筑物保值、增值，从而实现物业服务的管理价值。

2.服务价值

服务价值是物业工作本质的体现。物业管家服务的好坏不仅是物业服务企业自我考核的一项重要指标，也是业主是否满意的关键。服务水平高，物业服务企业在开展其他工作时就会得到广大业主有力支持；相反，服务水平低，就不能得到业主认可，轻则业主拒交物业服务费，重则更换物业服务企业。发挥物业管家服务价值，提供优质的物业服务，将使企业拥有一批稳定的、高价值的、高忠诚度的、高回头率的业主，好的口碑也将为企业赢来越来越多的新业主，从而为企业带来巨大的经济效益。企业在提高产品质量、增加产品功能的同时，也不断改善服务质量，丰富服务内容，更好地满足业主的需求。

3.经营价值

经营价值是物业工作的目的。物业管家服务是市场经济的产物，物业服务企业实行的是"自主经营、自负盈亏、独立核算、自我发展"运行机制，其收入主要为向广大业主收取的物业服务费用。在保质保量完成业主服务工作的同时，物业服务企业还要积极贯彻"想业主之所想，急业主之所急"服务精神，全方位、多层次地开展各类满足业主日常生活的增值服务。这样，物业服务企业的经济效益才能最大化。物业增值服务会为企业带来巨大的经济效益，这是企业发展壮大的基石。

4. 品质价值

品质价值是企业的口碑和形象。目前，物业管家服务的内容和方式呈现出多样化的趋势，能否满足业主高标准、多变化、快速扩展的服务需求已经成为国内外评定高品质物业管理服务的重要标准。物业服务企业只有建立"以优质服务为中心"的管理模式与服务理念，才能大幅度地提升服务品质，树立自身良好的企业形象，在竞争激烈的物业服务行业中立于不败之地。因此，企业要在物业服务品质提升上加大力度，勇于改革、创新，为业主提供更好、更优质的服务，努力通过服务为业主营造优美、安全、舒适的生活、工作环境，打造物业服务企业的品质价值。

三、物业管家服务体系构建

物业管家服务体系构建离不开人、工具、环境和机制。具体的服务体系搭建如下。

(一)人——打造一支具有核心竞争力的管家团队

从选人、育人、用人三方面选拔和培养物业管家，发挥物业管家的作用。打造一支具有核心竞争力的管家团队，是物业管家体系构建的重要因素。对于管家成长规划职业晋升路径，通过不同考核路径，给予物业管家绩效奖励，形成良性机制，为物业管家提供晋升空间。物业管家人才晋升有两条路径，分别是管理人员和专业技术人员，每半年考核一次，考核合格即晋升到相应的层次。人才的晋升条件必须满足物业管家素质要求，公司通过岗位履职能力考核和工作业绩考核决定晋升人选。

在选人方面，要提升管家入门门槛，拓宽职业晋升渠道，要重视并关注物业管家的成长和发展。对管家工作充分授权，减少沟通成本。提拔有能力的管家，不拘一格快速提拔善于服务、敢于管理的物业管家，让整个团队看到榜样和希望。

(二)工具——管家开展工作所需的支撑

物业服务企业需要为管家开展工作提供必要的工具，如系统工具和作业工具。系统工具包括大管家App、微创新平台、在线管家服务系统等。物业服务企业投入到管家工作中的系统工具是必不可少的，这是顺应时代要求的，能更好地顺应信息化时代便捷服务需求。另外，物业服务企业需要为管家配备作业工具，如服装鞋子、工具包、管家手机等。物业管家统一的服装代表管家的职业形象，良好的职业着装能塑造物业管家专业化服务的职业形象。在巡区或入户拜访时，管家工作工具包使管家能及时进行一些简单维修和设备维护。管家手机能让管家时刻与业主保持联系，及时解决业主诉求。

(三)环境——为管家创造提供服务的环境

物业管家服务离不开良好的物业服务环境，需要物业服务的横向部门——绿化、保洁、工程、秩序各部门配合，横向部门配合好与坏，决定了管家能否快速协调物业资源响应业主诉求并为业主解决问题。另外,好的服务环境还需要物业项目经理支持。作为项目大管家,项目经理需要从管理到意识上都足够重视物业管家,形成以管家为核心的团队管理机制,通过定期召开管家座谈会、建立激励制度、重点跟进和协调物业管家服务重大疑难问题、处理突发事件等支持管家工作。建立项目的销项管理机制,每周组织一次管家及外委单位巡检并形成销项计划,对处理完成的工作销项。维护关键业主,培养良好业主关系,同时充分支持和争取房产、营销及横向部门配合度,充分支持社区、水电气市政公司等行政单位的政策。通过项目负责人、部门负责人、资深管家等1+1结对子、以老带新的方式帮助新晋管家快速成长。全面推行"楼长或组团长制",项目负责人、部门负责人划片担任楼长或组团长,楼长或组团长负责管理辖区品质,无条件支持物业管家工作,如处理业主诉求,协助管家入户拜访、组织社区活动、重要业主关怀等。项目经理与本项目物业管家建立一对一沟通渠道,及时给予指导并提供决策性意见,项目经理每日在管家交流群内对管家工作点评,每周在工作周例会上分享一位物业管家先进事迹或优秀业绩,激励先进、督促后进。这些措施都能为管家创造好的服务环境。

(四)机制——出台物业管家服务所需的机制

机制是物业管家服务体系搭建的重要支撑,出台响应机制和考核机制才能更好地保证物业管家服务体系实施。

1.10分钟响应机制

所有业主来电、来访以及通过微信、短信、电话等信息渠道向物业服务中心、监控中心和物业员工反馈问题、意见和建议时,物业管家要做到10分钟快速响应。能够在10分钟内处理的,立即安排处理,并将处理结果反馈业主;10分钟内不能处理的,需要在10分钟内将处理计划反馈业主,并约定处理时限;如遇特殊情况无法在约定时限内处理完成,接单人须在约定时限前与业主取得联系,告知处理进展和后续处理计划。

2.销项机制

对已经完成的工作任务及时销项。

3.上报机制

对不能完成的工作及时上报,寻求解决。

4.考核机制

内部满意度评分,充分运用考核结果,奖励考核优秀者,惩罚考核不合格者。

(五)物业管家服务理念

1.切实提高物业管家职业素质

员工是企业的品牌,物业服务能否令业主满意,在很大程度上取决于服务者的素质。在物业服务领域,高素质员工不仅意味着有高学历,还意味着有较高的政策水平、较强的协调能力和良好的职业道德。提高管家职业素质至关重要。

2.规范化和个性化服务相结合

满足群体业主的普遍要求是日常物业服务的重点。为了保证日常服务质量具有较高水平和稳定性,物业管家服务必须将业主满意的理念转化为各种制度、流程、方法、技术手段并付诸清洁、维修、绿化等管理实践中。

3.提供惊喜服务

通过识别业主需求和评价业主满意度,前瞻性地预测业主需求并提前满足相关需求,尽可能给业主惊喜服务。应对可能导致业主不满意的因素,采取预防性措施,有效降低业主不满意度。由于客观条件和综合因素制约,实际服务工作中势必存在一些令业主不满意的情况,对此,物业服务企业必须采取及时妥善的补救措施,可从细节、感性出发,向业主提供惊喜服务,化解业主的不满情绪。根据"250定律",每一位业主身后,大约有250名亲朋好友。如果你赢得了一位业主的好感,就意味着赢得了250个人的好感;反之,如果你得罪了一位业主,也就意味着得罪了250个人。这一定律有力地论证了"顾客就是上帝"的真谛。由此,我们可以得到启示:必须认真对待身边的每一位业主,因为每一位业主的身后都有一个相对稳定的、数量不小的群体。一个非常不满意的业主可能把不满告诉至少250个人,而这些人在产生相同需求时几乎不会光顾该受批评的企业。相反,业主如果感受到惊喜服务,不仅会成为这个企业的忠诚业主,在有需求的时候持续购买服务,而且会成为这个服务的传播者,向身边的朋友宣传,从而形成"250定律"口碑正向传播。

4.有温度的微信管理

微信信息传播快、受众广,且具有一定目标性,展现直观、传播形式多样,包含文字、语音、照片、视频等,微信可作为物业管家品牌的重要宣传途径。企业通过微信对业主分类,对不同业主采取不同沟通方式。巧用微信曝光自己,利用朋友圈及时发布工作动态,让业主了解物业管家的工作及成效。物业管家学会点赞、赞美与感恩,可以拉近与业主的距离,塑造做事有态度、有效率、有理性又有感性的物业管家形象。

5.关注业主人生高光时刻

特别关注业主生日,特别是长者大寿、年轻业主生日、小孩生日,送上祝福和问候,对业主小孩高考前、金榜题名时做有针对的关爱服务,业主结婚协助布置环境,在业主添丁、入住、妇女节、母亲节、父亲节、教师节、重阳节等时刻提供惊喜服务,这更能拉近与业主的距离,获得较高满意度。

课程资源

项目一
物业管家前置

【知识目标】

　　1.了解物业管家前置各项工作的意义。

　　2.了解销售案场服务、工地开放日、交付前的管家服务工作内容、工作流程和作业指引。

　　3.掌握销售案场服务、工地开放日、交付前管家服务策略与技巧。

　　4.学会销售案场服务、工地开放日、交付前管家服务的风险识别与控制。

【能力目标】

　　1.能配合、组织、协调销售案场服务、工地开放日、交付前管家服务,使各项服务工作井然有序、热烈而不混乱。

　　2.能对销售案场服务、工地开放日、交付前管家服务可能出现的各种突发事件预控和应急处理,从而为营销推广方案和策略实施提供有力支持。

　　3.能针对销售案场服务、工地开放日、交付前管家服务提供一般咨询服务。

【思政目标】

　　1.对行业发展前景充满信心,对公司有较高认知度和忠诚度,具有正确的方向价值观。

　　2.工作积极、主动、认真、热情,有极强上进心和证明自我价值的期望。

　　3.具备良好的综合、抗压能力,自我要求严格,调整、适应能力强,组织纪律性和团队协作性强。

　　4.善于学习,勤于思考,能适应新形势下的各项发展要求,具有优异的沟通能力。

【知识储备】

　　物业管家前置是在房屋正式交付之前物业管家配合开发商所做的与销售、提升楼盘品牌息息相关的一系列服务工作。开发商和业主对物业管家前置工作也不断提出新的要求。物业服务企业良好的物业管理形象能促进地产销售,并增长其利润,这已是不争的事实。物业服务企业需要根据项目的整体定位,为客户提供高标准的接待活动,让其提前感受到优质的物业服务。物业管家前置需要管家具备接待礼仪方面的知识,具备物业管理法律法规知识并能熟练运用,掌握物业管理销售案场服务、工地开放日、交付前管家服务各项制度标准、流程,具备服务设计和风险防范的知识和能力。

【知识帮助】

销售案场服务指房地产销售现场的服务,主要针对售楼处以及售楼中心的物业服务事务统一管理,让客户享受尊贵的服务,树立良好的企业形象,提升楼盘品质,促进楼盘销售。

工地开放日指在商品房未交付之前,为缓解客户等待交房时的焦虑心情、满足准业主希望了解房屋建设情况的需求、降低入住时产品缺陷率、提前释放集中交付压力而组织的看房参观活动。工地开放日是个性化的服务,可提升购房业主的满意度。工地开放日让业主了解工程的进展情况,目睹、体验住宅产品的建造过程,消除业主的疑虑。通过工地开放日,开发商和施工单位提前了解客户关注点,有针对地整改。工地开放日减小集中交付的压力,使开发商和施工单位与客户之间建立良好的互动关系。

交付前管家服务是指在业主签约后物业管家的客户关系和信息维护工作,旨在加强入住前与业主沟通,维护良好的客户关系。

任务一　销售案场服务

销售案场服务在配合地产销售中起到非常重要的作用。就物业管家工作而言,销售案场服务内容主要包括销售案场大厅服务、水吧台服务、样板间接待服务、配合开盘活动服务。

子任务一　销售案场大厅服务

1.任务导入

(1)售楼部现场服务

某日,王先生和王太太在御景湾项目售楼部看房,配合销售的物业管家李梅接待了二人。李梅引导客户入座,及时送上茶水,并向客户介绍了楼盘的基本情况,提供了咨询服务,待置业顾问空闲时,及时引荐置业顾问为客户服务。这样的无缝衔接,既没有使客户被冷落,又让客户初步了解了楼盘的情况。当置业顾问讲解沙盘时,李梅又及时为客户续杯。在售楼部案场服务工作中,李梅秉着专业的服务态度和热情的接待服务,受到了王先生和王太太的热情赞誉。在李梅热情配合服务下,加上置业顾问的专业讲解,有明确购房需求的王先生、王太太现场认购了一套140平方米的新房。

问:物业管家如何配合销售大厅的服务工作呢?

(2)任务分析

销售案场大厅的服务工作,直接影响着项目销售的签约、成交率。在销售案场大厅服务工作中,物业管家应有专业、严谨、大方得体装束的工作形象,营造成熟、干练、亲切、举止规范、工作状态饱满、稳重可信任的形象。在销售案场服务中,物业管家需要了解销售楼盘的基本概况,如建筑面积、占地面积、绿化率、配套设施、户型分布及样板间等,能现场解答客户提出的一些基本问题,及时为客户提供茶水服务,辅助置业顾问的销售服务工作。

2.销售案场大厅服务工作内容与工作流程

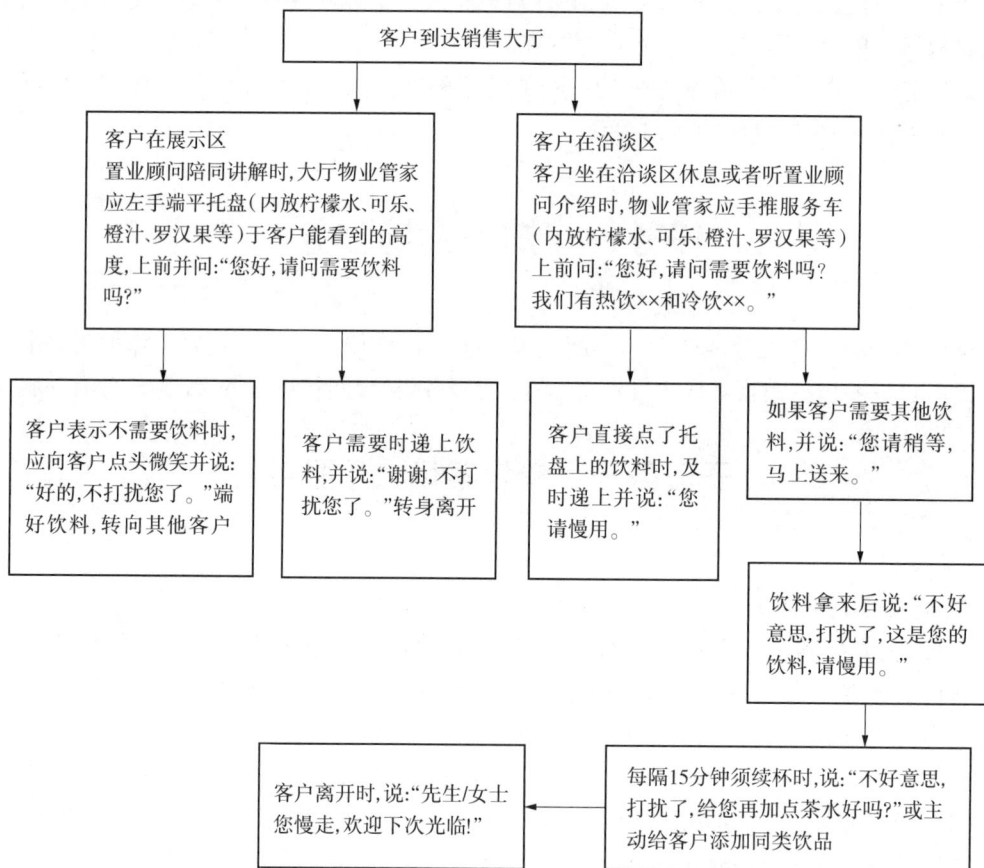

(1)销售案场大厅服务工作内容

销售案场大厅每天正式接待之前,物业管家要检查背景音乐,如未播放或音乐停止,应立即提醒中控室,直至恢复正常;检查售楼大厅卫生状况,进行力所能及的整理工作,如摆放桌椅沙发,清理残留茶杯、烟缸、地面纸屑等;检查售楼处办公室、洗手间、电梯等卫生状况,如果发现问题及时通知清洁工;正式接待时,热情向顾客问好,引导来访客户落座,将配备的饮品种类报给客户并询问客户的需求;介绍基本情况,积极主动地回答客户提出的物业管理方面的问题和其他询问;使售楼大厅的设备、家具、物品处于良好状态。

(2)销售案场大厅服务工作流程

```
                    ┌─────────────────────┐
                    │   客户到达销售大厅    │
                    └─────────────────────┘
```

客户在展示区	客户在洽谈区
置业顾问陪同讲解时,大厅物业管家应左手端平托盘(内放柠檬水、可乐、橙汁、罗汉果等)于客户能看到的高度,上前并问:"您好,请问需要饮料吗?"	客户坐在洽谈区休息或者听置业顾问介绍时,物业管家应手推服务车(内放柠檬水、可乐、橙汁、罗汉果等)上前问:"您好,请问需要饮料吗?我们有热饮××和冷饮××。"

客户表示不需要饮料时,应向客户点头微笑并说:"好的,不打扰您了。"端好饮料,转向其他客户	客户需要时递上饮料,并说:"谢谢,不打扰了。"转身离开	客户直接点了托盘上的饮料时,及时递上并说:"您请慢用。"	如果客户需要其他饮料,并说:"您稍等,马上送来。"

饮料拿来后说:"不好意思,打扰了,这是您的饮料,请慢用。"

每隔15分钟须续杯时,说:"不好意思,打扰了,给您再加点茶水好吗?"或主动给客户添加同类饮品

客户离开时,说:"先生/女士您慢走,欢迎下次光临!"

3.销售案场大厅服务作业指引

(1)目的

配合地产销售工作,规范销售案场大厅服务工作,努力提高客户满意度,展示物业管理优质的服务形象。

(2)适用范围

适用于物业服务企业销售案场大厅服务工作。

(3)职责

物业管家主要负责日常售楼大厅客户接待服务工作,如遇到客户咨询、投诉,也有义务

解释并及时传达。

（4）程序要点

①按照相关要求做准备。打开空调、灯光、音乐，检查售楼大厅卫生状况，如果发现问题及时通知处理。以上工作应保证在上班后半小时之内或第一位参观人员到来之前全部完成。

②严格执行服务礼仪规范，热情接待客户，客户离开时，应送至门口，立即撤去残留饮品、杂物等，并及时将台面擦干净，将桌椅摆放整齐。接待多批次参观人员时，应做好工作调度，力求全面兼顾，不冷落任何一位客户。

③介绍基本情况、回答客户询问。熟悉物业基本概况，如建筑面积、占地面积、绿化率、配套设施、户型分布及样板间的基本情况等。客户提出物业管理方面的问题时应积极主动地回答。客户询问涉及价格、销售率等敏感或无法确定答案的问题时，应告知客户直接向置业顾问咨询。

④使售楼大厅的设备、家具、物品处于良好状态。每日例行检查，清点所有设备、桌椅、沙发、书报架等各类物品，做到账物相符。发现设备、家具、物品损坏、丢失及故障时，应在半小时内报告至现场主管。客户移动的家具、物品应立即恢复至原位。参观人员较多时，应密切注意小件物品，避免丢失、损坏。灯具、空调损坏时，应立即报告至现场主管，保持售楼大厅整洁，及时完成力所能及的保洁工作，无法自行完成时应立即请现场主管协调处理。

4.销售案场大厅服务策略与技巧

（1）注重服务礼貌、礼仪

销售案场大厅服务物业管家要穿着体现服务人员形象的服装，使用礼貌用语。对客户要用尊称，对待客户的家庭成员要一视同仁，尊重老人，适当照顾小孩儿。说话要不卑不亢、落落大方。客户询问时，物业管家应站着回答。路遇客户应主动问好并立定让路。客户到访时，应在第一时间站着问候并打招呼、敬水、让座、陪同参观。礼貌相迎，礼貌相送，送客时，应送至大门外。

（2）接受客户监督

在售楼处现场，公布相关监督渠道（电话、网站、信箱等），接受客户监督销售服务质量。接到服务态度不佳等客户反馈后，物业管家要详细了解事件经过和相关当事人的全部具体情况以及客户要求等，第一时间在客户意见反馈记录单上记录，然后核查本次客户反馈事件，如客户反馈事件属实，公司将依据管理制度处理服务态度不佳当事人，并及时将处理结果反馈给客户。

5.销售案场大厅服务风险识别与控制

风险点	风险影响及后果	预防措施
在工作时间内长时间接待私人朋友；工作时间在办公场所内，吃零食、玩手机、化妆、盘头发，做与工作无关的事情等	1.引起看房客户不满； 2.影响客户对物业服务的评价； 3.延误正常的工作	1.加强员工工作流程、工作标准、文明礼仪等工作培训； 2.加强员工绩效考核，视情况扣绩效分，及时使不认真负责的员工调整工作状态

续表

风险点	风险影响及后果	预防措施
与看房客户发生矛盾	1.影响楼盘销售; 2.给地产带来负面影响	1.建立客户投诉处理机制,接受客户对于销售服务质量的投诉; 2.加强员工职业道德、工作标准培训; 3.开展专业化的客户服务技能培训,端正员工的态度,规范服务礼仪,规范物业服务语言,提高物业管家的专业素质和服务技能,避免因人为因素引发纠纷或激化矛盾
物业管家擅自向外发布销售情况,如价格、销售状况、活动安排、客户资料等	1.竞争对手获取商业秘密,影响地产销售; 2.引发客户不满; 3.企业形象受损	1.及时辞退不合格员工,并追究责任; 2.与物业管家签订保密协议,通过协议约束行为; 3.加强职业道德工作、规范培训

子任务二　水吧台服务

1.任务导入

(1)向客户提供茶水服务

某日,售楼部置业顾问接待了一对需要购买婚房的年轻人。置业顾问引导客户就座,讲解楼盘情况。水吧台的物业管家准备好了饮料,负责销售大厅服务的管家给客户端上了刚制作的果盘和点心,并根据客户需求及时为客户递上了饮料,全力做好服务工作,配合销售。

问:在案场服务中,物业服务工作的目的是配合地产销售,就水吧台工作而言,应该如何服务呢?

(2)任务分析

水吧台服务是配合地产销售的重要工作,是展示物业管家良好的精神面貌和优良的服务素质的重要窗口。水吧台服务的物业管家须遵守公司各项规章制度,保持良好的心态和精神面貌,做好茶水服务工作,能熟练使用水吧台的各种电气设备,并能不定时对设备清洁和整理,确保其正常运行,熟悉售楼处各区域,如营销大厅、洽谈区、VIP室、客服中心等,收集客户的意见和建议,及时改进茶水供应服务。

2.水吧台服务工作内容与工作流程

(1)水吧台服务工作内容

负责水吧物资制品,并保持茶水和食品新鲜、卫生。在接待客户前清洁吧台、设备及周围地面,将杯具清洗、擦拭及消毒。预备吧台的日常用品、装饰物、果汁、水果等。当有客户在洽谈区或VIP室落座时,送上食品、饮料并及时添加。及时更换烟灰缸及收拾桌面。当客户离开时,及时整理客户坐过的桌椅和使用过的物品,保证洽谈区和VIP室以最佳的状态迎接客户。吧台中所有物品和用品进出记账,每日清点水吧台物资消耗情况,并记录日消耗量。

（2）水吧台服务工作流程

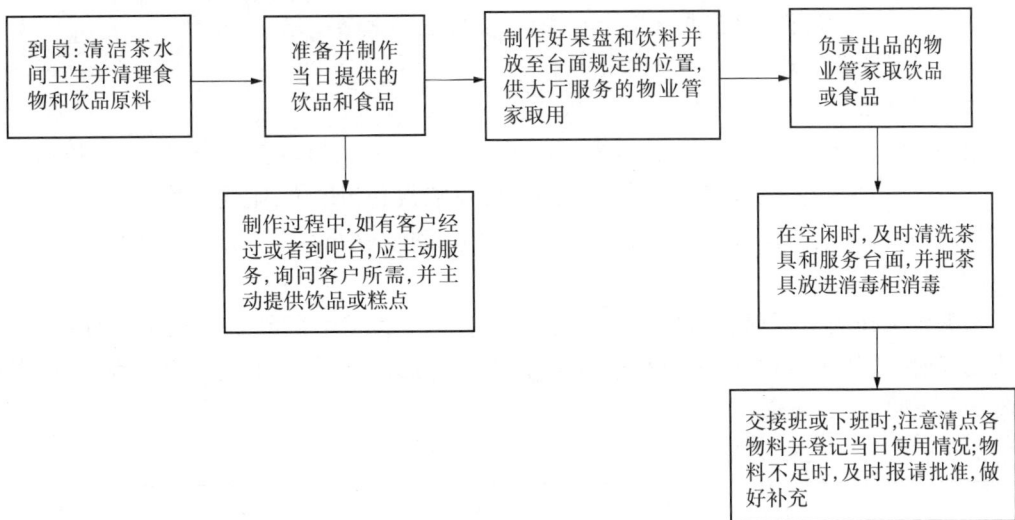

到岗:清洁茶水间卫生并清理食物和饮品原料 → 准备并制作当日提供的饮品和食品 → 制作好果盘和饮料并放至台面规定的位置,供大厅服务的物业管家取用 → 负责出品的物业管家取饮品或食品

准备并制作当日提供的饮品和食品 ↓ 制作过程中,如有客户经过或者到吧台,应主动服务,询问客户所需,并主动提供饮品或糕点

负责出品的物业管家取饮品或食品 ↓ 在空闲时,及时清洗茶具和服务台面,并把茶具放进消毒柜消毒 ↓ 交接班或下班时,注意清点各物料并登记当日使用情况;物料不足时,及时报请批准,做好补充

3.水吧台服务作业指引

（1）目的

让客户享受尊贵的服务,创造优雅、舒适的环境,保证服务质量,树立企业的良好形象,提升楼盘品牌价值,展示物业管家的良好形象。

（2）适用范围

物业服务企业各项目水吧台物业管家服务。

（3）职责

水吧台物业管家全程为来访客户提供饮品、糕点或果盘服务,对饮具和餐具进行清洗、消毒,及时补充水吧台物资(消耗品),收集客户的意见、建议以及现场问题,并及时改进水吧台服务。

（4）程序要点

①水吧台操作规范要求。水吧台管家清洁吧台,整理及放设各种物品,备用的器具、器皿应进行消毒,以保证卫生。做好吧台内的清洁卫生以及物品准备工作,用干净的毛巾擦拭洽谈区和VIP室的桌椅,以最佳状态等待客户到来。检查各种食品数量与品质,如果数量不足或品质有问题,及时向服务经理汇报,以免食品不足。各种饮品都要有所准备,并倒在纸杯里,但每杯只倒七分满。站立在吧台外,脚跟合并,两手下垂并在体前交叉,右手放在左手上,面带笑容,等待客户到来。

②茶水服务操作规程。客户点茶水后,到吧台取干净、无破损的水杯,放入适量茶叶,冲入100℃开水。若水杯有杯盖,须盖上杯盖。将水杯放在托盘的中间位置平稳地端至客户面前,以半蹲式服务将茶水递给客户。水杯数量超过4杯时,可将托盘放于桌面,双手斟茶,在将水杯落桌后,右手伸直,简单做"请"的手势。站在客户右手边,从主宾开始斟茶,斟茶时不能超过座台中心。每隔5分钟左右加一次水,以半蹲式将客户的茶杯拿至右手边,侧身加水,加八分满即可。

③水果盘制作操作规程。把刀和砧板清洗消毒。所有备用水果必须储存于冰箱中。把西瓜或哈密瓜切成1/8块,每块去皮后切成薄片。菠萝去皮,切成1/4块,然后切成薄片。将橙子切成1/4块,用刀把每块的橙肉和皮分开,但不切断。将苹果去皮,对半切去心,将每

块切成片或用挖球器挖成球形小块。把已做好的各类成品水果按规则、形状铺放在水果盘内。空隙处可放上红提、荔枝或其他小水果,在水果盘边上摆上果签。

4.水吧台服务策略与技巧

(1)严格管理水吧台物品

水吧台操作人员负责看管、交接吧台内的工具、物料,尤其注意刀具管理,严禁私自外借,以免造成危险。工具有遗失、损坏现象时,如不能找到当事人,吧台操作人员负责赔偿。及时补充物料,登记进仓(需要相关人员验收)、出仓,进出仓与存货数量应符合。

(2)保证出品卫生

水吧台工作人员要保证出品卫生,为此水吧台操作人员不得留长指甲,不得涂指甲油,制作食品时,应佩戴口罩,为避免冰箱异味,冰箱仅存放水果、饮料等吧台操作物品,不得存放其他私人物品,如饭盒、熟食等。

5.水吧台服务风险识别与控制

风险点	风险影响及后果	预防措施
食品问题导致客户身体不适	1.客户投诉; 2.激化纠纷、舆论谴责等不良社会影响	1.制定突发事件处理预案; 2.严格控制食材采购和制作程序; 3.专购、专人验货、专人管理,食品留样待查; 4.建立食材制作作业程序,严格执行操作规程
水吧台出现空岗和接待秩序混乱	1.客户投诉; 2.影响正常工作	1.加强工作纪律培训和工作表现考核; 2.制定岗位作业程序时,通过岗位能力培训固化员工的习惯行为; 3.加强岗位服务情况监督
水吧台人员利用职务之便将公司接待物品占为己有	1.侵犯公司财务; 2.给公司造成不良影响	1.对企业内部员工尤其各部门、物业项目管理处有关权限人员加强廉洁自律教育,形成有效的自我约束机制,建立严格的有关权限人、责任人惩处机制; 2.物品申购制度上,须明确申购物品的使用性能只为满足工作需要,价格、品质须货比三家,合理申报; 3.实行水吧台物资日常管理措施,由专人负责,建立物品台账,加强物资管理,每天实施物品清查工作

子任务三 样板间接待服务

1.任务导入

(1)样板间现场服务

在项目单体沙盘讲解后,置业顾问小何主动邀请来访客户陈小姐参观样板间,并用对讲机通知了在样板间服务的物业管家王玲玲。当置业顾问带陈小姐来到样板间时,物业管家王玲玲已经在门口等候了。物业管家王玲玲首先引导置业顾问和陈小姐落座,递上鞋套,二人穿好鞋套起身,样板间服务管家王玲玲根据客户意向需求,按照样板间统一销售口径有条理、针对性强地向陈小姐讲解,待讲解完毕,置业顾问小何重点强化产品价值,同时,与客户互动、沟通和交流。参观结束后物业管家王玲玲再次引导客户陈小姐落座,指引其将脱下的鞋套放至箱内,然后引领陈小姐离开样板间,通过样板间参观,陈小姐获得良好体验,当即预订了一套房。

问:物业管家在样板间如何服务呢?

(2)任务分析

样板间服务是销售案场服务的重要内容,物业管家需要有良好的接待礼仪知识,并了解样板间的户型、面积、配套、装修情况,主动向客户介绍和解答客户的问题,要注意回避不知道的问题,引导客户咨询置业顾问,随时掌控样板间参观客户的动态。发现行动异常的客户时,立即向主管报告并予以监控。客户离开时,提醒客户带好随身物品,发现客户的遗留物品及时上报并暂时保存。始终保持良好的值岗姿态,回答客户的提问要主动、热情。

2.样板间接待服务工作内容与工作流程

(1)样板间接待服务工作内容

客户进入或者走出样板间时,指引客户坐下、穿上或者换下鞋套,客户离开时,指引其将鞋套放到指定位置。维护样板间贵重物品,禁止客户随意拿取。监督本岗位及周边公共环境卫生,发现环境卫生情况时及时通知保洁人员。严格控制进入样板间的施工维修人员,样板间的物品摆放整齐,掌握样板间内智能化家居控制系统操作,并做相关提示。参观过程中,注意与置业顾问的工作衔接,确保整个参观过程顺利。在需要时,尽可能及时为客户提供帮助。统计当天样板间进出客户量,收集客户的建议。

(2)样板间接待服务工作流程

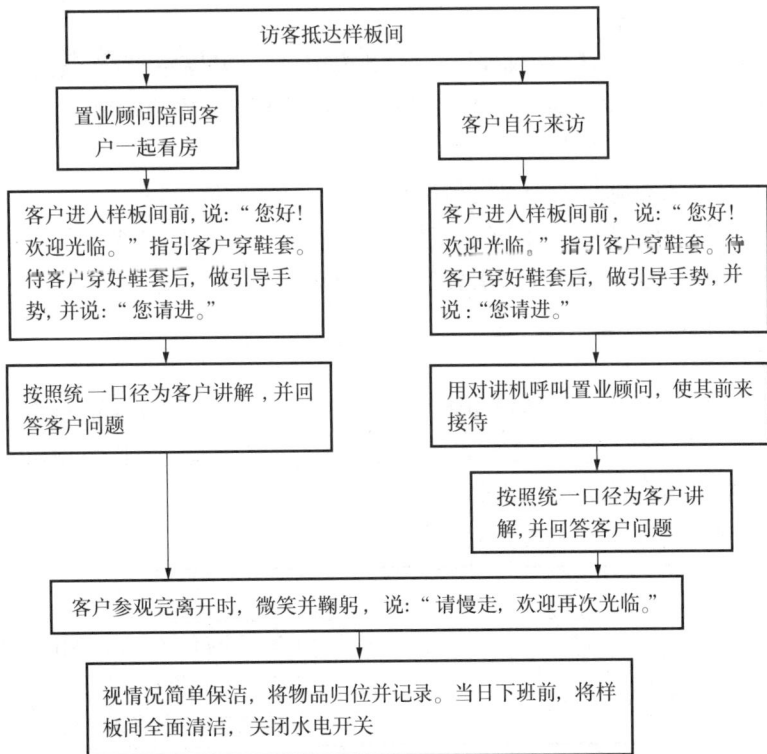

3.样板间接待服务作业指引

(1)目的

通过样板间服务,展示物业工作人员的良好精神面貌和优良的服务能力,体现对客户的尊敬和热忱,让客户享受尊贵的服务,树立企业的良好形象,提升楼盘品质,促进楼盘销售。

(2)适用范围

物业服务企业配合销售工作样板间的接待服务。

(3)职责

样板间服务的物业管家负责迎送参观客户,做相关接待工作。

(4)程序要点

①到岗做相关准备工作。整理房间布局,打开窗户通风,开放样板间内所有照明、地暖、背景音乐及空调。当有客户参观时,按礼仪标准站立在门口一侧,迎接客户。调整自己的工作状态,确保对待每一位客户时都面带微笑,时刻保持亲切形象。

②进入样板间。客户进入样板间后,如没有置业顾问陪同,接待人员应跟随其后,并热情回答客户所提出的有关样板间及物业管理方面的问题。如问题有关销售,请客户咨询置业顾问。在无客户的情况下,巡查楼梯清洁每小时1次。

③客户离开。主动回收鞋套,根据清洁程度置放于不同鞋套框内。客户离开后,登记客户来访数量及置业顾问姓名。恢复样板间原貌,站回原位,静待下一批客户。

4.样板间接待服务策略与技巧

(1)巡视样板间的细节

样板间的室内保洁完毕后,物业管家应拉开窗帘,并系好窗帘带,尤其注意各类线头、插头、杂物等;保证床面、沙发面应无严重褶皱;熟悉就近的卫生间,接待中为客户提供必要的指引。

(2)样板间灯光选择应与当天天气相适宜

日常保证基本照明,天晴则不需要开灯,客户进入时可开启灯光演示,烘托出热闹、高雅、温馨、浪漫的气氛,这样可以使参观者觉得精神抖擞,思想高度集中;客户离开时,应注意随手关灯,避免长明。

(3)注重行为规范

样板间服务过程中,不得在样板间内吸烟、吃东西,做与工作无关的事情。客户在场时不得表现出不雅的行为。不可对客户有情绪化的表现,不得以任何借口顶撞、讽刺、挖苦客户,禁止利用欺骗或其他不良行为引导客户。

5.样板间接待服务风险识别与控制

风险点	风险影响及后果	预防措施
未经上级领导批准,私自离岗	1.影响客户正常参观; 2.公司形象受损	1.整顿上班工作纪律,执行考勤计划; 2.对于经批评教育仍不改正的,可以调整其工作岗位,直至将其辞退

续表

风险点	风险影响及后果	预防措施
携带亲朋好友在样板间内开展与工作无关的事宜	1.影响客户的参观体验； 2.给地产销售造成不良影响	1.整顿工作纪律,不定时督促工作情况,发现问题及时纠正； 2.加强员工工作职责、作业标准、禁止事项培训； 3.加强员工的绩效考核
向客户介绍超出允许范围的内容	1.误导客户,造成不良影响； 2.与置业顾问工作冲突,影响楼盘销售	1.统一讲解词和回答问题的话术； 2.加强员工培训

子任务四　配合开盘活动服务

1.任务导入

（1）配合开盘服务工作

丽锦源房地产销售项目定于6月18日盛大开盘。A物业服务企业作为该项目前期介入的物业服务公司,也在紧锣密鼓地工作,力求在配合开盘服务中展示物业服务企业的良好形象。作为配合开盘服务工作的重要一环,物业服务企业从上至下高度重视,抽调精锐的管家团队,投入配合开盘工作的服务中,力求以最好的服务配合地产公司的开盘工作,经过周密部署和良好实施,开盘活动圆满成功。

问:物业管家如何配合开盘服务呢?

（2）任务分析

开盘活动是房地产销售的一项大型活动。在配合开盘活动中,物业服务企业起到重大支持和辅助作用,须制订配合方案并加以落实。活动前,要了解活动具体安排,提供现场工作人员后勤保障服务,提前规划停车区域,设置标识指引和温馨提示。并负责借调人员、接送车辆安排、活动现场礼品清点、签收工作。以地产销售名义书面知会施工单位,在活动期间停止施工。在开盘活动中,管理礼品,指引客户,做公共秩序、安全保卫(临时财务押运)、绿化保洁、工程维修应急、各类物资供应后勤服务工作,处理现场突发事件,制定开盘现场工作应急预案。

2.配合开盘活动服务工作内容与工作流程

（1）配合开盘活动服务工作内容

①开盘活动前准备工作。布置现场,检查环境卫生状况,摆放、布置绿植,检查各种设施。统筹协调开盘活动前走场、后勤、物资准备、外联单位关系建立、开盘期间人员安排工作。

②地产对接和检查工作。与地产领导对接现场情况,协调调度现场人员物资,紧急处理突发事件。检查现场管理岗位、现场气氛、现场环境和服务人员形象、岗位设置及物料配备等。

③人员分工安排。安排安全秩序岗位及停车场岗位至售楼大厅的引导员,售楼大厅出入口布岗。安排示范区安全、夜间安全巡逻岗,售楼大厅内布岗。安排环境维护岗位分工。检查、维护外围清洁维护、绿化养护、设施设备维护、现场各类设施,确保用电、用水正常。安排售楼大厅客户接待及茶水服务、样板间服务、行政后勤服务、物资补充、后勤保障、意外事项协助等。

(2)配合开盘活动服务工作流程

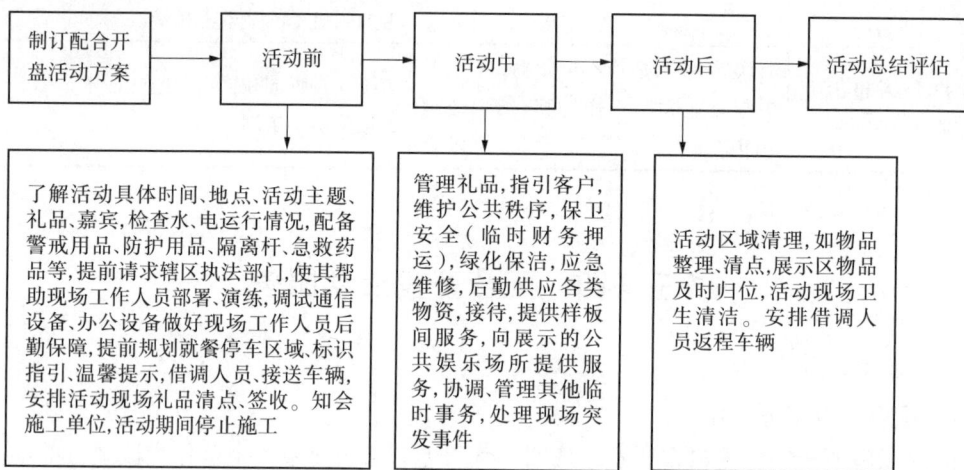

制订配合开盘活动方案	→	活动前	→	活动中	→	活动后	→	活动总结评估

了解活动具体时间、地点、活动主题、礼品、嘉宾,检查水、电运行情况,配备警戒用品、防护用品、隔离杆、急救药品等,提前请求辖区执法部门,使其帮助现场工作人员部署、演练,调试通信设备、办公设备做好现场工作人员后勤保障,提前规划就餐停车区域、标识指引、温馨提示,借调人员、接送车辆,安排活动现场礼品清点、签收。知会施工单位,活动期间停止施工	管理礼品,指引客户,维护公共秩序,保卫安全(临时财务押运),绿化保洁,应急维修,后勤供应各类物资,接待,提供样板间服务,向展示的公共娱乐场所提供服务,协调、管理其他临时事务,处理现场突发事件		活动区域清理,如物品整理、清点,展示区物品及时归位,活动现场卫生清洁。安排借调人员返程车辆

3.配合开盘活动服务作业指引

(1)目的

根据地产开盘工作调节地产产品营销和物业服务的一致性,全力配合开盘各项服务工作,提升营销阶段物业配合的综合服务能力。在产品营销阶段建立与地产的协同意识,以补位服务助力地产营销,以软性品牌支撑、发挥物业隐形价值,把助销做好做精,树立优质的物业品牌形象。

(2)适用范围

物业企业配合地产开盘活动。

(3)职责

物业管家安排与支持项目开盘现场物业服务,检查现场的物业服务品质,按照服务标准和工作要求组织、实施现场服务,开盘当天,做应急准备。

(4)程序要点

①物业服务流程。掌握关于物业配合销售工作的服务模式、流程和日后常规物业管理的知识。充分了解配合销售方案,清楚现场服务模式、组织架构、岗位设置、服务流程、服务内容及标准等。熟知本岗位的工作职责、服务对象、工作内容、工作标准、权限范围、与地产公司工作人员及物业服务公司同事之间工作协同、汇报请示关系等。

②熟悉楼盘基础情况。掌握楼盘建筑及功能概况,发挥"助销员"功能。熟悉小区总平面图,掌握建筑特色、楼栋分布、户型、面积、容积率、绿化率等。熟悉小区内部及周边生活、娱乐等配套设施。熟悉小区的交通、地理位置和来往交通线路。熟悉小区开发、使用的关键节点,如建筑完工时间、开盘时间、入住时间等。

③掌握服务营销技能。立足感知服务,热情待客。任何情况待客都要面带微笑。当遇到服务难题或突发事件时,要学会灵活应对。当不能满足"例外"需求时,应给予合理解释,致以歉意。遇"越权"或疑难问题时,可现场请同事或上级帮助,如果不能现场解决,做信息记录,留待日后反馈。服务"断档"时,要及时做补位处理,为客户提供力所能及的服务或给予合理解释。客户遇紧急情况需要帮助时,要提供人性化解决方案,同时提醒同事补位。

④处理现场问题。为了应对现场发生看房客户不满意或出现突发事件,掌握相关处理原则、行事规则和预案。客户有异议时,不与客户争辩。服务过失导致客户抱怨时,及时表达歉意并做合理解释,消除误会。客户无理取闹时,要最大限度地保持克制,解释或处理未果情况下及时引导客户离开服务现场,维护开盘现场秩序。

4.配合开盘活动服务策略与技巧

(1)以全局观念配合地产开盘工作

树立全过程营销的指导思想,以客户需求为导向,重视客户感受环节,增强客户的感受和信任度,持续提升楼盘产品软性附加值,最终实现产品价值和利润最大化,以全局观念配合地产开盘工作。

(2)重视现场服务人员素质,紧抓招聘与培训工作

配合地产开盘工作对物业管家形象和服务品质要求较高,首先,要招聘高素质的物业管家,全面提升项目的外在形象,提升客户的视觉感受,进而提高客户的认同感和信任度。其次,要选出合适的前期项目负责人,紧抓开盘现场人员的培训,特别要严格落实岗前培训,做到培训到位后才上岗。

(3)合理设置参观看房路线,设立各类接待岗位

在策划参观看房路线时,把小区最好的景观(假山、人工瀑布、人工湖、绿化景点)及建筑亮点展示在客户面前,以吸引客户。各关键场所停车场、看房通道、大门岗安排形象岗,营销中心门前安排接待门童或物业管家,水吧台服务及样板房服务安排形象佳的物业管家和解说员,客户车辆引导停泊、电瓶车接待、参观线路、样板房解说、水吧台服务等各服务环节节点要紧扣、流畅。

5.配合开盘活动服务风险识别与控制

风险点	风险影响及后果	预防措施
住宅新项目开盘期间,业主针对开发商价格调控、房屋工程质量、营销承诺兑现等聚众闹事	1.企业形象受损; 2.公共危机事件	1.公司事前准备与预警,公司法律事务管理部门应收集国家、地方关于群体事件的基础性法律、法规,并开展培训工作,确保管理人员熟练掌握; 2.了解业主主要联络平台,并专人跟进,了解参与范围和可能发生状况等,了解业主对开发商的主要诉求信息,及时掌握开发商对事件的最新反馈信息,协助开发商处理事件; 3.与开发商保持沟通,及时掌握地产销售期间的基本销售动态,对日常主要信息端口进行监控,第一时间获得事件信息,及早预警;事件发生后,应及时与开发商沟通,争取正确预见事件发展态势、确定应对原则,获得资源支持等

续表

风险点	风险影响及后果	预防措施
出现外来人员暴力冲击、打砸销售现场等违法行为	1.企业形象受损； 2.公共危机事件； 3.人员伤害	1.与派出所、消防、街道办或社区工作站等保持联络,确立执法联动机制,当发生事件升级或暴力冲突时,确保政府机构能立即响应,执法单位能及时到场处理； 2.为了应对开发商价格调整、工程质量问题或营销承诺反响强烈等,应提前拟定相关事件敏感范围的统一回复内容,加强现场应急处理人员培训； 3.根据项目实际情况,对可能发生聚众闹事的场所,如出入口、主要通道、营销大厅、会所、楼宇大堂等,配置监控设备并调试启用,提前准备录像、照相设备,明确取证责任人

任务二　工地开放日

举办工地开放日活动主要是为了满足业主了解所购房屋的心理需求,体现尊重业主的态度。公司向业主展示房屋建造过程,增加其房屋质量认知,同时通过工地开放日了解业主的关注点,借助业主的视角发现质量问题,降低正式交付的风险。工地开放日内容主要包括工地开放日现场包装、邀请业主、工地开放日接待。

子任务一　工地开放日现场包装

1.任务导入

(1)现场包装

万豪花园项目如火如荼地开展着,为了使业主在等待交楼的期间了解工程的进展情况、目睹住宅产品的建造过程、发现并及时处理问题、减轻集中交付的压力,地产公司决定举办一次工地开放日活动。为了配合工地开放日活动,物业服务企业经理让物业管家小林负责工地开放日活动现场包装工作。

问:物业管家小林如何包装工地开放日活动现场呢?

(2)任务分析

由于在工地开放日中,一些部位可能还没施工完毕,在看房过程中,为保证业主安全及参观效果,物业管家需要包装工地开放日现场。包装的内容包括看房路线、品牌推介、现场参观管理、温馨提示、保洁处理等。物业管家需要在熟悉工地开放日各项内容的基础上协调各资源,完成现场包装,保证工地开放日活动正常开展。

2.工地开放日现场包装工作内容与工作流程

(1)工地开放日现场包装工作内容

与施工单位协调,告知开放日注意事项,让其准备房间钥匙并提前打开房门。确认业主看房路线和品牌推介区域,设置现场参观管理温馨提示,协调保洁,要求参观路线、参观房间内不存放建筑材料、施工垃圾或生活垃圾。

(2)工地开放日现场包装服务工作流程

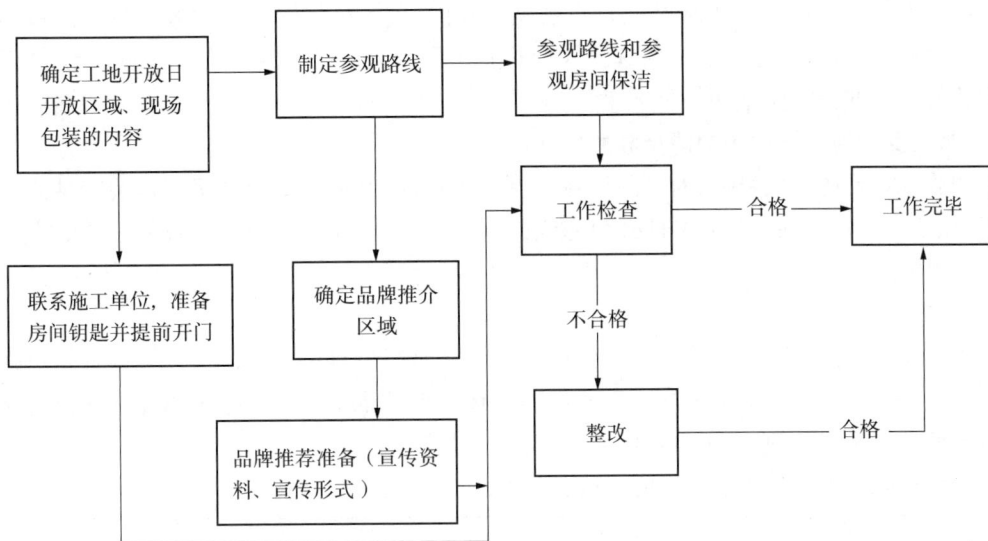

3.工地开放日现场包装作业指引

(1)目的

配合工地开放日实施,完成工地开放日宣传工作,保证看房过程中业主的安全及参观效果。

(2)适用范围

物业管家工地开放日现场包装工作。

(3)职责

物业管家负责工地开放日活动的现场包装方案策划及过程筹备,组织工地开放工作日陪同人员培训,统筹管理工地开放日现场合作商家布展、宣传;负责现场业主问题处理及后续及时答复现场未解答的业主问题。

(4)程序要点

①装修房的清水阶段开放接待地点选择及包装。首次开展工地开放日宜首选售楼处,如有已装修的开放和交付办理地点,则利用已装修的办理地点作为接待点。工地开放日现场包装应注意区别交付前开放和交付的气氛,接待室内需要展示物业服务中心介绍、物业服务企业介绍。在活动前,准备活动期间所需要用品,特别需要准备安全帽,确保参观过程安全并给客户良好感受。

②交付前的工地开放接待地点选择及包装。开放日和交付地点最好为同一地点,这样可节省包装成本,根据季节选定集中办理交付的场地,选择方便识别、方便停车、通风良好的地点。开放日手续办理场地及沿途布置要求醒目和喜庆。停车场附近设置指示标识,室外

设置引路红地毯,根据现场铺设动线。办理场地内部布置包括喷绘背景板、布幔吊顶、结构柱装饰。公示板内容有工地开放流程、交付流程、保修期限、客户关系中心和物业介绍等,装修房内还须配备一次性手套、鞋套等。准备当天使用的《客户体验反馈记录表》和《业主来访登记表》。

4.工地开放日现场包装工作策略与技巧

(1)设计参观路线及内容

物业管家要提前设计工地开放日参观路线及内容,应尽量选择视觉效果好的区域为工地开放活动的户外参观路线,避免选择大面积施工区域以及大范围堆放材料的区域,从而让业主获得良好的视觉体验。

(2)注重工地开放现场的清洁和照明

物业管家要协调项目部,对开放区域包括参观沿线、开放楼栋以及房间提前安排清洁和照明,在工地开放日前3个工作日必须完成此项工作,以保证包装现场参观的视觉效果和客户的参观感受。

(3)接待场地布置合理

接待场地要设置客户接待、等候区域,参观前核对客户身份、发放资料等,设置客户疑问接待区域,工作人员等候区域设置足够供业主休息使用的桌椅和供客户免费享用的食品。合理布置接待场地,让业主的参观体验感受良好。

5.工地开放日现场包装工作风险识别与控制

风险点	风险影响及后果	预防措施
应急物资不足,人员不足,应急手段、措施不得当	1.阻碍活动正常开展; 2.业主不满意; 3.无法达到预期效果	1.准备充足的应急物资,常抓应急管理; 2.加强安全防范宣传工作,重视参与应急预案培训、演练
现场包装未能预测暴雨、漏水、停电等紧急情形	1.未能及时、全面地履行工地开放日应急义务; 2.业主投诉; 3.活动不能正常开展	1.关注气象预报,做好防范准备工作; 2.在紧急情况发生时,按计划第一时间启动应急预案,积极实施应急措施
管理不善,标识缺失、损坏,展板脱落	影响美观、造成不愉快甚至人员伤害	1.环境准备到位,制订应急预案; 2.安排专人加强日常巡查,及时发现问题,并第一时间解决; 3.准备备品,保证及时补缺、补失

子任务二 邀请业主

1.任务导入

(1)邀请业主参加工地开放日活动

地产公司已经确定工地开放日的时间,物业管家小刘根据工地开放日工作方案的要求负责业主的邀请工作。小刘将工地开放日邀请函寄给业主,邀请业主参与工地开放日活动。快递寄出几天后,小刘打电话跟业主确认是否收到,哪知道一些业主没有收到工地开放日邀请函,眼看离参加活动的业主名单的确认时间越来越近了,小刘还没有完成邀请任务,非常着急。

问:小刘如何邀请和确认工地开放日业主呢?

(2)任务分析

业主是工地开放日的主角,参加工地开放日活动,能让业主近距离感受工程施工品质,也能及时与业主沟通和减少集中交付的压力。因此,邀请足够数量业主参加工地开放日活动尤为重要。在邀请业主之前,物业管家应了解整个工地开放日的工作内容,拟写邀请函,将邀请函发送给业主,确认来参加工地开放日的业主名单和人数,当人数不足时,及时补充邀请,确保工地开放日业主参与的人数充足,保证工作顺利进行。

2.邀请业主工作内容与工作流程

(1)邀请业主工作内容

在工地开放日活动开始前15个工作日,物业管家通过快递邮寄、电话通知、电子邮件、短信、微信等发送工地开放日邀请函。邀请函内告知业主分户看房活动的具体时间、集合地点、注意事项以及业主回执的最后日期。工地开放日活动开始前5个工作日,物业管家通过电话确认符合参加工地开放日活动条件的业主信息。

(2)邀请业主工作流程

```
┌──────────┐   ┌──────────┐   ┌──────────┐   ┌──────────┐   ┌──────────┐   ┌──────────┐
│确定邀请名单│ → │活动开始前 │ → │活动开始前 │ → │汇报邀请工作│ → │整理业主信息,│ → │活动结束  │
│          │   │15日邀请  │   │15日确认名 │   │          │   │制作签到表 │   │          │
│          │   │          │   │单并做记录 │   │          │   │          │   │          │
└──────────┘   └──────────┘   └──────────┘   └──────────┘   └──────────┘   └──────────┘
```

3.邀请业主作业指引

(1)目的

提高工地开放日活动的参与度,合理安排业主的参观时间。

(2)适用范围

参与工地开放日活动邀请业主的物业企业员工。

(3)职责

物业管家负责通知并确认参与工地开放日活动的业主名单和人数。

(4)程序要点

①确定工地开放日活动方案、活动群体、活动的具体流程。按照活动流程明确邀请的业主群体,有针对性地邀请业主。

②分析业主群体接受并更适合的邀请方式,有针对性地实施不同邀约方案。提前15天给业主发邀请函,确保业主大致了解工地开放日活动。

③针对不同业主群体,拟定邀约话术。在邀请业主之前,拟定不同话术,演练不同沟通话术,培训邀请人员的邀约话术,提前5天实施各种邀约,如短信、微信、QQ或者电话邀约,并确认参加活动的业主名单,整理业主信息并反馈。

4.邀请业主策略与技巧

（1）邀约遇到困难要及时沟通

在邀约业主的过程中，如果遇到各种突发状况，物业管家处理不好时，要及时反馈给领导，咨询领导的意见。如果处理得好，可以把经验分享给其他同事。

（2）在邀约之前为活动提前造势

做工地开放日活动宣传，在地产微信公众号、业主微信群、QQ群做宣传，提前让业主了解工地开放日活动，为邀请做铺垫。

（3）邀约前给业主邮寄邀请函

在邀约之前，如果时间允许，先给业主邮寄邀请函，确保业主大致了解工地开放活动，因为如果业主提前了解工地开放日活动，内心对活动就有了预设立场，在电话沟通时物业管家就更能够确定业主参加活动的意愿。

5.邀请业主风险识别与控制

风险点	风险影响及后果	预防措施
1.工地开放日活动邀请函寄送滞后，邀请通知文件迟误； 2.没有达到预计邀请人数	1.工作瑕疵； 2.影响活动效果	1.认真核查邀请函的装袋、填写邮寄信息，并将其中一联留存建档； 2.在预计邮件送达日期2~3天内与业主沟通，核实情况，并回答必要的问题
业主总体信息交接不完整或统计疏漏，导致未给个别甚至部分业主发送活动邀请	1.工作瑕疵； 2.影响活动效果	与建设单位有效沟通，反复核查房屋买受人总体信息的完整性、个体信息的准确性，并及时更新

子任务三　工地开放日接待

1.任务导入

（1）工地开放日接待业主

7月18日未来城星悦项目，经过了一个多月的筹备终于迎来了工地开放日，物业项目经理安排物业管家小陈和小陆一起接待业主，上午9:00业主陆续来到工地开放日的接待现场。物业管家小陈和小陆忙碌起来，全力以赴接待。

问：物业管家小陈和小陆如何接待呢？

（2）任务分析

工地开放日的接待工作是业主感受物业服务的重要事件，在接待之前，物业管家必须熟悉接待的流程、内容，合理预判各接待事件可能遇到的突发问题，提早制定应急预案。在接待过程中，物业管家还应注意文明礼貌，展现良好的职业素养和职业形象。在陪同参观的过程中，应及时记录业主反馈的问题，能够解答的问题及时解答，不能解答的问题带回接待现场请专业工程师解答。

2.工地开放日接待工作内容与工作流程

(1)工地开放日接待工作内容

业主抵达接待现场后,物业管家核实业主身份,发送相关资料,提前将业主分组。参观前,让业主阅读《工地参观安全须知》并在回执上签字确认。业主按单元楼栋分组,物业管家将业主逐一带至相关楼层参观,物业管家给业主发送调查问卷,业主填写完后,物业管家回收问卷并发放礼品。

(2)工地开放日接待工作流程

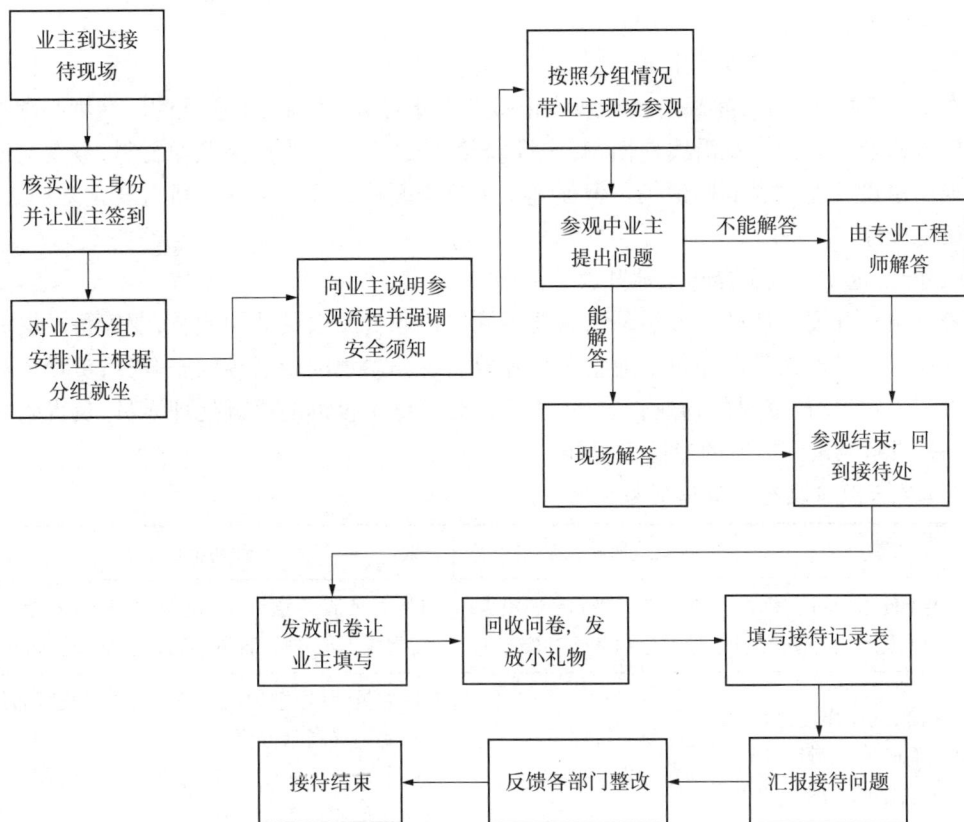

3.工地开放日接待作业指引

(1)目的

通过良好的工地开放日接待展现产品质量和物业服务企业的良好形象。

(2)适用范围

物业服务企业工地开放日接待工作。

(3)职责

工地开放日接待业主、陪同验房、解答问题、处理突发事件等。

(4)程序要点

①业主接待。抵达接待现场后,业主出示邀请函,物业管家核实业主身份,若业主数量临时增加,需要核实新增业主的身份,以便为其安排看房。若现场业主多于陪同验房人员,物业管家应安抚业主的情绪,向业主发放等待号码,并按序叫号。参观前,请业主阅读《工地

参观安全须知》,并在回执上签字确认。

②分户看房。验房人员陪同业主至业主购买的房屋内,分户看房,看房过程中,验房人员引导业主,检查地漏、插座等,并引导业主按次逐一检查房间内的部品部件,验房人员应将看房时间控制在1小时左右。

③疑问解答。在看房过程中,如果业主无法获得满意的答复,验房人员应将业主带回至接待现场,由驻场工作人员与业主沟通。若有当场无法回答的问题,与业主确认时间后,由物业管家按时答复。

4.工地开放日接待策略与技巧

(1)参观前制定安全防范措施

在工地开放日当日,参观沿线必须停止所有户外的施工作业,供参观的单元则必须停止所有施工作业。铺设参观沿线地面,有序堆放参观沿线成品、半成品及原材料,参观沿线所有玻璃门窗设置安全提醒标识等。督促施工单位全面检查开放路线上所有安全防护措施,并确认安全性。

(2)配备足够的人员参与工地开放日活动

若要顺利开展工地开放日活动则需要不同岗位职责的人员共同配合,要配备足够参与工地开放日活动的人员。如负责业主车辆停放安排和参观区域引导的安全员,负责核对业主身份及人数、发放资料的物业管家,负责协调处理业主投诉的投诉处理人员,负责陪同参观、看房、讲解及疑问解答的专业工程师。

5.工地开放日接待风险识别与控制

风险点	风险影响及后果	预防措施
服务态度不佳,业务不熟练,回答咨询不及时、不准确	1.业主或其陪同亲朋不满; 2.导致争执甚至冲突	加强人员服务意识、岗位能力培养,做相应培训,重视工地开放日期间各部门、岗位协同配合
接待、保洁、秩序作业过程不周全、不谨慎,妨碍或影响业主及其陪同亲朋	1.业主满意度降低; 2.活动没有达到预期效果	1.保洁员、秩序维护员要熟知开放日现场布局,能正确引导指示方位; 2.员工须礼让在先,文明作业,按照规范要求严格执行作业流程
业主之间因排序、肢体碰撞、言语不慎等发生矛盾、冲突	1.业主投诉; 2.造成企业负面影响	1.接待区的接待空间要充足,降低人员接触密度,接待服务热情周到; 2.在等待区,应配备视频播放设备、饮品和糕点,并及时为业主补充饮品和糕点,转移业主等待导致的不满情绪

任务三　交付前的管家服务

交付前的管家服务,可以维护物业服务企业和业主的良好关系,物业管家加强与业主的主动沟通,让业主了解物业服务现状,发掘业主需求,与业主形成良好互动,赢得业主的持续认可,为交付后的物业服务打下良好基础。交付前的管家服务内容主要包括交付前的业主联系、交付前的物业见面会。

子任务一　交付前的业主联系

1.任务导入

(1)施工进度反馈

物业管家小韦接到任务,要向业主反馈施工进度,于是她编写了短信发送给业主,内容如下:"尊敬的业主:您购买的帕兰湾项目一期别墅已经竣工,下一步将进行竣工验收,竣工验收合格后整体交付。物业服务中心在此期间会不间断地加强巡查,做物业承接查验工作,为房屋的质量把关,请各位业主放心。如需帮助请致电物业服务中心24小时热线:38×××62。××物业竭诚为您服务!"

(2)台风天气提醒

尊敬的各位业主:据××气象台预报,近日台风"查帕卡"来袭,××市将迎来暴雨到大暴雨等恶劣天气。当前,××物业服务中心已根据防洪防汛应急预案开展各项防汛准备工作,检查小区排水设施及易涝点。在此,××服务中心提醒,暴雨来临前,要关闭门窗,尽量减少外出。祝您生活愉快!

以上是交付前的业主短信沟通两个案例。

问:物业管家如何做交付前的业主联系呢?

(3)任务分析

房屋交付前,很多业主都非常关心楼盘的施工进度,适时向业主反馈施工进度、让业主放心是十分必要的。另外,通过短信等温馨提醒恶劣天气,能够让业主感受到虽然未入住但是物业管家的贴心服务无处不在,这些温馨的细节服务,能进一步增进业主对物业的好感,拉近业主和物业的距离,为业主入住后的物业管理打下良好基础。

2.交付前的业主联系工作内容与工作流程

(1)交付前的业主联系工作内容

物业管家在交付前的业主联系中,通过短信、电话回访、微信等告知业主项目动态最新消息和工程进度,并在节假日、发生重要事件时、天气恶劣等重大时间节点提供短信问候和温馨提示。对于业主提出的问题,与地产项目部、营销中心、物业服务中心等相关部门协调,并给予业主反馈。发布项目的信息情况及维护网络信息,定期与业主沟通和交流。

(2)交付前的业主联系工作流程

确定联系内容 → 选择联系方式(电话、短信、微信) → 实施 → 联系完成,汇报工作 → 结束

3.交付前的业主联系作业指引

(1)目的

加强与业主的联系,为开展物业管理奠定基础。

(2)适用范围

物业服务企业交付前的业主联系工作。

(3)职责

维护良好客户关系。

(4)程序要点

①沟通接待。在楼盘销售现场,设立固定工作点、固定电话、固定信箱,佩戴明显标识,确保沟通渠道畅通,为销售现场的客户提供正确指引。接待时,符合岗位礼仪要求,熟悉地产售后服务工作和物业管理工作,熟悉房地产和物业管理相关法律法规。

②建立业主档案。根据地产公司提供的已经签约客户资料填写业主档案,与业主建立联系,业主档案应实行动态管理,如业主信息变动,应及时更新。

③业主关系维护。制订季度业主访问计划,定期与业主沟通和交流。按计划访问业主,收集、分析业主意见并反馈给相关部门。重大节假日或业主生日问候。发布公司活动邀请和提醒。发布项目信息情况,维护网络信息。通过软件提醒功能和群发功能,制作并发送项目信息给业主。

4.交付前的业主联系策略与技巧

(1)选择合适的沟通时间

沟通是双向动态的。在整个沟通过程中,选择合适的沟通时间非常重要。无论是打电话还是发短信,要尽量选择不忙的时候。工作日早上10:30—11:30非常合适,因为一般9:00处理的事情特别多。到了10:30,事情处理得差不多了,这时就会比较放松,很适合沟通。

(2)电话沟通后不忘发短信确认

也许业主忙于其他事情未能仔细听电话沟通内容,在电话沟通后,物业管家可以发一条短信,让业主短信确认以加深印象。

(3)统一、规范电话短信说辞

为了防止业主误会,在交房前的业主联系工作中,应拟定统一、规范的电话及短信内容,展示物业服务企业形象和良好的服务态度。

5.交付前的业主联系风险识别与控制

风险点	风险影响及后果	预防措施
业主信息缺失、电话号码变更,无法联系业主	1.不能完成沟通任务; 2.影响后续交付通知工作	1.提醒置业顾问在房屋销售时尽可能多留电话号码、确定联系地址正确; 2.针对业主认真管理信息
业主不接电话、不回短信	1.不能完成沟通任务; 2.沟通达不到预期效果	1.选择合适的电话沟通时间; 2.核实号码是否正确; 3.记录在案,作为沟通异常客户持续关注

子任务二　交付前的物业见面会

1.任务导入

（1）物业服务企业举办业主见面会

随着滨江学府一期房源交付的时间日益临近,即将迎来第一批业主。一些业主早已期待即将开始的新生活。为了让业主能够在新房交付之前对未来生活蓝图有初步了解,同时更加全面认识××物业生活管家,8月16日,负责滨江学府项目物业服务的A物业服务企业决定举办一场业主见面会,特邀一期房源业主体验物业服务之美好。项目经理让物业管家小唐负责物业见面会事宜。

问:物业管家小唐如何办首次业主见面会呢?

（2）任务分析

在首次业主见面会活动中,很多业主可能对楼盘整体开发情况、园区周边配套情况、房屋装饰装修、物业管理服务、各种费用收取标准等方面的内容不太了解。因此,在首次物业见面会中,物业管家应围绕让业主关注、了解、爱护自己的家园来开展宣传工作,策划见面会活动,布置活动现场,实施、总结活动。

2.交付前的物业见面会工作内容与工作流程

（1）交付前的物业见面会工作内容

交付前的物业见面会工作内容有物业经理致辞及物业服务企业简介、即将交付的项目简介、图文展示物业服务内容、服务中心架构、服务模式、日常物业服务过程中与业主相关的物业管理法律法规/物业服务团队人员展示、业主互动问答、惊喜抽奖、添加物业管家微信、注册服务App等。物业管家须认真策划,做好交付前的物业见面会各项工作。

（2）交付前的物业见面会工作流程

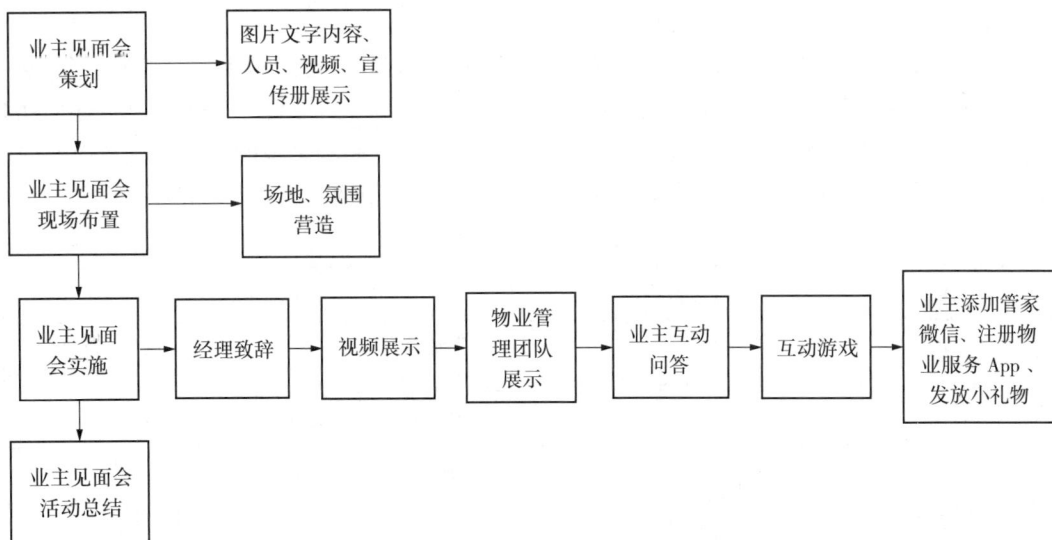

3. 交付前的物业见面会作业指引

（1）目的

通过物业见面会活动让业主认识物业服务企业，让业主了解物业服务中心的工作内容及工作人员，规范与业主的沟通渠道和方式，为后续前期物业服务打基础。

（2）适用范围

物业见面会策划、组织工作所有人员。

（3）职责

活动策划、活动现场布置、活动实施并总结。

（4）程序要点

①新项目首次交付前，组织一次物业见面会，由物业服务企业单独举办，也可结合工地开放日、预看房等一并举办。

②物业服务中心制订物业见面会活动方案，方案内容包括活动时间、地点、形式、流程、各类资料及物品准备、费用预算、突发情况预估及处理办法、人员安排及实施计划等，报分管领导审批后邀请业主并组织实施。

③物业见面会的活动内容包括物业服务简介与服务团队展示、服务资源展示、文明宣传与日常生活注意事项、装修管理要求及注意事项、业主需求及意见收集。

④物业见面会结束后，要总结、分享活动经验，汇总、分析业主需求及意见，报分管领导审批并指导今后日常管理服务工作。

⑤滚动开发项目，除首次交付外，可采用多种灵活方式向新业主展示、宣传物业服务。

4. 办好交付前物业见面会的策略与技巧

（1）活动应急预案

充分预见物业见面会可能发生的各种突发事件，如人员伤害、场地缺陷、天气灾害等，对这些突发情况的处理应制定应急预案，并在见面会开始之前模拟演练，确定应急预案的可实施性。

（2）有针对性地推介产品和服务

每个物业服务企业都有增值服务的项目，在物业见面会上，可针对业主的需求推介一些产品和服务，帮助有需求的业主解决一些入住后的生活所需，如精装房的软装物品、房屋的二次装修、暂不居住的业主房屋租赁等。业主见面会上的产品和服务的推荐应适当提及，并且控制时间，不能让业主误以为见面会就是推销会，这不利于物业服务形象的展示。

5. 交付前的物业见面会风险识别与控制

风险点	风险影响及后果	预防措施
参与见面会的业主不多	达不到预期效果	1. 确保通知到位； 2. 加大活动宣传力度； 3. 选择合适的活动时间
见面会组织活动混乱	1. 业主不满； 2. 物业企业形象受损	1. 制订合理可行的方案； 2. 针对不同情形制定应急预案，加强演练； 3. 加强工作人员培训

【学习目标检测】

一、思考题

1.简述水吧台服务策略与技巧。

2.简述工地开放日活动接待的程序要点。

3.简述举办工地开放日活动的意义。

二、单项选择题

1.( )工作直接影响着项目销售的签约、成交率,对于房地产销售起着非常重要的促进作用。

    A.样板间服务   B.销售案场大厅服务

    C.沙盘介绍   D.水吧台服务

2.如果有置业顾问陪同客户前来参观,则样板间服务分清主次,强化产品价值,完成物业管家的( )工作即可,不能本末倒置混淆工作职责。

    A.样板间保洁   B.样板间维护   C.与客户沟通   D.样板间介绍

3.滚动开发项目,除首次交付外,可采用多种灵活方式向新业主展示、宣传( )。

    A.房屋质量   B.物业服务   C.地产品牌   D.保修规定

4.通过工地开放日了解业主的关注点,借助业主的视角,发现质量问题,降低( )的风险。

    A.业主收楼   B.工程不达标   C.正式交付   D.服务承诺

5.新项目首次交付前,组织一次物业见面会,由( )单独举办,也可结合工地开放日、预看房等活动一并举办。

    A.物业服务企业   B.开发商   C.业主委员会   D.地产销售代理

三、多项选择题

1.销售案场大厅服务的风险点有( )。

    A.在工作时间内长时间接待私人朋友

    B.在工作时间,在办公场所内吃零食、玩手机

    C.大厅保洁瑕疵

    D.与看房客户发生矛盾

    E.擅自向外发布销售情况

2.配合开盘活动服务需要物业管家做到( )。

    A.了解销售打折幅度

    B.熟悉小区总平面图

    C.掌握项目建筑特色、楼栋分布、户型、面积、容积率、绿化率等

    D.熟悉小区内部及周边的生活、娱乐等配套设施

    E.熟悉小区的交通、地理位置和来往交通线路

3.在开盘当天策划、安排参观看房路线时,把小区最好的景观(　　)及建筑亮点展示在客户面前,以吸引客户。

　　A.假山　　　　　　　B.人工瀑布　　　　　　C.人工湖

　　D.绿化景点　　　　　E.施工工程

4.工地开放日现场包装的内容包括(　　)。

　　A.看房路线　　　　　B.媒体展示　　　　　　C.品牌推介

　　D.现场参观管理　　　E.温馨提示、保洁处理

5.物业见面会的活动内容包括(　　)。

　　A.安全防范工作要周密、周到

　　B.物业服务简介与服务团队展示、服务资源展示

　　C.文明宣传与日常生活注意事项

　　D.装修建材展示

　　E.业主需求及意见收集

【养成性技能训练】

案例分析

　　新年将至,峰景湾房地产项目迎来二期开盘。售楼部现场一派喜庆的气象,象征喜庆和富贵的色彩绸扎成海浪置于大门楣沿,中间挂着大红灯笼,两侧贴新年对联,大厅里摆放的用红色蝴蝶结绑扎的盆栽,无不洋溢着喜庆的气氛,而喜庆的音乐增强了开盘现场的热闹气氛,售楼部现场人头攒动,看房者络绎不绝。这时,只见几名身穿黑色皮衣、头戴黑色帽子的男子怒气冲冲地闯入售楼大厅,打砸接待前台桌面上的装饰物品和沙盘,现场的看房者受到了惊吓。售楼部秩序维护员费了九牛二虎之力才制服这几名男子,并将他们扭送派出所。据男子交代,他们是峰景湾一期的购房者,二期的房价每平方米直降了1 000元,他们就与开发商交涉要求退房或者返还购房款差价,开发商以楼市调控为由拒绝了他们的请求,于是就有了打砸那一幕。

　　问:作为配合开盘活动的物业管家,如何预防外来人员暴力冲击、打砸销售现场等违法行为呢?

项目二
物业承接查验

【知识目标】

1.了解物业承接查验工作的意义。

2.了解新建物业的承接查验、管理机构更迭时承接查验的工作内容、工作流程和作业指引。

3.掌握新建物业的承接查验、管理机构更迭时承接查验的策略与技巧。

4.学会新建物业的承接查验、管理机构更迭时承接查验的风险识别与控制。

【能力目标】

1.业主及开发建设单位、物业服务企业在承接查验中,能明确各自的责任,实现权利和义务转移。

2.能在法律上界定各自在承接查验中的权利和义务,避免物业管理中因物业质量责任不清而导致的纠纷,确保物业具备正常的使用功能。

3.认真参与承接查验,严把质量关,对影响业主将来使用和物业管理的问题及时要求整改,确保承接到一个质量合格的物业,为前期物业管理打下良好的基础。

【思政目标】

1.具有较强的质量意识,能在物业承接查验工作中维护业主的合法权益。

2.树立正确的价值观,在物业承接查验中自觉抵制不良风气。

3.具有认真负责的态度,发挥物业管理社会化、专业化、现代化管理优势。

【知识储备】

在物业承接查验中,要掌握承接查验的方法,在建设单位专业人员指导和配合下,物业承接查验小组人员要查验物业共用部位、共用设施设备。查验前要制订方案,查验中要注意安全,并记录。物业管家在物业承接查验中,需要协调各方共同参与物业承接查验,物业管家需要具备一定设备管理知识、沟通协调能力和文字组织能力。

【知识帮助】

物业的承接查验分为新建物业的承接查验和物业管理机构更迭时的承接查验,前者发生在建设单位向物业服务企业移交物业的过程中,后者发生在业主大会或产权自单位向新的物业服务企业移交物业的过程中。物业的承接查验是物业服务企业承接物业前必不可少的环节,直接关系到物业管理工作今后能否正常开展以及使用和管理过程中出现质量问题时的责任确定。

1.物业承接查验的依据

物业承接查验的依据分为法律依据和合同依据,其中,物业承接查验的法律依据主要是《中华人民共和国民法典》和《物业管理条例》等。承接查验的内容与标准主要依据《物业承接查验办法》以及各省、自治区、直辖市人民政府城乡建设主管部门依据该办法制定的实施细则。物业承接查验的合同依据,根据物业的不同情况有所区别,主要原则是不应超出物业服务合同规定的范围与内容。新建物业的承接查验交接双方是物业服务企业和开发建设单位,承接查验以前期物业服务合同为依据。

2.新建物业承接查验应当具备的条件

①建设工程竣工验收合格,取得规划、消防、环保等主管部门出具的认可或者准许使用文件,并经建设行政主管部门备案。

②供水、排水、供电、供气、供热、通信、公共照明、有线电视等市政共用设施设备按规划设计要求建成,供水、供电、供气、供热已安装独立计量表具。

③教育、邮政、医疗卫生、文化体育、环卫、社区服务等公共服务设施已按规划设计要求建成。

④道路、绿地和物业服务用房等公共配套设施按规划设计要求建成,并满足使用功能要求。

⑤电梯、二次供水、高压供电、消防设施、压力容器、电子监控系统等共用设施、设备取得使用合格证书。

⑥物业使用、维护和管理的相关技术资料完整齐全。

⑦法律、法规规定的其他条件。

任务一　新建物业承接查验

在物业竣工验收合格后,业主入住之前,物业服务企业对物业承接查验。承接查验与竣工验收的主体、目的、性质等不尽相同,但是它们的中心环节都是质量验收。在验收过程中,为了将问题减到最少,物业服务企业应该参与竣工验收,为承接查验工作打基础。

新建物业承接查验是指承接新建物业前,物业服务企业和建设单位按照国家有关规定和前期物业服务合同的约定,对物业共用部位、共用设施设备进行检查规定和验收的活动。

子任务一　新建物业承接查验的准备

1.任务导入

(1)如何准备新建物业承接查验

物业公司与开发商签订了前期物业服务合同将开发商开发的佳境天城项目委托物业公司管理,佳境天城项目已经完成了竣工验收,物业公司准备承接佳境天城项目物业管理工作,物业公司与开发商已经确定了承接查验的日期,物业公司经理要求物业管家小王准备承接查验。

问:①承接查验的准备工作包括什么?

　　②如何准备承接查验呢?

(2)任务分析

在接管物业前,物业的承接查验是物业服务企业的重要环节,是发现隐患、规避风险的机会。在承接查验开始之前,与建设单位联系交接事项、交接日期、进度、验收标准等,派出先头技术人员前往工地现场摸底,制订承接查验计划,准备承接查验记录表格,提前参与竣工验收和机电设备最终安装、调试,做到心里有数。承接查验的准备工作越充分,工作开展得越好。

2.新建物业承接查验准备工作内容与工作流程

(1)新建物业承接查验的准备工作内容

①组建物业承接查验小组。物业服务企业和建设单位各抽调数名工程技术人员(包括土建与安装专业)及管理人员,组成物业承接查验小组。

②列出各专业工程实施查验的技术依据,主要包括物业项目设计文件引用的建筑与安装施工工程的国家、行业和地方标准与规范,建设单位提交的物业与物业竣工图纸资料清单,设施设备供货厂家安装、调试、维修及使用说明书,物业买卖合同约定的物业共用部位、共用设施设备的配置标准,建筑、安装工程施工与质量验收系列丛书(实用手册)。

③确定查验内容,包括物业资料查验、物业共用部位查验、共用设施设备查验、园林绿化工程查验、其他公共配套设施查验。

④物业承接查验物资准备,包括查验人员组织、设备、仪器仪表、工具、防护用品、记录表格等。

⑤人员培训。根据承接查验小组人员的到位情况,安排相关人员验收培训。培训内容包括承接查验的内容、标准、程序、注意事项等,通过培训提高他们的业务素质,满足承接查验和业主入住需要。

(2)新建物业承接查验的准备工作流程

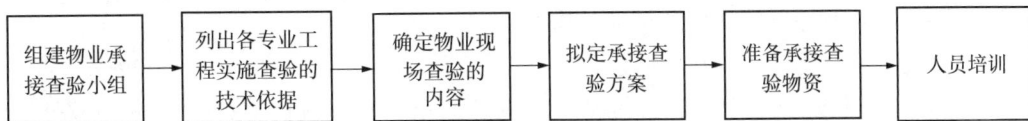

组建物业承接查验小组 → 列出各专业工程实施查验的技术依据 → 确定物业现场查验的内容 → 拟定承接查验方案 → 准备承接查验物资 → 人员培训

3.新建承接查验准备工作的作业指引

（1）目的

明确物业服务企业与建设单位的责任，准备承接查验，为承接查验实施打基础。

（2）适用范围

物业服务企业承接查验准备工作。

（3）职责

建设单位提交验收书面申请并提交产权资料、技术资料以及业主资料，物业服务企业根据建设单位提供的资料与建设单位约定时间进行承接查验。

（4）程序要点

①建设单位提交产权资料、技术资料以及业主资料。产权资料包括项目批准文件，用地批准文件，建筑执照，拆迁安置资料或者房屋所有权证，土地使用权证，有关司法、公证文书的协议，房屋分户使用清册，房屋设备及定、附着物清册。技术资料包括竣工图，地质勘查报告，全套设计图纸，隐蔽工程验收签证，工程设计变更通知及技术核定单，竣工验收证明书，沉降观察记录，钢材、水泥等主要材料的质量保证书，水、电、采暖、卫生器具、电梯等设备的检验合格证书，机电设备安装与调试报告，砂浆、混凝土试块试压报告，供水、供暖的试压报告。业主资料包括业主姓名、单位，代理人，联系地址及电话等。

②物业公司与建设单位接洽前期物业管理委托事宜，包括物业管理服务内容、期限、标准、保修等；检查建设单位遗留扫尾工作，筹集管理服务费用；制订接管方案，评估自身条件和接盘运作风险。

③建设单位需要提供的材料包括全套工程竣工图纸(含小区规划图)，机电设备使用说明书、随机资料、工具等，机电设备购销合同(复印件)，建设单位商品房买卖合同(复印件)，电梯使用许可证，隐蔽工程验收记录，供水、供电指标批文，供气系统验收证明(含指标批文)，消防系统验收证明等。

④物业服务企业经检查、审核无问题后，同建设单位签订物业委托管理合同。物业经理负责指定人员及专业技术人员，组成验收小组。根据预先制定的物业管理制度，明确机构设置和岗位职责，招聘所需员工及进行岗前培训，建立专业服务队伍。验收小组依据验收计划、标准，按专业分工，进行预验收。在验收中，对于未达到验收要求的楼宇、设施、设备，整改实施后，验收小组检查、验证，整改合格后正式验收。

4.新建物业承接查验准备工作策略与技巧

（1）制订周密细致、严格规范的承接查验工作计划

物业管家联合工程部制订周密细致、严格规范的承接查验工作计划，并与对方协商确定，加强双方沟通，使承接查验双方在人员、验收时间、注意事项等方面统一思想、统一验收标准、明确验收程序、明确权责。物业管家还要事先制作承接查验中所需的各种通用表格和整改记录表等，并做好承接查验的培训工作。

（2）验收立场要明确，验收时细致入微

物业服务企业既应从今后物业维护保养管理的角度验收，也应站在业主的立场上，对物业严格地验收，以维护业主的合法权益。在工程验收时，物业服务企业必须细致入微。

任何一点疏忽都有可能给日后的管理带来无尽的麻烦,无论什么类型的物业,都不是孤立的和一成不变的,物业土地使用情况、市政公用设施、公共配套设施等综合性项目将标示该物业的档次和发展潜力,体现使用者的地位和身份,因此,内外装修和设备应是承接查验的重点。

(3)注意对项目承建方信息的收集

物业服务企业应该要求新建物业建设单位将项目所有土建工程、装饰工程、市政工程、设备安装工程和绿化工程等主体及配套工程的施工(承包)单位名称、工程项目、工程负责人员、联系电话、保修期限等列成清单,并交给物业服务企业,以便正式接管的时候方便业务联系。

(4)查验手续齐全、明确查验费用

承接查验符合要求后,物业服务企业应与建设单位签订物业承接查验协议。物业承接查验费用由建设单位和物业服务企业在前期物业服务合同中约定承担。没有约定或者约定不明确的,由建设单位承担。

5.新建物业承接查验准备工作风险识别与控制

风险点	风险影响及后果	预防措施
缺乏专业的承接查验人员	1.承接查验工作走过场、实施不全面、记录不准确; 2.不能及时发现并妥善解决不合格项带来的安全隐患,增加经营负担	1.物业服务企业应该选派素质好、业务精、对工作认真负责的管理人员和技术人员参与验收工作,并根据物业项目的情况配备需要的承接查验设备工具等; 2.可邀请第三方专业机构协助验收
没配备必要的专业查验工具和设备	不能及时发现设施设备的各种缺陷和隐患等	配备承接查验的工具、设备,注意技术人员与设备安装调试单位人员衔接和培训,多向设备安装调试人员学习,以保证设施、设备正式运行和后期维护保养
所需的各专业的技术规范、法规和文件等准备不足	查验工作人员在查验中无依可循,问题各方无法统一意见,给后期管理和安全使用留下安全隐患	1.承接查验小组要专业分工,安排专人收集与验收所需资料; 2.依法、依约明确承接查验各环节所需的文件资料,尤其注意新建物业和物业机构更迭时物业资料的区别; 3.学习和培训技术规范、法规、物业资料等,保证在承接查验中熟练及正确运用

子任务二　新建物业资料查验与移交

1.任务导入

(1)建设单位不将相关资料移交给物业公司,业主状告开发商

××住宅小区是某开发商新开发的项目,开发商依法聘请了物业公司进驻本小区。物业公司为了全面了解小区物业情况以便更好地为小区业主服务,一直要求开发商将相关的物业资料进行移交;而开发商一直没有答复。经过多次催促未果,物业公司向小区业主们说明了此事,也向有关部门反映了情况。为了维护自身权益,小区业主把开发商告到人民法院。

问:物业服务企业如何查验与移交新建物业资料呢?

(2)任务分析

我国《物业管理条例》第二十八条规定:"物业服务企业承接物业时,应当对物业共用部位、共用设施设备进行查验。"第二十九条、第三十七条、第三十九条规定,在办理物业承接验收手续时,建设单位应当向物业服务企业移交有关物业的资料,《物业管理条例》第五十八条规定,拒不移交资料给相关主体造成损失的,还应依法承担民事赔偿责任。

新建物业承接查验移交的资料工作,根据《物业管理条例》第二十九条、《物业承接查验办法》相关条款规定,移交的资料应包括竣工总平面图、单体建筑、结构、设备竣工图、配套设施、地下管网工程竣工图等竣工验收资料,共用设施设备清单及其安装、使用和维护保养等技术资料,供水、供电、供气、供热、通信、有线电视等准许使用文件,物业质量保修文件和物业使用说明文件,物业管理所必需的其他资料,承接查验所必需的其他资料。资料移交齐全了才能更好地提供物业服务。

2.新建物业资料查验与移交工作内容与工作流程

(1)新建物业资料的查验与移交工作内容

建设单位应向物业服务企业移交物业资料,未能全部移交资料的,让建设单位列出未移交资料的详细清单,并让其书面承诺补交的具体时限。物业服务企业清点和核查建设单位移交的资料,重点检查共用设施设备出厂、安装、试验和运行的合格证明文件。物业服务企业对接收到的物业资料应按规定分类建档,永久保存,认真管理。

(2)新建物业资料查验与移交工作流程

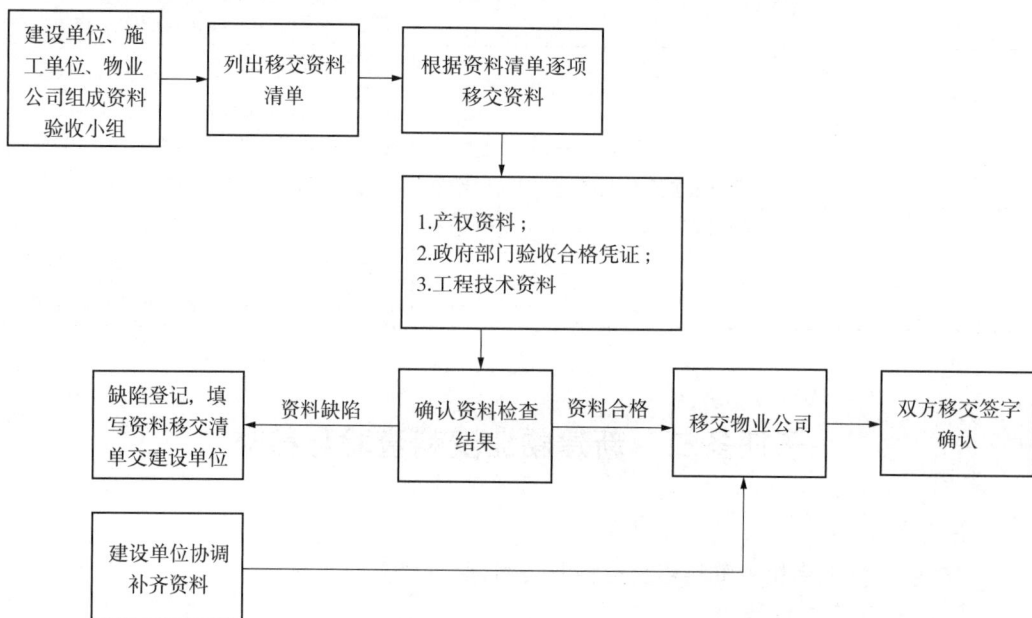

3.新建物业资料查验与移交作业指引

(1)目的

规范新建物业资料的查验与移交工作,方便日后物业管理。

(2)适用范围

物业服务项目新建物业资料的查验与移交工作。

(3)职责

制订资料移交方案,并组织、实施新建物业资料的查验与移交工作。

(4)程序要点

①物业共用部位、共用设施设备现场查验20日前,建设单位应向物业服务企业移交下列资料:竣工总平面图,单体建筑、结构、设备竣工图,配套设施、地下管网工程竣工图等竣工验收资料,共用设施设备清单及其安装、使用和维护保养等技术资料,供水、供电、供气、供热、电梯、消防、环保、防雷、通信、有线电视等准许使用文件,物业质量保修文件和物业使用说明文件,房屋、共用设施设备清单。

②承接查验所必需的其他资料如物业产权资料、客户资料、保修资料等。项目建设资料、物业产权资料、建筑工程技术资料、合同资料、物业管理运行所需的技术资料等,移交原件。

③资料验收组对所有资料查验,填写《物业资料验收清单》,办理交接手续。记录遗留问题,由双方确认。

4.新建物业资料查验与移交风险识别与控制

风险点	风险影响及后果	预防措施
建设单位未能按照有关规定移交物业资料或者移交的资料不齐全	后期养护、维修和管理工作难以有效实施,带来财产损失风险	严格对照法律法规、规章政策,要求核对与移交资料,建设单位未能移交所有资料时,物业服务企业应列出未移交资料的详细清单,并且要求建设单位书面承诺补交的具体时限
物业服务企业未安排专人清点、核查移交的资料	后期养护、维修和管理工作难以有效实施,带来财产损失风险	加强资料接收人员培训,提高资料接收能力,严格执行资料移交的操作流程,规范物业资料清点核查和汇总,规范遗留问题的处理方式

子任务三　新建物业共用部位、共用设施设备查验与移交

1.任务导入

(1)新建物业共用部位、共用设施设备查验

物业管家小李负责一个新小区的承接查验工作,为此,小李制订了详细的物业承接查验方案,已经完成了查验的准备工作和物业资料的查验与移交,现在着手查验物业共用部位、

共用设施设备。小李是一名管理类专业毕业的大学生,并非机电、设备专业出身,面对供电、供水、排水、消防、电梯、空调、安防、环境卫生设施(垃圾桶、箱、车等)、绿化设施、照明设施、安防及消防设施等物业共用部位、共用设施设备查验,小李犯了难。

问:小李该如何查验新建物业共用部位、共用设施设备呢?

(2)任务分析

物业承接查验时,掌握工作方式方法非常重要,在物业管理工作中,每个人都有擅长的方面,小李应该让工程部同事充分发挥作用,查验与移交物业共用部位、共用设施设备,在人员配备到位的情况下,明确查验内容的方法,现场查验应当形成书面记录。双方在物业设施设备的现场查验时,查验记录人应将查验情况认真填入各类别现场查验记录表。查验记录应当由建设单位和物业服务企业及其他参加查验的人员现场签字确认,统一归档保存。

2.新建物业共用部位、共用设施设备查验与移交工作内容与工作流程

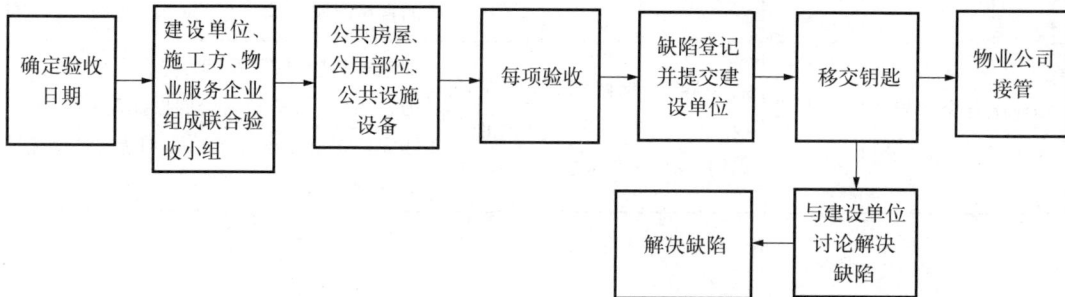

(1)新建物业共用部位、共用设施设备查验与移交工作内容

①物业建筑结构及装饰、装修查验与移交。主要是共用部位的现场查验,评价其使用功能及安全性和完好程度,关注是否存在安全隐患,以便分清责任,由责任人解决和处理。

②物业共用设备查验与移交。内容主要包括供电、供水、排水、消防、电梯、供暖、空调、安防、停车场等设备的数量、完好程度、使用功能,共同确定其问题,从而界定责任,协商处理和解决。

③物业共用配套设施查验与移交。内容主要包括环境卫生设施(垃圾桶、箱、车等)、绿化设施、照明设施、安防及消防设施(如值班室、岗亭、监控设施、报警设施、车辆道闸、消防配件等)、文化娱乐设施(会所、游泳池、各类球场、健身器材等)、各种标识、物业管理用房(办公用房、活动室、员工宿舍、食堂、仓库、操作间等)、室外道路、场地、绿地、雨污水井等。

④产权属全体业主所有的设备、工具、材料查验与移交。内容主要包括办公设备、交通工具、通信器材、维修设备工具、安防设备、保洁设备、绿化设备、物业管理软件、财务软件等。

(2)新建物业共用部位、共用设施设备查验与移交工作流程

确定验收日期 → 建设单位、施工方、物业服务企业组成联合验收小组 → 公共房屋、公用部位、公共设施设备 → 每项验收 → 缺陷登记并提交建设单位 → 移交钥匙 → 物业公司接管

缺陷登记并提交建设单位 → 与建设单位讨论解决缺陷 → 解决缺陷

3.新建物业共用部位、共用设施设备查验与移交作业指引

(1)目的

指导物业服务企业更好地查验物业共用部位、共用设施设备。

(2)适用范围

物业服务企业新建项目物业共用部位、共用设施设备查验。

（3）职责

物业服务企业和建设单位、承建单位协调,制订验收物业共用部位、共用设施设备查验方案,建设单位、承建单位共同参与验收。

（4）程序要点

①物业服务企业准备接管验收的各种文件和记录表格。依据建设单位提供的竣工图、设备清单等,编制验收计划,如接管原则、验收标准、职责分工、日期安排及工作内容等。验收小组检查设备与连接,整个系统的技术性能应符合设计要求。

②现场查验要形成书面记录,查验记录应当包括查验时间、项目名称、查验范围、查验方法、问题、修复情况及查验结论等。查验记录应当由建设单位和物业服务企业及其他参加查验的人员现场签字确认,统一归档保存。

③派出工程技术人员参加验收工作。主要参与机电设备安装调试,了解接管楼盘的设施设备,熟悉各类设备的性能、构造以及水电等线路的铺设位置及走向。验收小组应全面检查每套单元房的水、电、土建、门窗、电气设备,并将检查结果记录在楼宇接管验收清单中。

④验收小组认真检查房屋的供电、供气、卫生、给排水等设施,保证其能正常使用,房屋编号、地址名称应与地名管理部门的批准书和公安部门编制的正式门牌号相符合。检查出未达到验收标准的楼宇、设施、设备时,验收小组应提出书面整改报告,返回至建设单位,由建设单位督促施工单位整改;对预验收检查出的不符合项目提出"物业遗留问题清单"返回至建设单位,建设单位通知施工单位整改。

4.物业共用部位、共用设施设备查验与移交现场问题处理

（1）书面通知建设单位及时解决,并复验

现场查验中,物业服务企业现场查验小组应当将不符合合同约定和有关文件规定数量和品质的物业共用部位、共用设施设备分类,书面通知建设单位,建设单位签收后应当及时解决,解决后,查验的双方人员复验,直至合格。对于不能及时解决的问题,双方协商解决,并在签订物业承接查验协议时明确约定。

（2）建设单位必须派人参加物业现场查验并确认查验结果,签订物业承接查验协议

建设单位应当委派专业人员,与物业服务企业共同确认现场查验的结果,签订物业承接查验协议。物业承接查验协议应当明确约定物业承接查验基本情况、问题、解决方法及时限、双方权利义务、违约责任等。物业承接查验协议作为前期物业服务合同的补充协议,与前期物业服务合同具有同等法律效力。

5.新建物业共用部位、共用设施设备查验与移交策略与技巧

（1）产权界定并明确管理权限

小区公共设施设备、辅助场所、停车位、会所等产权须由建设单位进行界定,并出具相关证明,方便以后业主投诉时解决纠纷。明确管理权限,物业服务企业接受的只是物业经营管理权及政府赋予的有关权利。

（2）关注管理配套

验收时,注意与物业管理服务密切相关的设施和管线是否符合要求。包括岗亭、道闸、围栏防攀防钻设施、清洁绿化取水用的水管接口、倒水池、垃圾收集房(含清洁工具房)、小区

标识系统、车棚,注意停车位是否足够,注意小区摆摊、开展社区活动、室外加工用电的预留电源插座等设施建设与否。

(3)分期开发项目分期查验

可以根据开发进度分期承接查验与交接符合交付使用条件的物业。在承接最后一期物业时,建设单位与物业服务企业应当办理物业项目整体交接手续。

(4)拒绝承接未查验物业

根据相关规定,如物业服务企业擅自承接未经查验的物业,业主因物业共用部位、共用设施设备缺陷受到损害时,物业服务企业应当承担相应的赔偿责任。因此,物业服务企业要拒绝接管未经查验的物业,避免损失。

6.新建物业共用部位、共用设施设备查验风险识别与控制

风险点	风险影响及后果	预防措施
1.现场查验参加单位不全,发现问题时不能确认责任; 2.现场查验工作不规范、走形式,遗留问题没有书面确认	后期物业管理责任边界不清,物业服务企业责任扩大	1.物业服务企业应该要求建设单位,相关方参与现场查验,共同确认现场查验的结果,签订物业承接查验协议,并建立档案,妥善保管,做到有据可查; 2.明确责任界限及解决措施,确认承接查验到的问题及其解决方式等,形成备忘录
对于产权不清的配套设施,物业服务企业没有提出明确的确权主张	1.业主投诉; 2.企业责任扩大	明晰共有部分的产权,对于地下车位、会所等产权不清晰的部位,督促建设单位提供相关的产权证明
验收过程中,验收人员因操作不当、缺乏安全意识或者缺乏必要的劳动防护措施发生安全事故	员工工伤赔偿	加强验收人员安全操作培训,发放必要的劳动防护装备,采取严格措施,防止安全事故发生,必要时,可为验收人员购买商业保险;在风险发生时,降低企业损失并为验收人员争取到最大利益

子任务四　办理物业交接手续

物业承接查验协议签订后10日内,建设单位应当办理物业交接手续,向物业服务企业移交物业管理用房及其他物业共用部位、共用设施设备。交接工作应当形成书面记录,交接记录应当包括移交资料明细,物业共用部位、共用设施设备明细,交接时间、交接方式等。交接记录上建设单位和物业服务企业应当共同签字、盖章确认。正式移交前,物业共用部位、共用设施设备应由建设单位负责管理,移交后则由物业服务企业使用和管理。

自物业交接后30日内,物业服务企业应当持文件向物业所在地的区、县(市)房地产行

政主管部门办理备案手续,具体的文件为前期物业服务合同、临时管理规约、物业承接查验协议、建设单位移交资料清单、查验记录、交接记录、其他承接查验有关的文件。建设单位和物业服务企业应当将物业承接查验备案情况书面告知主。告知方式应在《前期物业服务合同》中约定。

子任务五　新建物业遗留问题解决与物业保修责任

1.遗留问题各方责任

(1)物业承接查验的问题由建设单位解决,否则应承担相应的法律责任

物业交接后,业主人身、财产安全受到损害时,如建设单位未能按照物业承接查验协议的约定及时解决物业共用部位、共用设施设备问题,应当依法承担相应的法律责任。物业交接后,发现隐蔽工程质量问题影响房屋结构安全和正常使用时,建设单位应当修复。给业主造成经济损失时,建设单位应当依法承担赔偿责任。

(2)物业交付管理后,物业服务企业应当按相关规定履行维修、养护和管理义务

自物业完成交接之日起,物业服务企业应当全面履行前期物业服务合同约定的、法律法规规定的及行业规范确定的维修、养护和管理义务,承担因管理服务不当致使物业共用部位、共用设施设备毁坏或灭失的责任。物业服务企业应当将承接查验有关的文件、资料和记录建立档案并妥善保管。物业承接查验档案资料属于全体业主。前期物业服务合同终止时,如业主大会选聘了新的物业服务企业,原物业服务企业应当在前期物业服务合同终止之日起10日内向业主、业主委员会移交物业承接查验档案。

(3)建设单位应当按照国家有关规定认真履行物业的保修责任

建设单位应当按照国家有关规定认真履行物业的保修责任,否则应承担相应的法律责任,建设单位应当按照国家规定承担物业共用部位、共用设施设备的保修责任。建设单位可以委托物业服务企业提供物业共用部位、共用设施设备的保修服务,服务内容和费用由双方约定。

2.遗留问题解决

(1)遗留问题备案

复核前期介入阶段提出的完善项目和整改意见,如事项尚未完善,要求建设单位提出补救和解决措施并备案(包括物业管理用房、开办费用、对外承诺的小区配套设施等)。承接查验时,若发现问题,应明确记录在案,约定期限,督促移交人对问题加固补强、整修,直至完全合格。

(2)整改工程缺陷

整改工程缺陷一般有两种:一是一般缺陷返修。对于承接查验或使用过程中发现的非结构性的质量问题,物业服务企业应在两天内整理检查记录提交给建设单位,并出具书面整改函,建议建设单位责成施工单位整改;物业服务企业应留底一份,以便督促整改,并在双方商定的时间内另行复验,直至合格为止。也可经双方协商,由建设单位委托物业服务企业代为返修,所需费用由建设单位支付。二是房屋结构加固补强。在承接查验时,如发现影响房

屋结构安全或设备、设施使用安全的质量问题,验收不能通过。由建设单位对房屋加固补强或采取其他处理措施,达到合格要求、确保住用安全后,商定时间予以验收,并向建设单位索取加固补强措施和复验结果的记录并存档备查。

3.对不具备使用功能问题的处理

承接查验时,对房屋的配套设施脱节和附属工程未完工或由于水、电、气等外部管线未接通致使用户不能进住,应由建设单位解决,待符合承接查验条件后,再次验收。

4.业主在验收时提出问题的解决办法

业主在承接查验时或使用过程中提出的有关房屋质量的问题,应在两天内提交给建设单位,并出具书面的整改函,建议建设单位责成施工单位整改。物业服务企业应留底一份以便督促整改,并在双方商定的时间内另行复验,直至合格为止。也可经双方协商,由建设单位委托物业服务企业代为返修,所需费用由建设单位支付。

5.物业保修责任

(1)落实物业的保修事宜

如果由建设单位负责保修,应向物业服务企业交付保修保证金,或由物业服务企业保修,建设单位一次性拨付保修费用。将建设单位施工未用完的小区建材包括各种瓷片、玻璃窗及配件等留下来备用,为以后维修减少费用。如果项目采用非市面上常见的建材、设备和设施,应让建设单位或施工单位提供供货和维修保养单位的地址、电话和联系人。对于新项目的承接查验,在签署验收合格、同意接管凭证时,应向建设单位说明,经物业服务企业验收同意接管的物业不等于楼宇质量完全符合国家及设计标准的要求,建设单位也不能排除应承担的整改质量缺陷的责任,而且房屋质量也存在一定保修期限。因此,建议建设单位在保修期结束时,在取得物业服务企业认可后,再向施工单位支付保修金。

(2)保修期内管理

设备接管时,物业服务企业、建设单位、保修单位三方应就设备保修期保修的内容、范围、期限,物业服务企业维护的内容、范围,保修款支付,做出界定,达成共识,形成书面协议。保修期内保修单位提供的服务单一,一般只修理不保养,难以达到物业管理行业标准。保修工作之外的保养内容须由物业服务企业自己或委托专业公司实施,书面协议有助于解决物业服务企业或专业公司与保修单位的矛盾、纠纷。设备保修期内,物业服务企业自行实施的机电设备保养工作应以清洁、防腐、润滑、调整、紧固为主,不宜触及核心软、硬件。机电设备、电梯故障维修方面,物业服务企业应督促保修单位解决。保修期结束保修单位结算保修金时,物业服务企业须在结算申请书上如实填写使用方意见;如果保修单位不履行保修义务,物业服务企业有权拒绝签字。

任务二　物业管理机构更迭时的承接查验

物业管理机构更迭时的物业承接查验和移交是指,前期物业服务合同终止或物业服务合同期满,业主大会选聘了新的物业服务企业,与之签订的物业服务合同生效,此时发生的物业共用部位、共用设施设备的承接查验及移交活动。

1.物业管理机构更迭时承接查验的法律主体

(1)原有的物业服务企业向业主或业主委员会移交时双方法律主体

交验方:原有的物业服务企业。

接管方:物业的业主或业主委员会。

(2)业主或业主委员会向新的物业服务企业移交时双方法律主体

交验方:业主或业主委员会。

接管方:新选聘的物业服务企业。

2.物业管理机构更迭时承接查验的前提条件

业主委员会已在房地产行政主管部门登记备案,并书面通知原物业服务企业撤管,业主委员会公开招投标,选聘出了新物业服务企业并备案,房屋所有权、使用权清楚。业主委员会与原物业服务企业解除了物业服务合同,并和新物业服务企业签订了物业服务合同。

3.物业管理机构更迭时承接查验依据的文件

承接查验依据的文件有物业服务合同、《物业管理条例》、《物业承接查验办法》、《管理规约》、移交的物业图纸资料、清单,物业管理的相关法律、法规、政策、标准和规范,物业管理相关的合同、协议,等等。

4.物业管理机构更迭时承接查验的内容和标准

从外观检查建筑物整体的变异状态。检查房屋结构、装修和设备的损坏程度。检查房屋使用情况(建筑年代、用途变迁、拆改添建、装修和设备情况)。危险的房屋应由移交人负责排险解危后才能承接。损坏的房屋,由移交人和承接单位协商,既可约定期限由移交人维修,也可采用其他形式补偿。

子任务一　物业管理机构更迭时承接查验准备

1.任务导入

(1)旧小区承接查验

小区 A 是一个 2001 年建成、交付的小区,小区共有 2 300 户,2014 年成立了业主委员会,小区 A 经历了几家物业公司更迭。2021 年 7 月,因物业服务合同到期,业主委员会决定更换一家物业公司来管理。经过物业管理招投标程序,最终选定物业公司 B 来管理,物业公司经理指定物业管家小林负责小区 A 的承接查验工作。

问:物业管家小林该如何准备小区 A 的承接查验工作呢?

(2)任务分析

要准备物业管理机构更迭时承接查验工作,先要组建验收小组,由办公室牵头,各部门专业技术人员参加,共同商讨承接查验工作,制订承接查验方案;需要准备相关验收文件、图纸、表格,同时,验收小组向业主委员会约定验收时间,并清查建筑物、设施设备、定着物和附着物的档案资料,按照物业管理机构更迭时承接查验的内容、标准和程序查验。

2.物业管理机构更迭时承接查验工作内容和工作流程

(1)物业管理机构更迭时承接查验工作内容

双方约定验收时间,共同清点房屋、装修、设备、定着物和附着物,核实房屋使用状况。双方查验物业资料、物业共用部位、共用设施设备及管理现状、各项费用与收支情况、项目机构经济运行情况和其他方面。经检验,如果房屋符合要求,接管单位签署验收合格凭证,签发接管文件。

(2)物业管理机构更迭时承接查验准备工作流程

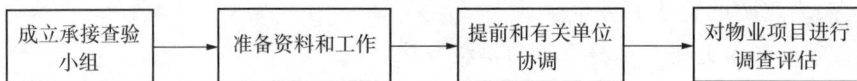

```
┌──────────┐    ┌──────────┐    ┌──────────┐    ┌──────────┐
│成立承接查验│ →  │准备资料和工作│ →  │提前和有关单位│ →  │对物业项目进行│
│   小组    │    │          │    │   协调    │    │  调查评估 │
└──────────┘    └──────────┘    └──────────┘    └──────────┘
```

3.物业管理机构更迭时承接查验作业指引

(1)目的

规范物业管理机构更迭时承接查验准备工作,服务正常的移交接管工作。

(2)适用范围

物业管理机构更迭时承接查验准备工作。

(3)职责

成立物业承接查验小组,准备资料和工具,与业主委员会约定承接查验时间,协调有关单位参与承接查验。

(4)程序要点

①成立物业承接查验小组。签订物业服务合同后,新的物业服务企业立即组织力量,成立物业承接查验工作小组,了解物业的基本情况,并着手制订承接查验方案。查验小组成员要求:工作经验和业务能力较强,专业性强。小组成员人数可根据接管物业的规模而定。

②准备资料和工具。准备接管所需的各类表格、工具、物品等。物业承接查验工作小组应提前与业主委员会及原物业服务企业接触,洽谈移交的有关事项,商定移交程序和步骤,明确移交单位应准备的资料、清单等。

③提前与有关单位协调。物业管理机构更迭时的承接查验没有明确的法律规定,为了顺利承接查验,需要同建设单位、原物业服务企业、业主委员会、行业主管部门等进行良好沟通。

④对物业进行项目调查评估。为了使物业项目的承接查验顺利,在承接查验前,必须对旧物业的管理现状及问题进行全方位调查与评估。为物业移交和日后的管理提供依据,对需要整改的内容及时与移交单位协调。

4.物业管理机构更迭时承接查验准备策略与技巧

(1)明确交接主体和次序

物业管理机构更迭时承接查验准备要明确交接主体和次序。物业管理移交是指,原物业服务企业将物业管理工作移交给物业的业主、业主委员会或物业产权单位,然后业主、业主委员会或产权单位将物业管理工作移交给新选聘的物业服务企业,而不是原有的物业服务企业将物业管理工作直接移交给新的物业服务企业。虽然具体移交步骤可合并,但要分清楚移交的主体和责任,这样才能有针对性,避免法律纠纷。

（2）承接单位应尽量分析全面、考虑周全,以利于交接和日后管理

共用配套设施和机电设备接管、承接时,物业管理运作衔接是物业管理工作移交的重点和难点,承接单位应尽量分析全面、考虑周全,以利于交接和日后管理工作开展。承接电梯等重要设备时,要注意原撤管物业服务企业是否与相关专业公司签订设施设备保养和维修合同,并及时更改企业名称,由新物业服务企业续签。

5.物业管理机构更迭时承接查验准备风险识别与控制

风险点	风险影响及后果	预防措施
没有与建设单位协商承接查验的时间、步骤	查验现场工作秩序混乱	制订周密细致、严格规范的承接查验工作计划,并与对方协商确定
承接查验的工作分工、工作程序和工作计划安排不周全,承接查验工作步骤不统一,查验工作无序	查验工作质量下降,后期运营有风险	1.加强双方沟通,承接查验双方在人员、验收时间、注意事项等方面统一思想、统一验收标准、明确验收程序、明确权责; 2.事先制作承接查验中所需的各种通用表格和整改记录表等,做好使用培训

子任务二 物业管理机构更迭时查验和移交物业管理资料

1.物业管理机构更迭时验收小组应查验的资料

①物业原始资料,包括物业交付使用初期物业服务企业从物业建设单位承接来的物业原始资料,主要是物业竣工图纸资料,竣工验收资料,设备的使用、维护技术资料,物业产权资料,物业清单,等等。

②物业共用部位、物业设施共用设施设备维修、养护和管理以及大中修、更新改造及专业检验的资料,包括设备清单,台账,使用、修理、改造报告,重大事故报告,专业检测报告,完好率评定报告,等等。

③业主资料,包括业主身份、产权证明,物业查验、问题解决记录,物业使用、装修、维修资料,有关服务、投诉、回访记录和纠纷的处理报告,等等。

④财务管理资料,包括全体业主所有的物业管理固定资产清单、收支联目表、债权债务移交清单,水电等抄表记录及费用代收代缴明细表,物业服务费收缴明细表,维修资金使用审批资料和记录,其他需移交的各类凭证、表格、清单,停车费、应收款项,等等。

⑤合同协议书,包括对内、外签订的合同、协议原件。

⑥人事档案资料,指双方同意移交留用的在职人员的人事档案、培训、考试记录等。

⑦其他须移交的资料。

资料应分类列出目录,根据目录名称、数量逐一清点是否相符、完好,移交后,三方当事人在目录清单上签名、盖章。

2.物业管理机构更迭时查验和移交物业管理资料风险识别与控制

风险点	风险影响及后果	预防措施
原物业服务企业不移交资料或移交资料不齐全	物业服务企业接管后因缺少有效依据难以开展正常物业管理活动	1.原物业服务企业应建立物业档案管理制度,整理、归档、保存属于业主的物业原始资料,保持物业档案的完整性和连续性,撤管时将资料依法移交给业主委员会或决定自行管理的业主或者其指定的人; 2.原物业服务企业应记录日常管理工作,在合同履行期间,应严格履行合同约定,维修、保养和管理工作记录并存档,撤管时,依法移交物业管理资料
在没有业主委员会参与下,新旧物业服务企业擅自移交资料;资料交接时,双方没有认真清点、核对,记录不认真、不全面	移交合法性受到质疑,发生问题时因难以确定责任主体而产生纠纷甚至错担责任	新物业服务企业要列出移交资料清单,并派专人核对,为现场查验打基础。做物业资料的交接记录,无论是原物业服务企业还是新物业服务企业,都应该与合法交接的对象做物业资料的交接记录,查遗补漏,明确各方的责任并签字确认

子任务三 物业管理机构更迭时物业共用部位、共用设施设备查验和移交

1.物业管理机构更迭时物业共用部位、共用设施设备的现场查验与移交内容

①物业建筑结构及装饰装修查验和移交主要是指,现场查验共用部位,评价其使用功能及安全性和完好程度,关注是否存在安全隐患以便分清责任。

②物业共用设备查验和移交,主要包括供电、供水、排水、消防、电梯、供暖空调、安防、车场等设备的数量、完好程度、使用功能,共同确定其问题,从而界定责任,协商解决。

③物业共用配套设施查验和移交,主要包括环境卫生设施、绿化设施、照明设施、安防及消防设施(如值班室、岗亭、监控设施、报警设施、车辆道闸、消防配件等)、文化娱乐设施(会所、游泳池、各类球场、健身器材等)、各种标识等。

④物业管理用房。包括办公用房、活动室、员工宿舍、食堂、仓库、操作间等。

⑤室外道路、场地、绿地、雨污水井等。

⑥产权属全体业主所有的设备、工具、材料等,主要包括办公设备、交通工具、通信器材、维修设备工具,安防保洁、绿化设备、工器具,物业管理软件、财务软件等。

2.物业管理机构更迭时物业公共部位、共用设施设备查验和移交工作流程

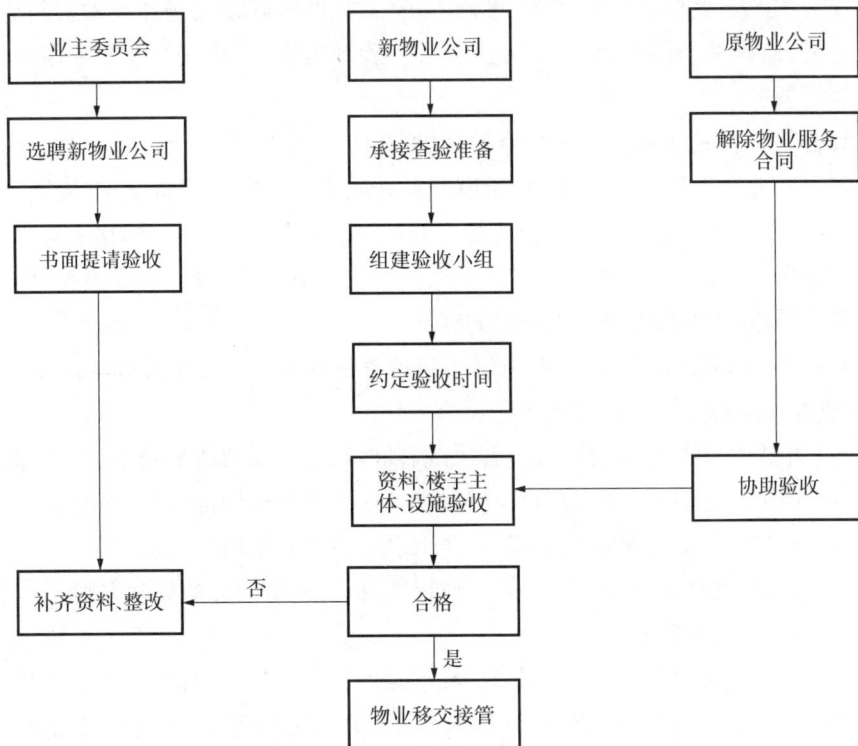

```
┌──────────┐        ┌──────────┐        ┌──────────┐
│ 业主委员会 │        │  新物业公司 │        │  原物业公司 │
└────┬─────┘        └────┬─────┘        └────┬─────┘
     │                   │                   │
┌────┴─────┐        ┌────┴─────┐        ┌────┴─────┐
│选聘新物业公司│       │ 承接查验准备 │       │解除物业服务 │
└────┬─────┘        └────┬─────┘        │   合同   │
     │                   │             └────┬─────┘
┌────┴─────┐        ┌────┴─────┐            │
│ 书面提请验收 │       │ 组建验收小组 │            │
└────┬─────┘        └────┬─────┘            │
     │                   │                  │
     │              ┌────┴─────┐            │
     │              │ 约定验收时间 │            │
     │              └────┬─────┘            │
     │                   │                  │
     │              ┌────┴──────┐     ┌────┴─────┐
     │              │资料、楼宇主  │◄────│ 协助验收  │
     │              │体、设施验收  │     └──────────┘
     │              └────┬──────┘
┌────┴─────┐   否   ┌────┴─────┐
│补齐资料、整改 │◄──────│   合格   │
└──────────┘        └────┬─────┘
                         │ 是
                    ┌────┴─────┐
                    │ 物业移交接管 │
                    └──────────┘
```

3.物业管理机构更迭时物业共用部位、共用设施设备查验和移交作业指引

(1)目的

规范物业管理机构更迭时承接查验工作,服务正常的移交接管工作。

(2)适用范围

物业管理机构更迭时承接查验工作。

(3)职责

解聘与选聘的物业服务企业应当按约、按时交接现场岗位,并移交物业服务用房以及属于业主共同所有的其他物业服务设施,确保物业服务正常与连续。

(4)程序要点

①在终止合同7日前,解聘的物业服务企业应当向业主委员会或在业主委员会的监督确认下向选聘的物业服务企业办理移交手续,双方签订《物业管理移交与承接查验确认书》及明细清册。其中,移交内容应当包括:复制并移交承接项目时签署的《物业管理移交与承接查验确认书》及明细清册、相关设施设备涉及与专业经营单位衔接的资料,移交保管的物业档案、物业服务档案;物业服务期间形成的业主有关资料(业主档案、装饰装修、车位分配等);物业服务费收支、装修服务费预收与使用、利用业主房屋共用部位、共有共用设施的经营收益、车辆停放服务费、代收水电费、维修资金使用状况的资料等;物业服务期间形成的有关房屋修缮及设施、设备改造、维修、运行、保养和绿地管养的有关资料;房屋修缮及遗留问

题,秩序维护相关记录,用水、用电起止码,设施、设备分类与数量、安装地点、型号、生产厂方、性能、安装、参数、运行、使用、年检、维修养护、常见的故障以及操作技术资料等,如相关资料发生遗失,应查调、复制或根据实际工作和经验补写完善;移交物业服务用房;法律、法规规定的其他事项。

②行政备案。在完成移交与承接查验后的30日内,业主委员会、选聘的物业服务企业应向项目辖区物业管理行政主管部门、街道办事处或乡镇人民政府备案,并复制、留存以下资料:业主委员会与选聘的物业服务企业签订的《物业服务合同》;签订的移交与承接查验确认书及明细清册、相关设施设备涉及与专业经营单位等衔接的资料;清算预收、代收有关费用的情况等;其他涉及承接查验应当备案的资料。

4.物业管理机构更迭时物业共用部位、共用设施设备查验和移交策略与技巧

(1)物业查验与移交资料现场要做记录

查验各方根据合同约定和有关规定解决既有问题,达成承接查验协议,办理移交手续由新进入的物业服务企业管理,物业查验与移交资料现场查验要做记录,以备所需。

(2)在办理移交时,应对物业共用部位、共用设施设备的使用现状做出评价

真实、客观地反映房屋、设施、设备的完损程度,提出遗留问题的处理方案。

(3)签订物业承接查验协议

如果承接的物业项目部分还在质保期内,承接单位应与建设单位、移交单位共同签订物业承接查验协议,明确具体的保修项目、负责保修的单位及联系方式、保修方面遗留问题的处理情况,并在必要时提供原施工或采购合同中关于保修的相关条款文本。在物业管理移交工作中,物业共用部位、共用设施设备的问题不易全部被发现,遗漏难免存在,因此,在签订移交协议或办理相关手续时,应注意做出相关安排,便于在后续工作中妥善发现、解决问题。

5.物业管理机构更迭时物业共用部位、共用设施设备查验和移交风险识别与控制

风险点	风险影响及后果	预防措施
承接查验相关主体认识不到承接查验对各自责任确认的重要性,不重视现场查验工作	责任界定不清,追究责任没有依据	认真履行承接查验义务,原物业服务企业应配合现场查验和交接工作,并如实告知物业的使用情况,新物业服务企业应依法、依规逐一核查移交资料清单
现场查验人员专业能力不足,不能有效管控现场查验工作,现场查验只简单核对数量、有无设施设备或资料,未评价物业性能状态	物业企业承担维修费用	1.选调专业技术人员,组建专业的承接查验小组,加强专业培训,制订各项工作计划与预案; 2.承接查验须对共用部位、设施设备的数量、功能、使用状态和完损程度等作出客观评价

续表

风险点	风险影响及后果	预防措施
对现场查验中发现的问题和整改意见,未详细记录和签字确认	追究责任没有依据	1.现场查验过程和结果须做现场书面记录,对问题确定各方认可的解决措施,经相关方确认,形成备忘录,存档备查; 2.现场查验须明确各方的权责,签订承接查验协议

子任务四　物业管理机构更迭时物业交接

1.任务导入

(1)原物业公司拒绝退场

业主委员会在小区A物业服务合同到期后,业主委员会就小区的物业管理重新招标,原物业公司也参加了投标,但是在投标中原物业公司没有中标,而一家知名物业公司B中标,原物业公司仍然继续履行物业服务合同,不肯退出项目,一次双方的保安员还引发了肢体冲突,双方僵持了2个月,业主委员会调解也无济于事。物业公司B递出一纸诉状,将原物业公司和小区业主委员会告上了法庭,要求赔偿经济损失。

问:①物业服务合同到期时,原物业服务企业能拒绝退出项目吗? 为什么?

②物业管家该如何做物业管理机构更迭时的物业交接呢?

(2)任务分析

根据《物业管理条例》相关规定,物业服务合同到期时,原物业服务企业应做好物业管理资料的移交工作,并及时撤离管理区域。根据《民法典》第九百四十九条规定,物业服务合同终止时,原物业服务人应当在约定期限或者合理期限内退出物业服务区域,将物业服务用房、相关设施、物业服务所必需的相关资料等交还给业主委员会、决定自行管理的业主或者其指定的人,配合新物业服务人交接,并如实告知物业的使用和管理状况。违反前款规定时,原物业服务人不得请求业主支付物业服务合同终止后的物业费;造成业主损失时,应当赔偿损失。所以,物业服务合同到期后,原物业服务企业不能拒绝退出项目。

在新的物业服务合同生效之前,业主委员会、原物业服务企业和新的物业服务企业应当约定交接时间、交接内容、交接查验、交接之日前后的责任等事项。应确定具体交接时间点,时间点前责任由原物业服务企业承担,时间点后责任由新物业服务企业承担。业主委员会、原物业服务企业和新的物业服务企业应当按照约定交接。物业承接查验工作的物业管家应该熟悉物业管理机构更迭时物业交接的内容和流程,制订相应的方案,沟通和相应地做准备,确保物业交接工作顺利完成。

2.物业管理机构更迭时物业交接工作内容与工作流程

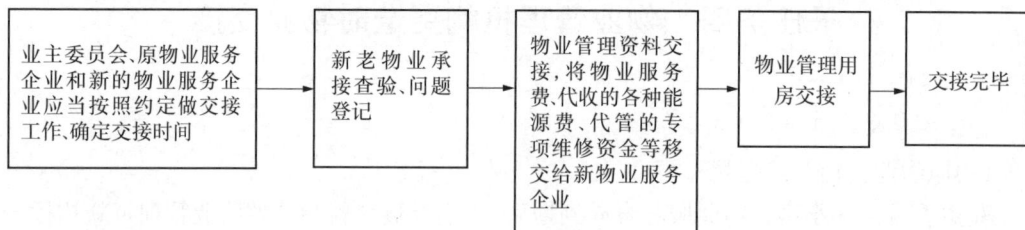

（1）物业管理机构更迭时物业交接工作内容

原物业服务企业撤管前,应当向业主委员会移交下列资料:竣工总平面图,单体建筑、结构、设备竣工图,配套设施、地下管网工程施工图等竣工验收资料;设施设备安装、使用和维护保养等技术资料;物业质量保证文件和物业使用说明文件;业主及房屋面积清册;物业管理所必需的其他资料。新的物业服务企业接管物业前,业主委员会应当将以上资料移交给新的物业服务企业。资料移交完毕后,移交和接收双方须签字认可,若有未移交部分,双方列出未移交部分的清单,确定移交时间并签字认可。将预收的交接之日后的物业服务费、代收的各种能源费、代管的专项维修资金等移交给新的物业服务企业、业主委员会。原物业服务企业应依法将属于业主的物业管理用房移交给新的物业服务企业。

（2）物业管理机构更迭时物业交接工作流程

业主委员会、原物业服务企业和新的物业服务企业应当按照约定做交接工作、确定交接时间 → 新老物业承接查验、问题登记 → 物业管理资料交接,将物业服务费、代收的各种能源费、代管的专项维修资金等移交给新物业服务企业 → 物业管理用房交接 → 交接完毕

3.物业管理机构更迭时物业交接作业指引

（1）目的

物业管理机构更迭时,做物业交接工作,展现物业服务企业的良好企业形象,使工作顺利。

（2）适用范围

物业服务企业在物业管理机构更迭时的物业交接工作。

（3）职责

业主委员会、原物业服务企业及新选聘物业服务企业的交接工作应依法进行。原物业服务企业拒不撤出物业管理区域时,新选聘的物业服务企业不得强行接管物业管理区域。

（4）程序要点

①承接物业时,新的物业服务企业应当与原物业服务企业共同查验物业共用部位、共用设施设备。

②查验时,业主委员会应当对物业查验做记录。查验记录应当包括查验项目名称、查验时间、查验内容、查验结论、问题等,并由查验人签字。

③新的物业服务企业和原物业服务企业对查验结果存在争议时,应当在查验记录中示明,并明确解决办法。

④撤管时,原物业服务企业应当在业主委员会的组织下将预收的交接之日后的物业服务费、代收的各种能源费以及代管的专项维修资金等移交给新的物业服务企业。业主委员会或原物业服务企业应依法将属于业主的物业管理用房移交给新的物业服务企业。

⑤前期物业服务合同期限届满或依法终止,原物业服务企业不得以业主欠交物业服务

费为由拒绝交接;原物业服务企业拒不撤出物业管理区域时,新的物业服务企业和业主委员会应通过司法途径解决,不得强行接管。

⑥业主委员会、原物业服务企业及新选聘物业服务企业的交接工作应依法进行。原物业服务企业拒不撤出物业管理区域时,如果强行接管物业管理区域并给业主和使用人的正常生活秩序造成重大影响时,新选聘的物业服务企业应当承担相应的法律责任。

⑦前期物业服务合同期限未满时,物业服务企业不得擅自提前撤管。如果物业服务企业需提前撤出物业管理区域,业主委员会应当及时将有关情况报告至物业所在地的社区居民委员会、街道办事处和区、县住房和城乡建设委员会。

4.物业管理机构更迭时物业交接风险识别与控制

风险点	风险影响及后果	预防措施
原物业服务企业没与业主委员会交接,而直接与新物业服务企业交接	不掌握物业共用部位、共用设施设备使用情况,带来安全隐患,不能正常接管项目并履行合同	1.应与业主委员会、业主或业主大会授权的其他人交接; 2.交接双方按照移交明细移交物业管理资料和物业共用部位、共用设施设备,移交过程必须留存书面记录备查,有遗留问题时,移交方出具书面的问题清单及解决方案和时限的备忘录
交接时,态度消极,不主动,甚至阻挠交接工作、拒不退出物业服务区域	卷入原物业服务企业与业主、其他合作单位等之间的纠纷	原物业服务企业拒不退出物业管理区域时,新物业服务企业要本着维护业主利益的原则,尽可能协商解决,不可暴力介入管理,避免产生直接冲突或影响业主的正常生活
物业费、停车费、共有部分经营收入、代收代缴费用、公共能耗费用、其他经营费用清算不彻底	矛盾激化、财务损失风险	交接双方应签订交接协议。在交接前,原物业服务企业要对项目的账目、资产、物品、资金等整理造册,明确权属,及时清退、清欠;交接时,要根据类目列出清单,交与业主委员会。新物业服务企业要认真核对、查证财务清单,账目有异议时,可以要求业主委员会聘请专业审计机构审查

【学习目标检测】

一、思考题

1.简述新建物业承接查验遗留问题解决办法。

2.简述物业共用部位、共用设施设备查验与移交现场问题处理方法。

3.简述物业服务机构更迭时承接查验的前提条件。

二、单项选择题

1.物业（　　）是物业服务企业承接物业前必不可少的环节,直接关系到今后物业管理工作能否正常进行。

A.竣工验收　　　　B.承接查验　　　　C.分户验收　　　　D.早期介入

2.原物业服务企业拒不撤出物业管理区域时,新的物业服务企业和业主委员会应通过司法途径,(　　)。

A.可以及时接管　　B.应该及时接管　　C.不得强行接管　　D.视业主要求接管

3.没有约定或者约定不明确时,物业承接查验费用由(　　)承担。

A.物业服务企业　　B.施工单位　　　　C.业主　　　　　　D.建设单位

4.物业共用部位、共用设施设备现场查验(　　)日前,建设单位应向物业服务企业移交验收资料。

A.20　　　　　　　B.15　　　　　　　C.10　　　　　　　D.7

5.如果物业服务企业擅自承接未经查验的物业,物业共用部位、共用设施设备缺陷给业主造成损害时,(　　)应当承担相应的赔偿责任。

A.承接查验负责人　B.建设单位　　　　C.施工单位　　　　D.物业服务企业

三、多项选择题

1.实施物业承接查验,主要依据的文件有(　　)。

A.《物业管理条例》《物业承接查验办法》

B.物业买卖合同、临时管理规约

C.前期物业服务合同、物业规划设计方案

D.工程施工合同

E.建设单位移交的图纸资料

2.新建物业承接查验的准备工作内容包括(　　)。

A.明确查验费用　　　　　　　　　B.组建物业承接查验小组

C.列出各专业工程实施查验的技术依据　D.确定查验内容

E.物资准备、人员培训

3.物业承接查验协议应当对(　　)等事项作出明确约定。

A.物业承接查验基本情况　　　　　B.问题、解决方法及时限

C.查验结果　　　　　　　　　　　D.双方权利义务

E.违约责任

4.撤管时,原物业服务企业应当在业主委员会的组织下将(　　)等移交给新的物业服务企业。

A.预收的交接之日后的物业服务费　　B.代收的各种能源费

C.代收的水电费　　　　　　　　　D.代管的专项维修资金

E.物业多种经营费用

5.在完成移交与承接查验后的30日内,业主委员会选聘的物业服务企业应向( )
备案。

    A.物业管理协会　　　　　　　　B.项目辖区物业管理行政主管部门

    C.街道办事处　　　　　　　　　D.业主

    E.乡镇人民政府

【养成性技能训练】

案例分析

案情:几个月来,星光小区由于新老物业交接问题,双方秩序维护员多次发生冲突,业主人心惶惶。

原来,业主委员会通过招投标选出了新的物业公司B管理小区的物业,并签订了物业服务合同。物业公司B按计划准备进驻小区。但是小区原物业公司A既不交接,也不退出项目。经业主委员会调解,物业公司A道出了苦水,物业公司A项目经理刘某拿出了业主欠费记录,向业主委员会反映具体情况。原来,从2015年6月物业公司A接管星光小区以来,一直有业主欠费记录,5年多来,小区业主累计欠费100多万元。刘某无奈地说:"我也想早点撤离,但是我一旦撤离,这些物业服务费就很难追缴了。"所以物业公司A拒绝撤离,现在,小区里每天都有两批身着不同服装的秩序维护员在值班,为了争抢地盘,双方发生了多次冲突,最终,警方到场,事端才平息。

问:①物业服务合同终止后,原物业服务企业拒绝退出项目的法律后果是什么?

    ②物业管理机构更迭时,该如何进行物业交接呢?

课程资源

项目三
入住服务

【知识目标】

1. 了解入住服务的意义。

2. 了解入住准备、入住手续办理、业主专有部分的维修整改、搬迁入住服务工作内容、工作流程和作业指引。

3. 掌握入住准备、入住手续办理、业主专有部分的维修整改、搬迁入住服务策略与技巧。

4. 学会入住准备、入住手续办理、业主专有部分的维修整改、搬迁入住服务的风险识别与控制。

【能力目标】

1. 能做入住准备工作,根据流程熟练地为业主办理入住手续。

2. 能根据业主提出的验房整改要求协调建设单位做业主专有部分的整改。

3. 能为业主提供搬迁入住的服务。

【思政目标】

1. 具有良好的职业道德和精益求精的工作态度,为业主提供细致周到的服务。

2. 具有良好的团队合作精神,工作积极、主动、认真、热情。

3. 具备良好的品质意识和服务意识,展现物业服务人的良好精神风貌。

【知识储备】

作为物业管家,在入住服务中,要熟知与本物业有关的各种情况,包括物业建筑结构方面的专业知识、本物业多种不同户型、辖区周边配套及未来规划、物业的绿化方案等。熟悉该楼盘工程状况、房屋及设施的情况、房屋装修标准、保修的内容期限等。了解基本情况,在交楼过程中能为业主解答有关工程装修、维修的问题。熟知与业主利益有关的各种情况,包括开发商的情况、业主与开发商易产生纠纷的事宜、装修知识、业主与装修施工单位易产生纠纷的事宜等。了解现有业主的概况,包括年龄段、知识水平等。物业管家要擅长沟通、热情大方、耐心细致。能做入住服务接待工作,就业主提供的情况和所需要的服务进一步交流。

【知识帮助】

1.入住的含义

业主入住指业主或使用人收到书面入住通知书并办理接房手续的过程,即业主领取钥匙入住。从权属关系看,入住是开发商将已建好的物业及物业产权按照法律程序交付给业主的过程,是开发商和业主之间物业及物业产权的交接过程,也是建设单位将已具备交付使用条件的物业交付给业主并办理相关手续,同时物业服务企业为业主办理物业管理事务手续的过程。对于业主而言,入住包括两个内容:一是物业验收及其相关手续办理;二是物业管理有关业务办理。入住过程涉及建设单位、物业服务企业以及业主,入住完成意味着物业由开发建设转入业主使用,物业管理服务活动全面展开。

2.入住各方主体责任界定

依据规定,入住的实质是建设单位向业主交付物业的行为,建设单位主导并承担相关法律责任,如因建设单位原因未将物业交付给业主,物业服务费用由建设单位承担,业主的损失由建设单位赔偿;作为入住后期的服务单位,物业服务企业只协助具体相关手续办理,与业主建立服务与被服务关系,承担物业交付后的相关管理责任。业主依据法规与合同约定验收物业,并与物业服务企业建立服务关系,业主有权拒收不具备交付条件的物业,并要求建设单位赔偿损失,但业主无正当理由拒绝接收物业时,物业服务的费用由业主承担。

任务一　入住准备

1.任务导入

(1)如何做入住准备工作

中山花园项目是××房地产公司开发的一个高端楼盘项目,有高层和洋房,共分4期,首期开发的4栋洋房施工工程及配套已经竣工验收。首期4栋洋房共200套房源交付在即,中山花园项目的物业服务企业A已经在为项目首期入住进行准备。物业项目经理让物业管家小黎负责入住工作准备事宜,以便业主能够按时前来收楼并入住。

问:小黎该如何做入住准备工作呢?

(2)任务分析

入住的准备工作包括制订入住的策划方案、组建入住服务小组、资料准备、场地布置。这是物业服务企业与业主的首次接触,是物业服务企业全面展示企业精神风貌、提供体贴入微的专业服务的首次展示。如果入住服务做得好,企业就能够给业主留下美好的第一印象。因此,物业服务人员应该重视入住服务工作,认真做入住服务的前期筹划工作,注重入住服务过程的每个细节,熟练掌握入住服务手续办理工作的每个环节,接待入住现场的业主,做好收费、验楼以及入住资料归档等工作。

2.入住准备工作内容与工作流程

(1)入住准备工作内容

①人员准备。物业服务企业应整合资源,组建入住服务工作小组,加强对入住工作的支

持力度,各部门都应该投入业主入住的工作中来,并由各部门主管直接负责,安排各项工作。物业服务企业从客服部抽调部分人员组成政策咨询小组,方便业主办理相关手续。可根据办理入住手续所涉及的物业服务企业相关部门,由物业服务企业经理和管理人员、财务人员、工程技术人员、物业管家等组成工作小组。针对入住准备工作,分别落实人员和入住各项工作任务,具体包括方案设计、资料准备、环境布置、对外联络、收费准备等,确定责任人和完成时间,通过入住准备会控制进度和过程。

②资料准备。物业服务企业根据物业的实际情况及服务要达到的标准制定各种规范、制度、文件等,及时交到业主手中。入住手续类文件包括入住通知书、入住手续书、房屋验收单、房屋质量整改通知书、楼宇交接书、住宅使用规约;入住发放文件包括业主手册、入住须知、入住指南、装修管理办法、委托服务项目表;入住记录包括业主登记表、验房签收记录、入住资料登记记录、领取钥匙签收记录、委托服务登记表、入住收费记录。总体来说,需要准备两大类入住资料和表格。第一类是业主需要阅读并且签字的书面资料,第二类是业主只需要阅读或填写而不需要签字的资料,两类资料应分别整理存档,方便办理手续时使用。合理测算各部门在入住现场所需的必要办公用具和物品,登记成表册,提前准备。

③场地布置。入住手续办理现场应设置明确、醒目标识以节省业主寻找办理场所的时间,设置业主登记处、手续办理区域、业主休息区。应在紧邻入住手续办理现场入口处设置显著平面布局图及业主办理入住手续流程图,以便于业主办理入住手续。在入住手续办理现场,应设置与本次交付工作与入住通知书中所列收费项目的法律依据和政府相关法律法规,以便于业主查证核实。合理设计业主办理入住手续时的车辆进出路线,增加临时停车牌发放量,开放必要的门禁,启动小区内所有监控和红外线报警系统,增加道路和车辆指引人员和现场秩序维护人员。

④人员培训。物业服务企业应有计划地组织物业各级服务人员培训,安排落实入住时各岗位工作人员,制订培训计划,按计划对所有参加入住服务的工作人员进行入住培训,入住培训内容包括现场各岗位职责与工作任务分配、入住统一说辞、入住工作规程与礼仪规范。另外,还要培训本物业有关的各种知识,包括物业建筑结构方面的专业知识、本物业多种不同户型、辖区周边配套及未来规划、物业的绿化方案等;楼盘工程状况、房屋及设施的情况、房屋装修标准、保修的内容期限等。了解基本情况,在交楼过程中,为业主解答有关的工程装修、维修问题,包括开发商的情况、业主易与开发商产生纠纷的事宜、装修知识、业主易与装修商产生纠纷的事宜等。

⑤入住流程演练。在入住前,组织一次模拟现场入住实战演练,发现问题,及时整改。入住前业主角色的人员主要由入住工作领导小组成员扮演,从迎宾接待开始直至最后的送离环节,全面检验的流程设计、岗位设置、服务标准、突发事件处理等。演练完毕后,对每个问题进行汇总,确定并立即落实整改措施,采取必要措施检验整改完成后的入住工作组织情况。通过入住实操演练,检验入住各项工作的准备效果,以便更好地完成入住办理的各项工作,呈现更好的入住服务品质。

（2）入住准备工作流程

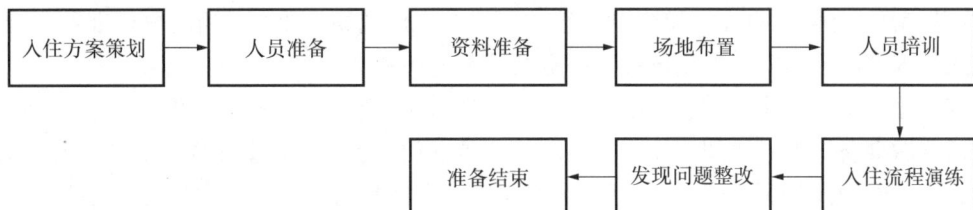

```
┌──────────┐    ┌──────────┐    ┌──────────┐    ┌──────────┐    ┌──────────┐
│ 入住方案策划 │ → │  人员准备  │ → │  资料准备  │ → │  场地布置  │ → │  人员培训  │
└──────────┘    └──────────┘    └──────────┘    └──────────┘    └──────────┘
                                                                        │
                                                                        ↓
┌──────────┐    ┌──────────┐    ┌──────────┐
│  准备结束  │ ← │ 发现问题整改 │ ← │ 入住流程演练 │
└──────────┘    └──────────┘    └──────────┘
```

3.入住准备作业指引

（1）目的

规范项目入住筹备工作的流程、内容及标准。

（2）适用范围

商品住宅小区新项目入住筹备工作。

（3）职责

实行物业总经理负责制，成立由各部门、各专业组成的入住工作小组并积极开展小组工作。

（4）程序要点

①编写入住方案。项目负责人组织编制"入住方案"，整体安排入住工作，包括工作小组人员构成与职责分工、入住时间与入住模式、办理入住现场与路线安排、现场布置与工作准备安排、现场展板与标识安排、入住流程与人员安排、入住资料准备内容、工作计划与培训计划、工作要求与后勤保障等。

②编写业主入住指引文件。内容包括欢迎词、业主入住需准备和携带的资料、入住办理流程、装修办理流程、入住缴纳费用的清单、一些验房和装修小常识和装修规定、业主办理入住手续所需要携带资料的名称和份数。

③入住资料准备。在入住前两个月，确定入住时须提供或使用的各类资料，提前印刷或复印。将入住指引和入住资料按户分装在资料袋中，并跟踪地产《房屋质量保证书》和《房屋使用说明书》等资料的准备情况，结合本项目实际情况，编写并印刷《业主手册》，便于在业主入住时派送。内容可涵盖本项目物业管理的内容，如常用电话、周边配套、小区配套、服务项目介绍、装修常识介绍等。结合本项目实际，编制《装修手册》，介绍装修管理要求、装修常识等。重申防盗门、窗花、阳台推拉门、遮阳棚等的样式，包括款式、规格、用材等。如小区允许在阳台安装防盗网，还须确定防盗网的样式。如果房内有配送的复杂设施，如智能化设施等，须准备设施的操作说明书、保修卡等。在入住当时，为便于业主办理装修手续，须准备一定数量各户型房屋设计平面图、水电走向图等。入住时须准备一份已填的资料样本，并将其展示在入住办理现场。

④入住现场展板准备和物资准备。入住展板的内容通常包括公司简介、入住指引、入住办理流程、装修办理流程、收费指引、家居装修温馨提示、资料样本等。根据入住展板的内容，设计制作美观的入住展板。入住展板的背景可选择项目的实景。展板内容应尽量避免冗长的文字，以流程图为主，文字简洁明快，体现人性化关怀。物资准备包括准备入住所需其他物资，如入住现场布置的桌椅、住户钥匙挂板、展板架、点钞验钞机、POS机、公章（业务

章)、圆珠笔、订书机、回形针、印油等。为方便临时复印,在入住现场配备复印机。准备饮水机、饮料、糖果,还需要准备一些午餐供给中午仍在入住现场的业主。所需物资准备充分,能保证入住现场的使用需要。能体现对业主的贴心关怀和周到服务。

⑤与地产对接入住安排。提前两个月与地产对接,确定业主入住的准确时间,并提前为入住服务做准备。地产入住工作小组负责协调各部门及各专业的具体责任分工。提前确定时间,确保准备时间充分有序。合理部署,及时沟通协调,确保入住工作顺利开展。

⑥清洁开荒。在入住前,地产可委托物业服务企业清洁房屋,一般须提前15天。物业服务企业制订清洁开荒工作计划,并组织实施。地产和物业服务企业对清洁进行全面检查验收,不合格返工,直至达标。室内和花园内无垃圾。清洁后,玻璃明亮,厨厕干净,坐便器等应贴上封条。

⑦确定集中办理入住手续场地。与地产对接,确定集中办理入住的场地以及现场布置方案。明确双方的工作内容、衔接问题。确定入住的线路,包括车行和人行线路,分期开发的小区要不影响已入住业主的正常生活。尽量选择明亮、宽敞、通风、舒适的场所,避免选择室外、寒冷和炎热的地方。如可能,尽量在会所办理入住手续,以便同时向业主展示和推介会所的服务项目。

⑧现场与路线布置。地产可委托物业服务企业布置入住现场(含标识),明确现场布置规格和要求。包括物业内外部环境与氛围、接待场所、休息场所、现场办公场所、车行/人行路线、出入口位置,指示牌设置及路线指引。明确地产要求,体现物业特色。应考虑人行出入口的位置,人流较多时,可采取流水线的方式布置入住各流程。

⑨入住现场布置。按既定方案实施现场布置,包括标语、彩旗、展板、公告栏的布置;办公室、接待处、休息室的布置;现场绿化、美化布置;现场服务标识设置,满足入住现场要求、气氛喜庆和谐、工作准备充分,物品、用具、资料齐全,环境整洁美观,标识正确、清楚。地产与物业入住工作小组负责人联合检查,确认入住工作准备情况,发现、解决问题。

4.入住准备策略与技巧

(1)与公共事业相关部门联系沟通事务办理程序

提前联系相关公共事业部门,如水电、燃气、有线电视、宽带网络、电话等部门,确定开户需要办理的手续,具体如下。

联系供电局:在入住前期,派专人前往所在地供电局,了解用电政策、办理程序及所需资料清单。提前准备资料,尽可能缩短入住至抄表到户的时间,以减少物业服务企业的经济损失,同时为业主开通房屋用电提供便利。

联系自来水公司:在入住前期,派专人前往所在地供水部门,了解用水比例调整的相关规定、政策及所需资料,提前收集和准备相关资料,以便随入住户数增加及时申请调整居民用水和商业用水比例。同时为业主开通房屋用水提供便利。

联系燃气公司:在入住之前,派专人前往燃气公司营业厅,向燃气公司咨询办理程序与所需资料,并提前收集和准备相关资料,以便确定入住时是业主自行办理还是物业服务中心集中帮助业主办理。

联系宽带网络公司:在入住之前了解哪些网络可以进小区,然后可以向能进入小区的网络公司索要开通申请表以及联系电话,提供给业主,业主可以自行联系,物业服务中心也可以代为办理。

通过以上便民服务,使业主在办理入住手续当天同时办理其他各项事宜,节省业主办理以上事务的时间,解决业主后顾之忧。

(2)与城市交通部门联系,沟通业主停车事宜

办理入住手续当天,很多业主来到现场,停车是需要特别关注和解决的问题。在入住准备之前,需要规划业主停车和行车路线,合理划分停车位,如果车位不够,业主的车停在道路两侧,需要提前跟城市交通部门沟通,以免道路交警以违章处理,影响业主办理入住手续。

(3)充分预计突发事件并制定处理预案

提前设想到各种突发事件,并制定应急预案,才能做好业主入住服务工作,方便管理人员查询、处理相关问题。如处理天气恶劣、刮风下雨等突发客观事件。物业服务企业应事先准备部分充气遮雨棚和雨伞,并且提前准备高层大堂、业主会所等地方供业主避雨,组织物业管理人员,组成应急小分队,疏散人群,避免场面混乱造成人员伤亡和财产损失。处理突然停电、相关设备故障等主观突发事件。在办理入住手续时,维修部人员随时待命,及时检修、排除突发设施设备故障。对于突发停电事故,应能及时启动小区配电房的发电机,及时供电。

5.入住准备风险识别与控制

风险点	风险影响及后果	预防措施
建设单位代行起草文件的条款涉及乱收费、超出当期收费期限内容	1.业主合法权益受到侵害; 2.业主对条款内容质疑或不满,业主与入住服务工作人员产生争执,甚至发生冲突	1.将维护业主法权益放在第一位,摆正物业服务企业在入住服务中的角色定位,抛弃经济利益至上的错误观念,依法合规、合情合理地看待入住服务中的每项具体业务; 2.高度重视文件资料准备工作的法律责任风险,以法律为准绳,不僭越,不违法
1.业主信息登记表中要求业主填写工资与其他收入等涉及个人隐私的内容; 2.不及时更新物业管理法律法规,沿用旧的、已经废止的物业管理法律法规,答疑解读错误	物业服务企业形象受到损害,并为日后管理留下隐患	对入住服务准备工作期间起草的所有文件建立并实施法律责任风险审核制度,建立入住服务工作小组、法律顾问、公司法务部门参与的三级审批责任制度,各司其职,保证各类文件符合法规规范
入住培训没有针对性,走过场	1.不能较好完成入住工作; 2.业主不满	入住服务培训要有针对性,入住服务的流程、突发事件处理、应急预案准备要熟烂于心,加强关于入住服务相关法律法规、部门规章和地方政策内容的法律意识和法律应用能力培养,从源头规避风险

续表

风险点	风险影响及后果	预防措施
入住服务人员准备不足	1.影响入住工作； 2.引起业主不满	1.公司层面协调企业内部人力资源,统筹抽调、安排不同岗位人员,解决人手不足、专业能力差等问题； 2.物业服务企业建立人力资源统筹协调制度,建立人才库,根据业务专长实施人员业务档案分类管理,以满足人员应急需要
入住服务物资准备不充分,存在质量隐患	1.给业主、工作人员带来身体不适、精神不悦或者行动不便,重则引起现场恐慌； 2.工作效率低下； 3.物业服务企业形象受损	认真测算入住服务工作量,准备种类齐全、数量充裕的服务办公用具,购置服务办公用具,既要关注款式、外观,又要重视质量
入住环境布置准备不足,存在安全隐患	1.效率低下； 2.安全风险	1.提前落实方案,安排人员分工,并时时检查工作进程； 2.与建设单位、施工单位积极沟通,解决设施设备、线路配置等技术配合问题,保证方案切实落实； 3.规划人流、车流动线、静线,并设置醒目的引导标识,保持物业管理区域内外道路畅通、车辆停放有序

任务二　入住手续办理

1.任务导入

（1）如何办理入住手续

澜庭府项目已经确定10天后交付,澜庭府将迎来首批收楼的业主,澜庭府项目业主也陆续收到入住通知书和入住短信。张先生作为澜庭府一名业主既高兴又烦恼。高兴的是即将入住新房拥有一片自己的小天地,喜悦之情溢于言表。烦恼的是新房入住的日期与自己的出差时间相冲突,张先生不能按时到现场办理入住手续。于是,张先生致电物业管家小梁寻求帮助,小梁通过一番解答化解了张先生的烦恼。

问:物业管家该如何统筹安排办理入住手续事宜呢？

（2）任务分析

业主在收到入住通知后,应当在规定的时间内带齐有关证件和资料到物业服务中心办理入住手续。入住通知书详细列明,业主办理入住手续须携带的证件和资料。办理入住手续时,物业管家应首先检查购房合同原件、业主的身份证原件。委托他人办理须检查业主的委托书。检查无误后,物业管家将购房合同原件、业主及家庭成员的身份证原件返还业主,证件复印件及业主委托书存入业主档案。将相关资料发给业主后,物业管家请业主在资料领取清单上签字确认并缴纳费用,然后业主领取钥匙验收房屋。验收中发现问题,物业服务中心应通知开发商在一周内解决,并跟进整改结果。入住手续办理完毕之后,物业管家初审业主交来的资料和文件,并将资料存档。

2.入住手续办理工作内容与工作流程

(1)入住手续办理工作内容

入住手续办理工作内容包括发放入住通知书、身份验证、缴纳相关费用、签署并领取文件、查楼验房、领取钥匙、入住资料整理归档。

①发放入住通知书。入住通知书应包含并保证以下内容清晰、明确:业主名称、合同上约定的房间号码及与之相应经过地名办核准的房间号码、确定的业主收房日期、收房手续办理时间、办理收房手续的地点、办理收房手续的必要条件等。入住通知书应以EMS(邮政特快专递)按照购房合同约定的买受人有效通信地址投递,投递时,应在EMS封面上注明××项目入住通知字样,完成投递后,将存根妥善保存;入住通知书不得晚于合同约定的投递时间投递。

②身份验证。在办理入住手续时,业主须备齐以下文件资料:《入住通知书》原件、《房地产买卖合同》原件、身份证、《授权委托书》或委托《公证书》(原件),物业管家在业主前来办理入住手续时应首先检查:购房合同原件、业主的身份证原件。委托他人办理须检查业主的委托书。检查无误后,物业管家将购房合同原件、业主身份证原件返还业主,将证件复印件及业主委托书存入业主档案。

③缴纳相关费用。物业管家应主动引领业主到物业服务企业财务部缴纳入住费用,在查看相关签字和印章后,财务部向业主收取以下费用,并开具收费依据和发票。具体费用如下:物业服务费,从入住之日起计算,预收3个月的物业服务费;装修管理费、装修垃圾清运费,业主可选择入住后申请二次装修时缴纳;地下停车场使用费,业主可根据实际情况交纳。

财务部人员应耐心地向业主解释收费项目、收费标准和每位业主具体缴纳的费用,并向业主展示收费依据和物价部门的批准文件。

④签署并领取文件。物业管家应该把《前期物业管理服务协议》《装修协议书》《业主规约》《消防安全责任书》给业主详细阅读,并请业主签名。针对个别不同意签署文件的业主,由物业管家耐心解释劝导。物业管家应将以下资料交给业主保存并请业主在"资料领取清单"上签字确认,资料发放完毕,物业管家应在入住手续书上签字、盖章。发给业主的资料有《业主手册》《入住指南》、签署后的《业主规约》《消防安全责任书》、签署后的《前期物业管理服务协议》《住宅使用说明书》《住宅质量保证书》《委托收款结算协议书》。

⑤查楼验房。物业服务人员和区域管理人员陪同业主验房,抄录水、电表底数并共同确认,交付钥匙,办理签收手续。若业主委托保管钥匙,应请业主填写书面"保管钥匙委托书",物业服务企业开出"保管钥匙承诺书"。若业主验房发现并提出质量问题,经确认,填写返修表送交开发商;开发商整改后,物业管家请业主再次验房。

⑥领取钥匙。若房屋验收无问题,物业管家将业主房屋钥匙全部交给业主。若业主房屋验收有问题,在将钥匙交给业主的同时,物业管家应留下一把大门钥匙以供维修使用。在

领取钥匙时,物业管家应要求业主在"钥匙领用表"内签名确认。

⑦入住资料整理归档。按业主的栋号和房号建档编号,档案应包括业主入住通知书、入住验房表、业主家庭情况登记表和装修申请表。

（2）入住手续办理工作流程

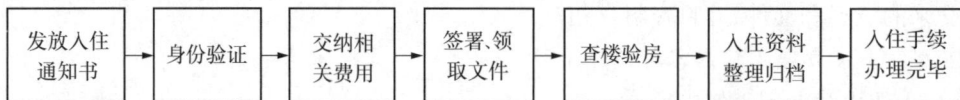

发放入住通知书 → 身份验证 → 交纳相关费用 → 签署、领取文件 → 查楼验房 → 入住资料整理归档 → 入住手续办理完毕

3.入住手续办理作业指引

（1）目的

规范房屋入住手续办理工作,保证业主顺利入住。

（2）适用范围

物业服务企业入住服务实施工作。

（3）职责

配合开发商办理入住手续。

（4）程序要点

①发出入住通知。在正式交付前15天向业主发出《入住通知书》。入住通知书上应载明入住手续办理的时间、地点、所需要携带的证件和资料等内容。

②验证身份。在业主前来办理入住手续时,物业管家应首先查验业主所携带的证件与资料并确认无误,然后核查《购房合同》原件、业主的身份证原件;委托他人办理还须检查业主的委托书。经查验无误后返还业主,将证件复印件及业主委托书存入业主档案。

③缴纳费用。入住根据《入住通知书》上所需项目交费,包括装修管理费、装修垃圾清运费(业主可选择申请装修时缴纳)。

④签署、领取文件。业主签署《前期物业服务协议》《临时管理规约》《消防安全责任书》《委托银行代收款协议书》《代收代缴水费协议书》《代收代缴电费协议书》,填写《业主信息登记表》《业主资料签收表》,发放《房屋质量保证书》《房屋使用说明书》《业主手册》等。上述文件资料除按要求发放给业主一份外,另须将一份存入物业服务中心业主档案。

⑤验房收楼。验房人员陪同业主进行验房。验房人员与业主共同确认并抄录水、电、煤气表底,请业主在《入住验房表》中相应位置签字确认。验房人员陪同业主对房屋本体、地面、墙面、上下水等部位进行验收,并在《入住验房表》中相应位置记录,验收中,对于业主提出的有关房屋质量问题,验房人员要详细记录,将《入住验房表》交于开发商。查验中发现问题时,物业管家应根据合同中有关房屋设施设备交付标准与业主明确需要修缮的项目以及整改完成时间,并在《房屋返修申请表》中签字确认。

⑥发放钥匙。业主查验房屋无问题时,物业管家应将房屋钥匙全部交给业主;业主查验房屋有问题时,在将钥匙交给业主的同时,物业管家留下一把钥匙于物业服务中心以备维修时用;在业主领取钥匙时,物业管家应要求业主在《房屋钥匙交接书》内签名确认。需要钥匙托管时,业主须签订《钥匙托管承诺书》。

⑦开通水电。完成业主相关入住手续后,物业管家通知工程人员开通该业主房屋的水电。

⑧资料整理归档。将业主交付全部资料整理后及时交由资料管理员确认存档。

4.入住手续办理策略与技巧

(1)注意细节工作

入住服务工作并不复杂,难的是要把每个服务环节中的细节都做好。如邮寄入住通知单采用挂号信,并且还要有专人电话跟踪确保业主收到,制作便民服务卡,将物业服务中心的电话、水电燃气公司的服务电话、有线电视和电信公司的电话、宽带网络公司的电话都写在卡片上,让业主入住后生活方便,也让业主感受到物业服务企业的贴心服务。

(2)协助业主验房

专人负责记录、汇总、收集业主对房屋质量提出的问题,抱着对业主负责的态度,协助业主仔细地检验房屋,尽量在入住之前把问题都解决。陪同验房的员工须于验房开始之前正确抄写水、电、煤气表并由业主签字确认。若有遗漏工程,应在交房验收表上填写清楚,验房后,将有关资料交回物业服务中心。陪同验房的员工必须较全面地了解毛坯房、装修房的房型、验收标准、水电设施,以便向业主提供专业的咨询服务。

(3)零散入住服务

入住通知书规定的入住手续办理时间之后还会有业主不定期地到物业服务中心办理入住手续。可实行预约办理或弹性办理工作方式,可结合业主的特殊时间特别办理。在零散入住期间,物业服务中心应与开发商协商办理手续的时间、地点,双方最好能在统一时间内办理,开发商的办公地点也要明确、固定,这样便于物业管家正确指引业主。零散入住期间,业主也会有各种各样的疑问,在验房后同样会发现很多问题,业主有时会要求尽快给予答复或处理。物业管家应根据所掌握的信息及实际情况及时答复,但若业主的问题须通过开发商方面才能解决,就要及时和开发商沟通。

(4)针对办理入住现场矛盾冲突情况要及时隔离疏导

在办理入住手续时,等待时间过长、对缴纳费用不满、房屋质量瑕疵等,都会引发业主不满。质疑且情绪激动时,应引导业主至隔离区域,由项目负责人耐心解释,安抚业主,争取业主理解,防止其他同样情况的业主产生共鸣,将事态进一步扩大。

(5)未入住业主分类及提醒

通过电话、短信留言,提醒未入住业主所购买房产已具备入住条件,请及时入住。与业主约定办理入住时间和地点。提醒业主办理入住手续时应提供的资料以及所需缴纳的费用明细。无论以哪一种方式通知,都需要告知业主,无论是否按时前来办理入住手续,物业服务费都将从《入住通知书》规定的入住时间起收取。注意留下提醒业主前来办理入住手续的证据,比如,电话录音、邮寄凭证、签收回执等,以防业主因未及时入住而欠缴物业服务费导致纠纷。

5.入住手续办理风险识别与控制

风险点	风险影响及后果	预防措施
巧立名目乱收费,以各种理由收取所谓房屋登记代理费、住宅专项维修资金开户费等	业主合法权益受到损害	1.按照相关法律法规、规章政策要求,公开收费项目、收费标准,实现自我主动监督; 2.规范入住服务各项业务作业程序,细化流程、明确要求,用制度约束、规范员工行为,降低、杜绝风险

续表

风险点	风险影响及后果	预防措施
业主委托他人前来办理入住手续时,入住手续办理工作人员未索要业主授权委托书等审核文件	因身份确认错误,房屋被冒领	1.工作过程中,须认真负责,仔细审核,并建立复核制度,设置复核岗位,强化身份确认工作的准确性; 2.归纳作业要点,制作提示卡签,置于工作台面,起到提示作用

任务三　业主专有部分维修整改

1.任务导入

(1)业主专有部分维修整改

11月5日,覃先生来到东郡华府办理了入住手续后,覃先生在物业管家小夏的带领下进行验房。在验房时,覃先生发现,精装房的主卧室有一面墙明显开裂,室内木门门把手松动,木地板地脚线脱落,覃先生顿时感到不悦,说:"你们的房屋质量太差,这叫我如何入住呢?"物业管家小夏耐心地解释道:"房屋从建造到装修完毕精装交付,难免会出现一些瑕疵,我已经将您反映的问题详细记录,在验房结束后马上着手整改。"并请覃先生在房屋验收整改单上签字。

问:物业管家小夏如何配合业主房屋维修整改呢?

(2)任务分析

验房需要维修整改的问题由物业管家督促验楼统一整理,开发商和施工单位返修,物业管家协助该项工作。所有登记有工程遗留问题的物业,必须于验房后的3个工作日内答复业主何时返修施工,并尽力根据业主需求和意愿调整。所有登记的工程遗留问题除一些特殊情况外,施工单位必须在一周内予以解决。若在验房中涉及较多工程遗留问题,物业管家必须每两日与业主沟通一次,主动告知其返修进展情况,听取业主意见,打消业主顾虑。业主托管的钥匙由物业服务中心专人负责,施工单位人员借用须登记,避免遗失,离开业主房屋时,应关好门窗;工程整改后,施工人员应清洁室内。工程遗留问题完全解决后,物业管家应主动通知业主尽快前来验收。

2.业主专有部分维修整改工作内容与工作流程

(1)业主专有部分维修整改工作内容

业主专有部分维修整改工作包括验房整改信息收集汇总、维修派工、跟踪管理、维保验证、业主验收、维保资料归档,具体如下:

①验房整改信息收集汇总。在业主收楼验房中,收集、整理和汇总需要整改的问题并及时将问题反馈给建设单位。

②维修整改派工。物业管家根据问题种类区分精装部分和土建部分,按照不同类别分别派工,开具《维修整改工单》,并将《维修整改工单》派发给施工单位维保联系人和建设单位维保联系人,送达后,收件人应办理签收手续,签收联应归档,以界定维保责任。如果施工人员未按约定受理工单,应及时报告建设单位及时采取措施,防止耽搁。

③跟踪管理。物业管家跟进与督促施工单位的维保工作,物业管家应对业主专有物业保修发出的工单按楼栋或单元建立台账并管理(台账内容包括工单主要内容、工单发出时间、要求完工时间、验证关闭时间)。物业管家协商物业项目服务中心工程部人员应现场巡查工程质量遗留问题的处理情况,并填写工作日记。积极与建设单位和施工单位建立良好的工作关系,参与维保工作例会,主动就工程质量遗留问题与相关方沟通。

④维修整改质量验证。施工单位维修完毕将工单返回后,物业管家和工程部人员应及时现场查验,如果查验合格,应将查验结果记录和整理,并通知业主现场验收;如果查验不合格,应要求施工单位返修。对超过维保时限但仍未维修到位的维保工程,物业管家应知会建设单位跟进,直至维保问题解决。

⑤业主验收。业主专有部分保修工程应由业主或其书面委托的代理人作为最终验收人验收。施工单位维修完毕将工单返回后,物业管家和工程部人员及时对维修工程现场验证,初步确认是否维修合格,初步确认维修合格后方可通知业主(或与业主预约验收时间)现场验收。如果维保处理时间较长或业主家中有多项维修项目,物业管家通常应每周至少一次将维保主要过程和进度以电话或短信方式向业主通报,以免业主着急。

(2)业主专有部分维修整改工作流程

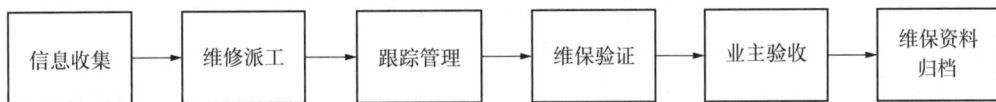

信息收集 → 维修派工 → 跟踪管理 → 维保验证 → 业主验收 → 维保资料归档

3.业主专有部分维修整改作业指引

(1)目的

规范返修整改工作,确保业主的各类工程整改问题能及时解决。

(2)适用范围

物业服务企业维修整改工作。

(3)职责

协调开发商和施工单位整改业主专有部分。

(4)程序要点

①提出整改问题。业主由物业工程人员陪同验房;业主提出房屋整改问题时,所有陪同业主看房的人员须将问题详细记录在"房屋单体验收记录表"上并请业主签字确认,同时签上自己的名字。认真检查是否符合保修条件。

②按"房屋质量保证书"及"房屋使用说明书"认真检查、核对返修问题,对有房屋整改问题的情况,陪同验房人员须用粉笔在整改位置详细标注,以便返修工程施工及复检。返

修单原件由物业服务企业保存,以备日后检查,将复印件发给开发商,并由返修工作负责人签收。

③整改完成时间确认和通知。整改问题提出当天,地产项目部工程师会同施工单位给出具体整改完成时间,即销户时间,并告知物业服务中心。在业主提出整改问题两天内,服务中心答复业主何时返修施工,并尽量根据业主需求和意愿调整。电话告知确认业主整改完成时间,除一些特殊情况外,施工单位必须在一周内解决工程遗留问题。在收房中,若涉及较多工程遗留问题,物业服务中心必须每两天与业主沟通一次,主动告知其返修进展,听取业主意见。

④维修整改期间监管。物业管家应监督维修整改公司的工作人员文明施工,注意保护返修现场,不造成新的返修问题。返修期间,物业服务企业工作人员应监督检查,发现问题及时向开发商有关负责人反映。返修期限:细小维修3天,一般维修7天,较大返修15天。

⑤整改问题销户。整改完成后,物业工程楼栋整改负责人验收检查,业主专业部分维修整改工程完工并清洁后,楼栋负责人查验,报工程部负责人、地产项目部工程师复验,复验通过24小时内,物业管家通知业主验收。业主验收时,物业服务企业工作人员陪同,发现新返修或二次返修,即时通知开发商有关返修负责人上门协同验收。返修后,如果业主无异议,请业主签名确认并取回其寄存的钥匙,同时抄录原始水表、电表读数,经业主签名确认后存档,予以销户。

4.业主专有部分维修整改服务策略与技巧

(1)与业主明确工程保修维修责任在建设单位

在与业主各种沟通中,解释工程保修责任为建设单位,物业管家仅代表物业服务中心协助建设单位对施工单位履行保修责任管理工作,不得对业主作出任何未经建设单位书面同意的承诺,以免承诺无法达成,引起矛盾纠纷。建设单位可委托物业服务企业代为返修,费用由建设单位支付,使维修整改工作尽快完成。

(2)严格管理施工现场

物业服务中心应指定施工单位、施工区域以及施工材料、施工机械、设施设备等的存放、停放区域,并要求施工单位采取必要的限高存放、安全管理措施,安排专人加强现场监督。要求施工单位做好施工区域与施工材料、施工机械、设施设备存放停放区域以及周边设置安全警示和采取防范措施,防止并杜绝非施工人员进入施工现场。提前告知业主和物业使用人施工期间的安全注意事项,及时核查和整改业主和物业使用人的反映和投诉,做出安抚和解释,尽量使业主和使用人理解和支持。

(3)保持与业主沟通,及时向业主汇报进度

如果在约定返修期限内未能完成返修任务,物业管家要灵活沟通解释,及时主动回访,让业主感受到物业管家正在全力跟进。对业主反映强烈的返修问题,物业管家要及时向上级领导汇报有关情况,必要时请有关领导亲自接待业主及跟进,以确保返修问题在规定期限内解决,让业主满意。

5.业主专有部分维修整改风险识别与控制

风险点	风险影响及后果	预防措施
1.对施工现场和施工过程缺少监管,未能规范施工方实施现场安全维护,未能给出必要的安全提示; 2.巡查频次过低,未能及时发现安全隐患	人员伤害、财产损失、连带责任、行政处罚	1.加强施工安全生产监督管理;要求维修整改施工方到物业服务中心办理报备手续,告知其禁止行为和注意事项,提示其安全注意和警示,并加强施工现场安全管理; 2.维修整改施工过程监管,要求施工单位按标准规范对施工区域划分和分隔,对施工现场的分隔、警示、安全防范、施工人员的行为监督与检查,发现违规行为时,应立即联系施工单位现场负责人及时整改
作为房屋质量问题保修责任主体,建设单位修缮义务履行不到位	维修项目无从落实,物业服务企业受到经济损失,企业形象受损	明确建设单位房屋质量问题的责任边界,房屋质量问题、遗留问题等,与建设单位建立整改备忘录,并督促实施;对未能按时完成整改或无法完成整改的遗留问题,须要求建设单位出具书面文件,确定其为责任人
维修整改进度慢,业主搬迁入住被耽误	业主不满,投诉	监督维修过程和质量,督促施工单位按时间要求完成整改工作,并与业主沟通

任务四　搬迁入住服务

1.任务导入

(1)物业管家协助业主李先生搬迁入住工作

翡翠郡小区迎来了一户又一户喜迁新居的业主,4号楼2单元202李老先生就是其中之一。一天,老两口早早地就向新居搬迁,就在运输车辆准备进入小区车库的时候,得知车上装运的家具已经超过了地下停车场的限高,车辆无法进入。面对突发事件,老两口没预留多余人手,这可急坏了。于是他们求助于物业管家小韦。

问:物业管家小韦应该如何处理此事?

(2)任务分析

在办理完入住手续后,业主签领钥匙,完成维修整改和装修,准备搬迁入住。搬迁新居,人们常用"乔迁之喜"这个词来形容,对于业主来说,这是一件大喜事。因此,在这个对于业主来说意义重大的日子里,亲情般的服务会给业主留下良好的第一印象。在业主搬迁过程中,物业管家应协助业主搬迁,物业管家协助业主搬迁一般可以通过两种方式:一是代请搬迁公司、提供搬迁服务;二是安排专人指挥搬运车辆出入停放,以避免交通事故及损坏花草公物。

2.搬迁入住服务工作内容与工作流程

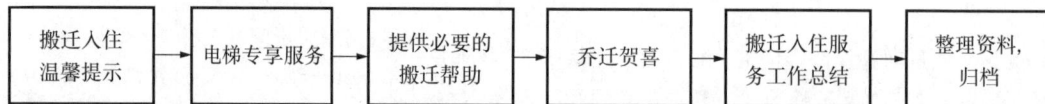

(1)搬迁入住服务工作内容

①入住温馨提示。物业服务中心编制《入住温馨提示》,告知业主相关注意事项,包括出入门、搬家车辆停放位置、家具搬运方法、电梯桥厢大小、园区配套设施、水电煤气办理流程等,以便于业主搬家。

②电梯专享服务(仅限于写字楼)。在写字楼项目中,由于人流量较大,在搬迁时,为了使业主避免拥堵,也为了防止给其他业主造成不便,物业服务中心可为业主提供货梯专梯服务,保障搬迁顺利。

③乔迁贺喜:当业主搬家入住时,物业服务中心上门恭迎乔迁,并送上一份恭贺小礼品(如鲜花、贺卡、工具套件等)。

(2)搬迁入住服务工作流程

搬迁入住温馨提示 → 电梯专享服务 → 提供必要的搬迁帮助 → 乔迁贺喜 → 搬迁入住服务工作总结 → 整理资料,归档

3.搬迁入住服务作业指引

(1)目的

进一步提升物业服务企业的服务品质,树立公司的良好品牌形象,使物业服务品质持续改进,提高全员服务意识,强化各项目内部管理,提升岗位服务技能,为业主提供充满人文关怀的物业服务,提高业主满意度。

(2)适用范围

物业服务企业为业主提供搬迁入住服务。

(3)职责

物业管家为搬迁入住服务推行的总体实施者及监督者,负责工作推行落实的检验、考评工作。

(4)程序要点

①业主乔迁。业主通知物业管家搬家日期和时间。物业管家通知工程部门准备货梯,安管部门安排搬迁路线,满足业主需求和管理要求。

②物品出入。搬出物品时,门岗凭《持物出门证》放行。搬入物品时,门岗检查是否为危险物品,门岗与业主核实后登记放行。巡逻岗引导运输车辆从指定地点进入楼栋。

③进出楼栋。业主搬进家具时,安管员或物业管家应礼貌地说:"您好,恭喜您入住,我是物业管理中心××部××,随时为您服务。"

④货物搬运过程中,现场人员应监督成品防护,注意运输工具(如手推车是否为金属轮子)或运输方法(如在地上拖拉)是否不当,防止大理石、瓷砖地面、墙身、电梯等受到损伤,注意搬运的物品是否过重、过高、过长等,搬运大件物品或用手推车运货时,应安排运货单位派专人操作电梯,以免损坏小区的设施(如电梯)。违章运输时,应及时制止,并立即上报。搬

运时,公共设施、成品防护完好,无损坏。搬运后,公共区域整洁、无垃圾。

⑤上门拜访。物业管家拜访新迁入业主,了解业主需求。介绍小区周围环境、服务设施和物业服务项目。帮助业主熟悉周边及其小区环境,方便日常生活。及时了解业主需求,以便更好地服务业主。

⑥资料整理、归档。整理业主产权变更和搬迁过程中形成的记录归档。为新业主建立分户档案。

4.搬迁入住服务策略与技巧

(1)准备搬迁需要的物资,协助业主搬迁

物业服务企业可以准备小推车供业主在搬迁入住时使用,节约业主搬运的时间和成本。为业主搬家提前做准备,物业管家在业主搬家期间,协调各专业支持部门,并提示业主办理搬家后水、电、燃气、宽带流程,并收集、整理相关社区配套信息,将信息制成便民服务卡片或手册发放给业主。

(2)告知业主搬迁入住注意事项

提醒业主在搬迁时预先通知物业服务中心,以便安排道路、停车位、电梯等相关配合工作。为了尽可能地不影响其他业主,提醒业主尽量选择小区内车辆和人员出入较少的时间搬迁。搬运结束后,业主应将包装废弃物清理干净,以免影响公共环境。提前告知业主家具最大尺寸,避免过大家具无法进入户内,造成不必要的后果。业主搬家时,避免家具对公共区域设施设备造成破坏,提示业主将家具包装保护,在搬家过程中造成磕碰由搬家公司或业主自行承担责任。

(3)为业主设计搬迁路线

物业管家接到业主搬家需求后,记录房间号、业主姓名、联系方式,询问搬家时间,并为业主讲解相应楼栋搬家线路。地上路线:园区内实行人车分流,业主搬家如走地上路线,将搬家车停靠于×号楼西侧消防通道旁,用物业服务中心提供的搬家手推车中转。地下路线:可将搬家车辆开至相应地下单元前,地下车场限高为2.1米,如超高,走地上路线。

5.搬迁入住服务风险识别与控制

风险点	风险影响及后果	预防措施
业主庆贺搬迁,燃放烟花爆竹	惊吓他人;破坏环境;引发火灾	1.每个单元门、电梯轿厢、公共宣传栏张贴禁止燃放烟花爆竹通知,通过业主微信群、物业管理公众号做好禁止燃放烟花爆竹的线上宣传;2.做好燃放烟花爆竹特别是发生火灾后果的警示宣传,引导业主自觉杜绝风险隐患
搬迁物品损害电梯、大堂	增加维修费用和物业管理成本	1.在业主办理入住手续前15天内,对地上单元大堂、地下单元大堂、电梯轿厢内、每层电梯前室至入户门地面、墙面等处做好成品保护措施;2.做好文明搬迁宣传,引导业主做好搬迁物品的打包处理、做好成品保护,避免搬迁物品损害物业共用部位、共用设施设备情况发生

【学习目标检测】

一、思考题

1.简述入住各方主体责任界定。

2.入住手续办理工作内容有哪些?

3.简述业主专有部分维修整改的风险点。如何预防?

二、单项选择题

1.从权属关系看,入住是开发商将已建物业及物业产权按照法律程序交付给业主的过程,是(　　)之间物业及物业产权交接。

A.物业服务企业和业主　　　　　　　　B.施工单位和业主

C.开发商和业主　　　　　　　　　　　D.业主委员会和业主

2.在入住准备时,应提前设想各种突发事件,提前做(　　),这样才能做好业主入住服务工作。

A.物资储备　　　　B.应急预案　　　　C.工作汇报　　　　D.会议安排

3.若业主验房发现并提出质量问题,经确认填写返修表送交开发商,物业服务企业应协助开发商整改,然后(　　)。

A.完成验收　　　　　　　　　　　　　B.物业服务企业替业主验收

C.物业服务企业与开发商验收　　　　　D.请业主再次验房

4.对于零散办理入住手续的业主,可实行(　　)或弹性办理工作方式,可结合业主的时间特别办理。

A.预约办理　　　　B.限时办理　　　　C.特殊处理　　　　D.贵宾待遇

5.返修后,如果业主无异议,请业主签名确认并取回寄存(　　)。

A.维修记录　　　　B.工作清单　　　　C.保修资料　　　　D.钥匙

三、多项选择题

1.为了更好地完成入住服务,入住时,需要对各岗位工作人员培训,入住培训的内容包括(　　)。

A.入住流程培训　　　　　　　　　　　B.业主疑难问题解答培训

C.服务态度与服务技巧培训　　　　　　D.房屋质量处理流程培训

E.装修管理培训

2.通知业主前来办理入住手续时,要注意留下提醒业主前来办理入住手续的证据,比如(　　)等,以防将来发生业主因未及时入住而欠缴物业管理费导致纠纷。

A.通知内容　　　　　　　　　　　　　B.电话录音

C.邮寄凭证　　　　　　　　　　　　　D.签收回执

E.未通知到位的记录

3.拜访新搬迁入住的业主时,物业管家应了解业主需求,为业主介绍(　　),帮助业主熟悉周边及小区环境,方便日常生活。

    A.物业服务费收取   B.服务设施

    C.小区周围环境   D.其他业主

    E.物业服务项目

4.在办理入住手续时,业主须备齐( )文件资料。

    A.《入住通知书》原件   B.《房地产买卖合同》(原件)

    C.业主身份证原件   D.《授权委托书》或委托《公证书》(原件)

    E.业主驾驶证或护照

5.在签署、领取入住文件时,物业管家应该把( )给业主详细阅读,并请业主签名。

    A.成立业主大会的通知   B.《前期物业管理服务协议》

    C.《业主规约》   D.《消防安全责任书》

    E.《装修协议书》

【养成性技能训练】

案例分析

    案情:业主到物业服务中心办理入住手续,直接找到项目经理,物业管家接待了业主,业主自我介绍说:"我接到入住通知书已经半年多了,由于工作忙,一直没来办理手续,今天特抽空来办理"。物业管家说:"没关系,我们一切为业主服务,不论拖多长时间,我们都一样办理。您的材料是否都带齐了?"业主拿出购房合同、入住手续书及付款收据。物业管家说:"可以了。"业主问:"你们公司的收费标准有批文吗?"物业管家说:"有,您看,这是房地产开发公司的批文。"业主又问:"我是否可以缴纳10年物业费?"物业管家说:"那太好了,都像您这样,我们的服务就有保障了。"办完手续保安部派人来送钥匙。业主接过钥匙说:"行了,还要办理什么手续吗?"物业管家说:"没有了,您装修完就可以入住了,欢迎您成为我们的新业主。"

    请指出案例中入住服务的错误或不妥之处,并写出正确的做法。

项目四
装修管理

【知识目标】

  1.熟悉物业基本概念及装修管理基本概念。

  2.熟悉物业管理、装修管理相关的法律、法规和政策。

  3.熟悉辖区环境以及配套设施设备。

  4.熟悉辖区环境布局及房屋结构。

【能力目标】

  1.严格审核装修方案,审核时,提示和制止违反法规和条例明令禁止的行为和注意事项,并纠正和注释原装修方案图。

  2.在装修巡查时,立即制止和纠正未按装修审核内容及修正意见施工或违反施工安全操作规范和消防规范行为的装饰装修企业或个人。

  3.坚守岗位、坚持原则、履行职责,认真记录装修审核和装修巡查,认真填写整改通知书,并做到及时追踪、督导和检查。

  4.及时协调和处理装修施工中出现的矛盾和问题。

【思政目标】

  1.具有规范的、文明的行为举止,能做到礼貌待人,并具有一定的组织能力和协调能力。

  2.具有高度责任心和热情的服务意识,具有专业的职业素养。

  3.培养物业管家求精的责任心。

  4.负责解答业主对小区物业装修管理事宜的询问,做到悉心指导、耐心解释、热情服务,并及时处理业主的问题。

【知识储备】

  装修是一个相当复杂的事情,由于房屋产权人对装修相关规定认识不清,业主随意拆除、破坏等随意性装修和过度装修时有发生,这不但破坏了房屋主体结构、侵占公共空间,还降低建筑的使用寿命,影响邻里关系。因此,物业装修管理工作十分重要,是维持邻里和谐、维持社会稳定、推进文明城市建设的重要环节,直接关系到房屋的价值。物业管家须熟悉本岗位业务内容及工作流程,具有一定建筑装饰装修专业基础知识,具有一定制图和识图能力;具有一定书写能力和口头表达能力,能规范书写与之相关的技术作业文件和说明;能准确掌握和执行相关的法律、法规和政策。

【知识帮助】

在办理完入住手续正式入住之前,业主或物业使用人为了提高物业居住或使用质量,根据自己生活或工作的特点和要求,对所购(所租)房屋重新设计、分隔、装饰、布置等,这个过程叫作装修。物业装修管理是通过对物业装饰装修过程的管理、服务和控制规范业主、物业使用人的装饰装修行为,通过协助政府行政主管部门对装饰装修过程的违规行为整改,从而保障物业正常运行及使用,维护业主的合法权益。

物业服务企业依据国家相关法规和条例,受开发商或全体业主委托,在装修过程中,审查、监督和管理物业管辖范围的业主或使用人的室内装修行为,将住宅室内装饰装修工程的禁止行为和注意事项告知装修人和装修人委托的装饰装修企业。按照装饰装修管理服务协议现场检查,违反法律、法规和装饰装修管理服务协议时,要求业主和使用人、装饰装修企业纠正,并将检查记录、存档。如果已造成事实后果或者拒不改正的,应当及时报告有关部门依法处理。业主和使用人或者装饰装修企业违反住宅室内装饰装修管理服务协议时,应追究其违约责任。

任务一 受理装修申请

1.任务导入

(1)如何处理业主提出的不合理装修要求

业主李某买房后开始计划房屋装修,准备更改顶层复式房室内的大梁,其理由是占用了室内空间。因其职业是工程师,根据自己多年的工作经验,已经设计出修改图纸。李某提出装修申请,物业服务中心审核材料后,根据《装修管理规定》对李某耐心解释、说服。然而,李某态度强硬,声称房屋是自己的,自己当然有权利对房屋进行修改,至于会不会影响房屋安全等,他认为经测算不会影响房屋,不管物业服务中心同不同意都要改。为了避免矛盾升级,物业工作人员坐在一起商讨如何更为合适地跟业主沟通,然后约见李某,建议他写出书面申请,报请设计单位。经过沟通协商,李某觉得物业服务中心的建议可行,欣然同意。李某咨询设计单位及相关部门,得知更改房屋原设计要花费一笔不小的费用,而且耗时长,且有一定安全隐患。物业管家也多次与其沟通,最终,李某打消了念头。

问:物业管家应该如何受理装修申请?

(2)任务分析

物业装修管理直接关系物业的价值。假如没有物业装修管理,业主随意装修,在梁、柱、楼板上打眼、开孔、拆除承重墙、破坏房屋承重部位,擅自占用共用部位,房屋也会贬值。由此可见,物业装修管理具有十分重要的作用和现实意义。物业管家应保护和保持房屋建筑原创设计的元素和风貌,维护环境品质,避免房屋建筑结构、外观、环境、设施设备遭受破坏和污染,维护小区正常的生活、学习、工作秩序,营造小区的安定、团结、和谐氛围,维护物业管理秩序,保障物业管理服务工作正常开展。

2.受理装修申请工作内容与工作流程

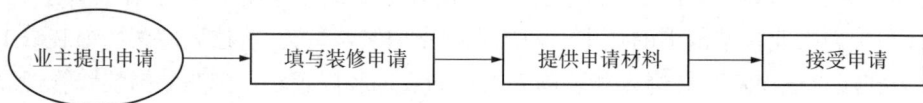

(1)受理装修申请工作内容

办理入住手续后,业主如装修须提前一周向物业服务企业提出装修申请,物业管家做装修宣传工作,指导业主办理装修申请。根据《住宅室内装饰装修管理办法》第十三条,装修人在住宅室内装饰装修工程开工前,应当向物业服务企业或者房屋管理机构(以下简称"物业管理单位")申报登记。非业主的住宅使用人对住宅室内装饰装修应当取得业主书面同意。

(2)受理装修申请工作流程

```
业主提出申请 → 填写装修申请 → 提供申请材料 → 接受申请
```

3.受理装修申请作业指引

(1)目的

为业主创造一个优美、舒适的居住和生活环境,使物业价值和使用功能得到极大提高。规范装修申请行为,消除施工隐患,保证新建楼房外观整洁和统一,杜绝新建楼房建筑主体和承重结构遭受破坏,保障新建楼房的居住安全,保障新建楼房配套设施设备正常运行和使用,最终,实现物业保值和增值,延长物业使用寿命。

(2)适用范围

物业服务企业受理装修申请工作。

(3)职责

业主提出装修申请,物业管家核实业主身份,受理装修申请。

(4)程序要点

在受理业主装修申请过程时,物业管家应将住宅室内装饰装修工程的禁止行为和注意事项告知装修人和装修人委托的装饰装修企业,在住宅装饰装修前,装修人应当告知邻里。业主须提交的材料如房屋所有权证、申请人身份证件、装饰装修方案等。

根据《住宅室内装饰装修管理办法》第十四条,装修申报登记应当提交下列材料。

①房屋所有权证(或者证明其合法权益的有效凭证)。

②申请人身份证件。

③装饰装修方案。提出装修申请时,业主应提供装修施工设计方案图和相关技术资料,业主应按"装修申报登记表"要求如实填写各项内容。

④变动建筑主体或者承重结构时,须提交原设计单位或者具有相应资质等级的设计单位提出的设计方案。

⑤搭建建筑物、构筑物,改变住宅外立面,在非承重外墙上开门、窗时,须提交城市规划行政主管部门批准文件。拆改供暖管道和设施时,须提交供暖管理单位批准文件。拆改燃气管道和设施时,须提交燃气管理单位批准文件。住宅室内装饰装修超过设计标准或者规

范增加楼面荷载时,须提交原设计单位或者具有相应资质等级的设计单位提出的设计方案。改动卫生间、厨房间防水层时,应按照防水标准制订施工方案,并做闭水试验。

⑥委托装饰装修企业施工时,装饰装修企业应具有相应资质等级,须提供该企业相关资质证书的复印件。

⑦非业主的住宅使用人如租赁户(物业使用人)装修申请时,应出具房屋《租赁合同》原件及业主同意装修的有关证明。

4.受理装修申请策略与技巧

(1)掌握物业管理装修管理的主要步骤及其相关法律法规

了解物业管理装饰装修专业的知识,尤其是业主装修申请中涉及房屋主体结构变动、改动有防水要求的厨卫等、装修带来消防安全隐患的,要在业主办理装修申请前,将准备材料及注意事项提前告知业主。

(2)严格按照装饰装修管理办法及其流程办事

物业企业认真履行告知义务:物业管理公司必须将装修管理的相关规定和房屋装修禁止行为及注意事项告知业主和装修施工人员。特别注意装修施工作业时间及垃圾清运等,避免因不当作业影响其他业主和物业使用人。

5.受理装修申请风险识别与控制

风险点	风险影响及后果	预防措施
装修申请中变更卫生间、厨房等防水层和变动房屋结构等	1.房屋防水层被破坏,房屋漏水,引发纠纷; 2.危害房屋安全,带来安全隐患	1.明确告知业主和装修施工人员房屋装修禁止行为和注意事项; 2.对不合格的装修申请,指导业主整改合格后再受理
申报材料审验过程疏漏,文件遗漏或丢失	1.耽误业主装修; 2.引发纠纷	1.装修管理前期培训; 2.规范业主装修申报文件的作业程序,制订规范的材料,接收表格,并双方签字确认

任务二　装修审批

1.任务导入

(1)部分业主要随意封闭阳台怎么办

小区部分业主提出了封闭阳台的申请,物业服务中心的工作人员多次到现场考察,综合考虑各种因素,并听取有关意见,做出了统一规格平开窗封闭规定。可到了装修审批时间,部分业主提出自己的想法,并列出各种理由,要求按照自己的思路来封闭阳台。一些业主听了物业管家的解释,为了保持小区外观统一及房屋安全性,按照物业管家的要求装修。可部分业主固执己见,仍然按照自己的想法进行装修。

问:在装修审批中,遇到业主装修不合规范的该如何处理?

(2)任务分析

在装修审批中,物业管家遇到业主装修不合规范,要真诚沟通,利用《业主规约》和物业管理法规文件,与业主进一步沟通,让业主明白该行为属于违规装修,即便申报了,后续审批也不会通过,还会拖延自己的装修时间。

2.装修审批工作内容与工作流程

(1)装修审批工作内容

在收到业主的装修方案一周内,物业服务中心予以答复。不合规范或资料不全时,业主按要求修改,并重新提交审批。

《民法典》第九百四十五条规定,装饰装修房屋时,业主应当事先告知物业服务人,遵守物业服务人提示的合理注意事项,并配合必要的现场检查。业主转让或出租物业专有部分、设立居住权或者依法改变共有部分用途时,应及时将相关情况告知物业服务人。

(2)装修审批工作流程

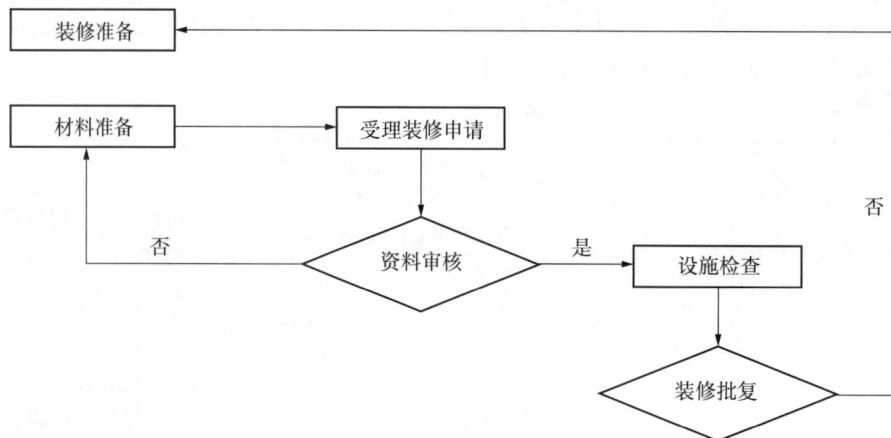

3.装修审批作业指引

(1)目的

加强住宅室内装饰装修管理,保证装饰装修工程质量和安全,维护公共安全和公众利益。

(2)适用范围

物业服务企业装修审批工作。

(3)职责

物业服务企业负责业主装修审批工作,针对业主不合规范或资料不全的装修申请,提示业主按要求进行修改,直至审批合格。

(4)程序要点

装修申报审核。检查装修方案是否改动、破坏房屋结构、外墙立面、共用设施设备;检查装修方案是否有严重的消防及其他安全隐患,是否有其他违章违规情况和安全协议书。

装修申报批准。确认装修方案对建筑安全、共用设施设备及房屋外观没有造成不良影响后,给予批准,并将房屋室内装饰装修工程的禁止行为和注意事项告知业主和使用人及其委托的装饰装修企业。

4.装修审批策略与技巧

(1)物业管家认真履行告知义务,坚守管理职责

掌握物业管理审批流程,认真核查装修申报材料,装修方案不符合要求时,要求业主修改并重新审批。必须将物业服务企业装修管理的相关规定和房屋装修禁止行为和注意事项告知业主和装修施工人员。业主须依据政府有关部门规定和小区《管理规约》装修。物业管家坚守管理职责,做到违规必查、违规必禁、违规必究。

(2)业主、非业主依照要求申报,管家及时提醒

住宅室内装饰装修工程开工前,业主应当向物业服务企业或者房屋管理机构申报登记。非业主的住宅使用人对住宅室内装饰装修时,应取得业主书面同意。物业管家应及时查阅,提醒没有申报的业主及时按要求审批。

5.装修审批风险识别与控制

风险点	风险影响及后果	预防措施
审核业主装修申报文件走过场,或轻信业主口头整改承诺,违规装修方案得以通过	1.装修现场管理冲突、相邻人投诉; 2.业主和物业使用人不满	首先,建立规范的审核登记制度、审核作业程序,物业管家登记、分发、回收、归档和统计业主申报文件,保质保量地实施审核工作。其次,认真协商,不可轻信业主和物业使用人的口头整改承诺,一切整改内容都要落于书面文件
装修申请材料与房屋情况不符	申请内容与实际变更有出入,装修管理出现漏洞,影响房屋安全和其他业主的合法权益	强化管理,反复核查,物业管家须到现场对装修方案进行核对,以防止遗漏或存在安全隐患,及时通知业主整改

任务三　装修备案

1.任务导入

(1)装修备案的目的

小张购房后准备装修,物业管家通知他在施工前提交材料,审核后要装修备案,小张认为房子提交材料审批备案比较麻烦,管家小李耐心跟他解释。装修备案除了是物业装修管理服务的重要环节外,其实还维护了广大业主的合法权益。

问:装修备案的作用是什么?

(2)任务分析

从表面来看,装修备案是装修过程中对业主的约束,但从长远来看,装修备案既为了维护房屋主体安全,保障业主的生活品质,又维护邻里和谐。提出装修申请后,业主提供装修

施工图、平面图等材料,填写备案表,物业服务企业审核并在两个工作日内登记备案。

2.装修备案工作内容与工作流程

(1)装修备案工作内容

提供装修备案时,受理人员须先确认业主身份,引导业主填写《装修备案表》,向业主及装修负责人详细介绍装修备案须提供的资料清单。如果业主不能够提供委托装修单位的营业执照及承建资格证书等物业服务中心规定的资料,则须在"装修声明"中填写相关内容并签字确认。

物业管家将《装修备案登记证》复印两份并交给装修单位,其中,一份上注明"办理出入证专用",并加盖物业服务中心公章,另一份由装修单位贴在装修户门上。将《装修备案登记证》原件交给业主。

(2)装修备案工作流程

3.装修备案作业指引

(1)目的

规范装饰装修行为,加强物业管理服务过程中材料整理工作。

(2)适用范围

物业服务企业装修备案工作。

(3)职责

物业管家做好装修备案登记,对住宅室内装饰装修活动实施监督管理。

(4)程序要点

①物业管家检查装修备案表格,确认填写完毕后,将《装修备案登记证》《装修管理服务协议书》、装修公司营业执照复印件(加盖公章)、承建资格证书复印件(加盖公章)、业主与装修单位签订的装修合同复印件和《施工人员登记表》按顺序装订归档。

②业主填写装修备案表格时应将房间号码、业主姓名、填表时间、申办人、身份证号、联系电话填写清楚。装修单位填写装修备案表格时应将装修负责人、身份证号码、联系电话、主要装修项目填写清楚,以备装修问题处理时,能及时联系到相应的责任人。

4.装修备案策略与技巧

(1)物业管家须提醒业主及时办理备案手续

业主在办好装修手续后物业管家告知业主装修备案登记的重要性,需提醒业主两个工作日内进行登记备案,以免耽误正常装修。

(2)在备案表内要求体现装修期间的禁止行为

在备案表内,要体现装修有防水要求的部位、房屋主体结构、消防要求等,并在业主提交材料时再次提醒。任何装修项目不得危及房屋安全及损害其他业主的合法权益。

5.装修备案风险识别与控制

风险点	风险影响及后果	预防措施
业主装修超过备案时间	1.邻里纠纷； 2.物业服务企业装修管理难度增大	提醒业主装修备案期限最长不得超过3个月，如装修时间超过3个月，应在期满后重新到物业服务中心延期备案
搭建建筑物和构筑物、改变住宅外立面等，须经政府相关主管部门、专业经营部门批准后备案	1.工作程序出现疏漏，物业服务企业形象受损； 2.装修现场管理冲突，相邻人投诉，业主和物业使用人不满	1.重视制定与执行装修备案管理制度； 2.严格审核装饰装修方案，保证其内容合法； 3.建立装修备案手续，办理作业程序，规范作业过程，注重细节管理

任务四　签订住宅室内装饰装修管理服务协议

1.任务导入

(1)签订《住宅室内装饰装修管理服务协议》

小林购买了新房，准备装修，在装修申报后，物业服务中心要求他签订《住宅装饰装修管理服务协议》，内容包括房屋装饰装修不可改变或损坏原有房屋的结构、外貌及水电、消防等公共设施；严禁改动或损坏屋面的柱、梁、板、承重墙、上下水主管道、防水隔热层等，不得改变房屋及配套设施的使用功能；严禁在室外安装衣架、防护栏等有碍观瞻的悬挂物；业主装修应按规定合理使用水、电、煤气等共用设施设备等。小林认为装修属于自己意愿，居然有那么多条条框框，不愿签订协议。

问：签署《住宅室内装饰装修管理服务协议》的作用是什么？

(2)任务分析

签订《住宅室内装饰装修管理服务协议》，明确双方的权利和义务，加强小区业主住宅内装饰装修管理和监督，能有效制止违规的装饰装修行为，维护广大业主的共同利益，保障小区物业的正常功能和小区物业环境。所以，装修管理环节要注重签订装修服务协议，通过协议约束业主的装修行为，引导业主合规、合理、合法装修。

2.签订住宅室内装饰装修管理服务协议工作内容与工作流程

(1)签订住宅室内装饰装修管理服务协议工作内容

业主和使用人，或者业主、使用人和装饰装修企业，应与物业服务企业签订《住宅室内装饰装修管理服务协议》。《住宅室内装饰装修管理服务协议》一般包括下列内容：装饰装修工程的实施内容、装饰装修工程的实施期限、允许施工的时间、废弃物清运与处置、住宅外立面设施及防盗窗的安装要求、禁止行为和注意事项、管理服务费用、违约责任、其他须约定的事项。

(2)签订《住宅室内装饰装修管理服务协议》工作流程

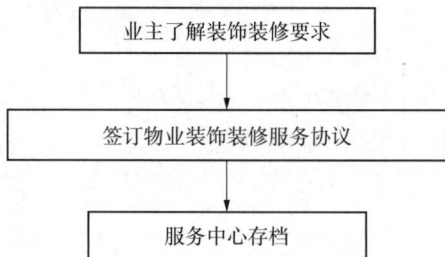

```
┌─────────────────────────┐
│   业主了解装饰装修要求    │
└─────────────────────────┘
            │
            ▼
┌─────────────────────────────────┐
│      签订物业装饰装修服务协议      │
└─────────────────────────────────┘
            │
            ▼
┌─────────────────────────┐
│      服务中心存档        │
└─────────────────────────┘
```

3.签订住宅室内装饰装修管理服务协议作业指引

(1)目的

规范装饰装修行为,《住宅室内装饰装修管理服务协议》,明确物业服务企业和装修人双方的权力义务。

(2)适用范围

物业服务企业签订《住宅室内装饰装修管理服务协议》工作。

(3)职责

物业服务企业与业主签订《住宅室内装饰装修管理服务协议》,并监督管理住宅室内装饰装修活动。

(4)程序要点

物业管家让业主仔细阅读《住宅室内装饰装修管理服务协议》,对于业主存在疑虑的条款进行答疑,基于公平的前提下双方签订《住宅室内装饰装修管理服务协议》,协议内容就装修实施内容、装修施工期限、施工时间、垃圾清运、装修禁止行为及注意事项、装修监督管理、装修验收、违约责任等进行明确规定。

4.签订住宅室内装饰装修管理服务协议策略与技巧

(1)《住宅室内装饰装修管理服务协议》内容要细化

根据《物业管理条例》《住宅室内装饰装修管理办法》等法规,把对物业服务企业、业主、装修施工单位的具体要求写进住宅室内装饰装修管理服务协议内容中,规范业主装修行为,加强物业装修管理。

(2)针对装修违规的行为,查清责任人

在业主签订《住宅室内装饰装修管理服务协议》时,物业管家进一步告知,如果业主因装修损坏毗邻房屋造成邻居堵漏或损坏房屋共用部位、共用设备,应负责修复或予以赔偿,责任不明时,赔偿由共同装修者均摊;如属于施工责任,由业主另行向施工方追偿。未经批准擅自拆、凿、改动房屋结构及公共设备时,业主负责恢复和赔偿损失,赔偿金从装修保证金中扣除,不足部分由装修人补交;施工方违反上述规定时,物业有权终止装修施工,限期整改,责令恢复原状,情节严重时报行政主管部门予以处罚。

5.签订《住宅室内装饰装修管理服务协议》风险识别与控制

风险点	风险影响及后果	预防措施
业主拒绝签订《住宅室内装饰装修管理服务协议》	物业服务企业缺乏管理依据,法律责任风险和装修管理难度增加	1.耐心向业主解释签订住宅室内装饰装修管理服务协议合法性和必要性; 2.做思想工作,打消业主顾虑
协议内容缺失合法性基础,如内容中有关罚款协议的约定	装修违规责任争议、处罚争议	1.严格审核装饰装修管理服务协议,保证其内容合法性; 2.重视律师对文件合法性把关

任务五　装修施工期间管理

良好的物业装修施工管理可以为业主创造一个优美、舒适的居住环境,使物业价值和使用功能得到极大的提升。如果没有物业装修施工期间的管理,对于业主违章装修的行为不加以制止,不仅会破坏建筑物的外立面,降低物业使用价值,还会对建筑物的安全产生极大危害,所以,物业服务企业需要做好装修施工期间的管理。

子任务一　装修施工人员管理

1.任务导入

(1)装修人员要强行闯入怎么办

在日常巡查时,管家小刘发现三位陌生人,三人手提工具箱旁若无人径直朝大堂闸门走去。小刘开口询问情况,其中一位说是去8楼装修。小刘要求他们出示装修出入证,对方声称出门着急没带出来,而且现在已经快晚上八点了,临时装修也会吵到邻里。这三人见管家不放行,生气地说是楼上王业主请他们来的,因为赶工期才来做收尾工作,怒气冲冲地围过来要动手。没多久,物业管家小刘找到8楼的业主王先生。王先生表示抱歉,因急于入住,不知道这里的装修管理制度,请求谅解。随后,王先生对自己找来的装修人员说了几句,三个人怏怏地走了。

问:应从哪些方面加强小区装修人员的管理?

(2)任务分析

装修队伍中人员较多且复杂,如何对装修施工人员加强管理以确保安全,是物业装修管理中的一个重要环节,业主须对装修承包商所有施工人员的行为加以约束并负责,施工人员必须遵守有关管理规定。物业服务企业作为小区的服务者须加强装修施工人员管理,维护小区的良好生活环境。

2.装修施工人员管理工作内容与工作流程

(1)装修施工人员管理工作内容

物业管家负责办理装修施工人员出入证,将装修的禁止行为和相关的注意事项告知业主和装修施工人员,遵守装饰装修管理规定,维护业主利益,当面解释和指导业主和装修施工人员提出的询问和求助,对难以陈述问题,应亲临施工现场予以帮助和督导。装修施工人员携带大件物品出入时,物业管家应仔细检查,巡查装修房屋,制止装修施工人员留宿装修施工现场。

(2)装修施工人员管理工作流程

```
        ┌──────────────┐
        │  办理人员出入证  │
        └──────┬───────┘
               │
               ▼
┌──────────────┐   ┌──────────┐   ┌──────────────────┐
│ 告知施工时间、  │──▶│  装修施工  │──▶│ 管家巡查,发现问题及时 │
│ 施工要求等    │   │          │   │   制止和整改     │
└──────────────┘   └──────────┘   └──────────────────┘
```

3.装修施工人员管理服务作业指引

(1)目的

规范装修施工人员管理工作,保障装修过程顺利,展示物业服务企业优质的服务形象。

(2)适用范围

物业服务企业装修管理服务工作物业管家。

(3)职责

日常装修管理人员审批、办理相关手续,如遇到装修人员咨询、投诉,有义务解释,并及时传达。

(4)程序要点

①进出物业区域必须凭装修工人出入证,严禁装修人员家属进入物业区域。装修人员不得在物业区域内饮食、留宿,更不能酗酒、赌博及进行其他违法活动。

②文明使用卫生间,防止卫生间下水道堵塞。严禁进入除装修单元和指定通道以外的公共区域及其他单元。

③施工人员必须规范施工,严禁高空抛物,禁止在公共场所加工作业。物业服务企业有权制止任何违规操作行为,装修单位须配合物业服务企业检查。

④在施工时,施工人员必须佩戴施工卡,施工卡仅限本人使用,不得转借他人。

⑤未经允许,施工人员不得在非施工区域活动或逗留。

⑥文明施工,不得影响其他住户的正常生活。施工人员要爱护公共设施,因操作不当损坏公共设施设备时,装修单位负责赔偿。

4.装修施工人员管理策略与技巧

(1)规范施工人员装修行为

物业管家应通过物业服务企业的管理制度和装修管理服务协议规范施工人员行为。施工人员进入物业服务区域时一律佩戴工作卡,工卡不得转借,遗失必须补办,无卡不得上岗工作。非现场管理人员和施工人员一律不准擅自进入施工现场。施工现场材料应每天归类,妥善保管。每天安排工人清扫现场,清运垃圾,施工现场必须保持整洁。

(2)加强装修施工人员留宿管理

从以往的装修管理经验来看,物业服务企业一般不允许施工人员留宿于施工现场。如果遇到特殊情况,施工人员确需留宿时,需业主出具书面的情况说明,并为其担保,物业管家需将留宿人员的详细资料及身份证提交给物业服务中心,并转报当地派出所核查备案。另外,还需特别强调留宿人员不得在夜间加班工作。

5.装修人员管理风险识别与控制

风险点	风险影响及后果	预防措施
装修人员未按照要求登记、审批,并从事与装修无关事宜	带来小区安全隐患	1.在施工作业过程中严格按照装修服务协议施工作业,装修施工人员凭证出入项目辖区; 2.出入证实行专人专证,专户专用,不得涂改或转借; 3.装修施工人员不得串户装修
未重视对装修施工人员的管理	1.带来小区安全隐患; 2.造成物业服务企业负面影响	1.为装修施工人员办理《施工人员临时出入卡》,装修施工人员凭卡进出小区; 2.装修施工人员不允许留宿施工现场;必须留宿的需提供业主出具的《装修施工留宿人员担保书》; 3.加强装修施工安全巡查,发现装修施工人员违规情形,应加以制止

子任务二　装修物品出入管理

1.任务导入

(1)装修工人搬出业主家中物品

在巡查时,某小区物业管家小林发现×栋7楼有装修工人从业主家将沙发等旧家具搬出,经过询问,装修工人说其是主人淘汰的旧家具,所以先搬出去。物业管家问有没有去开具放行条,工人说不知道有这回事,于是小林联系业主确认此事,经沟通,业主让工人先去物业服务中心开具放行条并检查然后搬出。

问:针对小区装修期间物品出入应从哪些方面加强管理?

(2)任务分析

遇业主搬离大件物品出门时,在核对《物资搬运出门放行条》记录内与搬运物资是否一致时,应立即通知物业服务中心核实搬运的业主或租户身份,如是租户搬家,应与物业服务中心核实相关费用是否结清。

遇搬运人员(或业主本人)不配合办理手续或强行搬离时,值班人员要灵活地采取措施进行阻止,并解释,如业主强行离开,值班人员要及时通知班长协助处理,同时报警求助;如无法阻止离开,应详细记录其搬运工具,人员信息,如搬运车辆号牌,搬运人员相片等信息,以便后期追溯。

2. 装修物品出入管理工作内容与工作流程

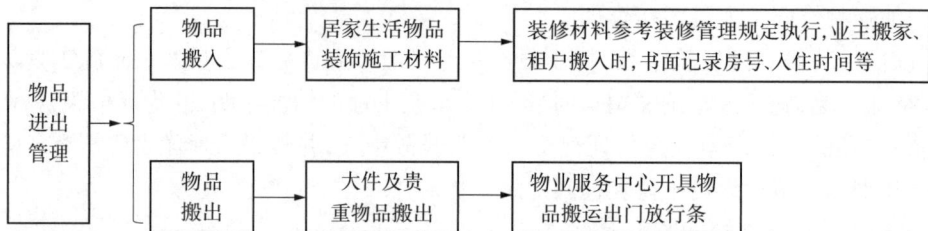

```
┌─────┐     ┌─────┐     ┌─────────┐     ┌──────────────────────┐
│物品 │ ──→ │物品 │ ──→ │居家生活物品│ ──→ │装修材料参考装修管理规定执行,业主搬家、│
│进出 │     │搬入 │     │装饰施工材料│     │租户搬入时,书面记录房号、入住时间等│
│管理 │     └─────┘     └─────────┘     └──────────────────────┘
│     │     ┌─────┐     ┌─────────┐     ┌──────────────────────┐
│     │ ──→ │物品 │ ──→ │大件及贵  │ ──→ │物业服务中心开具物品搬运出门放行条│
└─────┘     │搬出 │     │重物品搬出 │     └──────────────────────┘
            └─────┘     └─────────┘
```

3. 装修物品出入管理作业指引

(1)目的

明确秩序维护部物品进出管理的基本要求、操作流程,确保业主物资进出安全,利于管理秩序工作持续、稳定运行。

(2)适用范围

物业服务企业装修物品出入管理工作。

(3)职责

保障业主物品进出管理无漏洞,有效追溯物品进出。

(4)程序要点

①办理放行手续的主要证件:运出物品清单、业主的身份证或复印件(单位可开具单位证明并盖章)、代理人身份证或有关身份的证明文件。

②委托人办理物品放行时,业主须同意,并向物业服务中心提供证明,否则拒绝开具物品放行条。

③在查验证件后,开放行条,经办人签字,门岗验证、查验物品无误后,回收放行条,放行。

④装修施工材料需经装修或施工负责人确认,门岗检查后方可放行。

5. 装修物品出入管理服务策略与技巧

(1)物资搬运出门,应核实信息,开具放行条

若发现搬离物资与《物资搬运出门放行条》内容不符时,应要求搬运人员联系业主核实,并前往物业服务中心办理补办手续。

(2)非业主本人搬运材料时,应及时与业主取得联系,否则禁止搬运

如非业主本人搬离物品时,值班人员在规劝无果的情况下,应要求当事人出具有效身份证明,通过备用业主名册与业主本人取得联系,核实搬运物资的情况,如业主同意搬运,要求搬运人员出具身份证件履行登记手续,并详细记录与业主电话联系的时间及业主的意愿。如非业主本人要求搬运物资,在无法与业主取得联系或业主不同意搬离时,禁止搬运物资出门。

6. 装修物品出入管理风险识别与控制

风险点	风险影响及后果	预防措施
搬运人员在无有效手续的前提下搬运物品进出小区	产生纠纷和安全隐患	如搬运人员无法出具手续,且未经业主本人同意,要强行搬运物资离场时,值班人员应及时通知物业管家协助控制现场,值班人员要做相关记录

续表

风险点	风险影响及后果	预防措施
部分业主将危险物品搬入小区	1.危及其他业主安全及合法权益； 2.危及小区的公共安全	1.加强门岗对装修物品出入检查，固体、可燃液体等废物，应当按照规定的位置、方式和时间堆放和清运；确定装修车辆进出路线及装卸点，须仔细核实装修材料，违建材料、易燃易爆物品一律禁止进入小区；严禁违反规定将有毒有害物品搬入小区； 2.制定装修物品出入管理制度，严格按照制度执行

子任务三　装修施工现场管理

1.任务导入

(1)纠正违章装修时僵持不下怎么办

初夏的下午，物业管家巡查装修情况，一位业主未在空调安装的指定位置安装空调外机，擅自在外墙上开孔安装。检查一番后，物业管家向业主解释，如此安装不但影响了外立面的统一和美观，还会给业主的生活带来不便。但业主仍坚持己见，督促继续安装。业主对物业管家十分不满，提出要物业服务企业领导签字，承担停止安装空调的后果。物业管家认为自己所做并无不妥，随即提出业主也须签字，承认自己违反小区装修管理规定。双方各执己见，一时僵持不下。

业主不愿挪位置，待两人都平静下来，物业管家对业主说："您看，目前选的位置影响外立面整齐美观，而且要多接一段冷凝水管。"业主楼上楼下转了一圈，顺便问了同一楼栋其他业主，回来后同意在规定位置安装。

问：遇到业主违规装修该如何处理？

(2)任务分析

当遇到业主违规装修时，只是一味地讲道理可能适得其反，待双方冷静后，站在对方角度思考问题，从情理上告诉他为什么不可以违规装修，如业主仍然坚持，可从物业管理法律法规的角度告知违规装修的法律后果，规劝其严格按照装修管理规定文明装修。

2.装修施工现场管理工作内容与工作流程

(1)装修施工现场管理工作内容

装修施工期间，物业管家要每日派人对施工情况巡视，发现问题及时反映，如违反装修规定，及时劝说业主整改。发现违反装修消防安全管理规定的行为及时制止。处理违规或违约装修事件，阶段性总结各区域现场装修管理工作，验证执行违规装修整改情况。物业装饰装修现场管理应该做到严把出入关、杜绝无序状态，加强巡视、防患于未然，控制作业时间，维护业主合法权利，装饰装修材料应及时入档。

如需变动房屋结构(建筑主体和承重结构)，必须经原设计单位或者具有相应资质等级的设计单位提出设计方案，其施工必须委托具有相应资质的施工企业承担；装饰装修企业，必须严格遵守施工安全操作规程,按规定采取必要的安全防护和消防措施,不得擅自动用明火和进行焊接作业,保证作业人员和周围住房及财产安全。

(2)装修施工现场管理工作流程

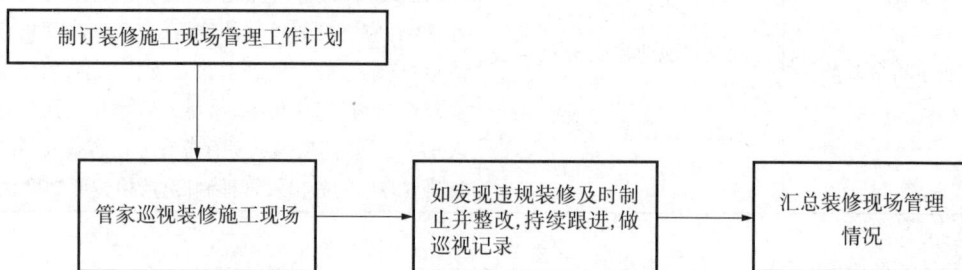

```
┌─────────────────────────────┐
│   制订装修施工现场管理工作计划    │
└─────────────────────────────┘
              │
              ↓
┌──────────────┐   ┌──────────────┐   ┌──────────────┐
│              │   │ 如发现违规装修及时制│   │              │
│ 管家巡视装修施工现场│ → │ 止并整改,持续跟进,做│ → │ 汇总装修现场管理 │
│              │   │ 巡视记录       │   │ 情况         │
└──────────────┘   └──────────────┘   └──────────────┘
```

3.装修施工现场管理作业指引

(1)目的

依据法律、法规及管理规约相关要求控制装修管理各环节,保障业主的合法权益,杜绝违规装修现象。

(2)适用范围

物业管理区域内业主装修管理的全过程。

(3)职责

物业服务中心每天派人巡查装修现场,制止违规装修、控制装修现场、保证装修安全。

(4)程序要点

①应在指定地点放置装饰装修材料及装修垃圾,不得擅自占用共用部位和公共场所,未经批准,不得改变物业的功能、结构、外貌和用途。

②房屋防水施工管理。防水施工完成后,应作闭水试验,并会同装修管理人员一同检查闭水试验情况,确认无渗漏后,方可后续施工。

③房屋配套设施管理。给水管不得暗敷在非防水地面,给水管道安装完毕后,应做压力试验。

④施工临时用电,只能在漏电保护开关后端驳接。布线完毕后,各回路应做通电试验和绝缘试验,通电试验应在漏电保护开关的保护下进行。

⑤严禁移动厨房排烟道预留孔洞,空调外机应安装在预留位置上,应按物业服务企业统一规定规范安装。

⑥在从事住宅室内装修的活动中,任何装饰装修企业和个人不得破坏房屋的外观,严禁擅自改变房屋的门、窗、阳台护栏以及外立面墙砖、涂料颜色;严禁在承重墙上开凿门、窗孔洞,严禁扩大承重墙上原有的门窗尺寸,严禁拆除连接阳台的砖、混凝土墙体。

⑦严禁擅自改变物业使用性质;严禁擅自改建、重建建筑物及其附属的设施、设备;在住宅室内装饰装修的活动中,任何装饰装修企业和个人不得破坏房屋的主体结构、承重结构和房屋基础。

⑧除严格申报审批外,门面装饰装修应严格按物业服务中心统一要求设计及施工。户外装修方案,未经申报和审核,不得擅自和违规施工。

⑨使用《装修巡检记录》,每天或每两天入户巡查一次,在装修巡查时,应将现场情况做

详细记录,如发现问题及时与装修负责人沟通,要求其整改,如屡次不改或巡查中发现拆承重结构、封阳台露台等,及时以内部联系单形式通知装修管理员。

4.装修施工现场管理策略与技巧

(1)坚持有法可依原则,依规办事

在装修施工现场,物业管家往往容易忽略细节处的法律问题,尤其是在法律法规日趋完善、人们维权意识日益提高的今天,物业管家更要注意时刻保持应有的法律意识,以法律为依据,坚决制止违法、违规装修行为,维护建筑物安全,维护业主的合法权益。

(2)服务态度有礼有节

在面对业主和各种外来施工人员时物业管家应一视同仁。在实施服务过程中,始终保持有礼有节,不卑不亢,体现热情服务、依法服务的职业风貌。

(3)加强环节控制,把关细节

装修管理工作作为物业管理常规业务,可以在多种环节加以控制。例如,在物业销售环节,可以在销售合同中的物业管理内容里加以明确。业主大会、业主委员会成立时,在《临时管理规约》加以明确,还可以在外来人员控制、装修手续办理以及日常巡查等环节加以控制和处理。总之,物业服务企业可以通过多种途径履行自己的告知、制止、报告以及协助处理等法定义务,规避装修管理风险。

(4)依法处理违规装修并注意收集证据

在处理现场违规装修时,如果业主或装修施工单位拒不配合物业管理人员正当的装修管理工作,物业管理工作人员可以依法采取制止、劝告、发放《违章整改通知书》、向政府部门报告等措施。同时注意在每个步骤收集有利证据,以备不时之需,使自己处于主动、有利的地位。

(5)不推荐装修业务,不干涉业主正常装修行为

物业管家不可推荐和介绍装修业务。物业管家不得强制向业主推荐和介绍装修公司和装修材料。不得无原则地干预业主正常装修事务,不得无故地对业主或装修施工人员管、卡、压或做与物业装修管理无关的事。

5.装修施工现场风险识别与控制

风险点	风险影响及后果	预防措施
在住宅室内装饰装修活动中,违规装修业主和使用人搭建建筑物、构筑物或者擅自改变住宅外立面,在非承重外墙上开门、窗等,影响房屋安全质量	1.损害建筑物结构; 2.侵害全体业主权益; 3.其他业主投诉	1.严格审批装修方案、施工图纸; 2.受理装修申请、建立装修管理档案,三方签订《装修管理服务协议书》; 3.每天一次检查装修现场,处理违规装修事务; 4.发现违规装修时,按违规/违约装修处理原则处理; 5.改变建筑物主体或承重结构、超过设计标准或规范增加楼面荷载时,需提交建筑物原设计单位或具有相应资质的设计单位提出的设计方案; 6.检查新增项目是否经过审核批准,如没履行申报手续,物业管家需指导业主和使用人及时申报

续表

风险点	风险影响及后果	预防措施
噪声施工	1.影响业主休息; 2.引起投诉; 3.影响业主对物业服务的评价	1.《装修施工许可证》标明施工时间及期限,并告知按规定时间装修; 2.装修管理人员或物业管家每天到装修现场检查至少一次; 3.接到业主投诉,及时协调处理,并消除投诉业主的不满; 4.若装修人员施工噪声超标且制止无效,按《装修管理协议书》相关规定处理
建筑垃圾管理不当	1.影响小区环境; 2.引起投诉; 3.影响业主对物业服务的评价	1.设置装修垃圾临时堆放处; 2.依据《装修垃圾袋装化作业指导书》对装修垃圾袋装化管理; 3.垃圾堆放处现场维护和设置标识
乱接、乱改(水、电、燃气)管线、管道,破坏防水层等	1.造成安全隐患; 2.与设计图不符; 3.不便于日后维修	1.装修管理人员或物业管家每天到装修现场检查至少一次,重点关注违规行为; 2.每日检查消防配置数量与品质; 3.发现违规行为时,按《管理规约》和《装修管理服务协议书》相关规定处理
装修物品搬入不当,损坏共用部位	1.影响小区美观; 2.增加维修成本	1.通过各种宣传途径宣传成品保护; 2.提前防护可能在装修及材料运输过程中损坏的共用部位(如大堂、电梯厅、电梯轿厢、特殊材质地面等)

子任务四　装修消防管理

1.任务导入

(1)装修工人在施工现场抽烟

一天,在日常例行巡查过程中,物业管家小赵见6栋某装修户房门虚掩,听见内有施工的声音,于是推门而入。发现装修工人在施工现场吸烟,声称工作太累在工作间隙抽烟解乏并且没按规定配备必要的消防器材。于是,小赵勒令工人立即熄灭香烟并暂停施工。不久,业主知道了此事,投诉物业管家小赵在未经业主同意的情况下闯入房间,侵犯业主和装修施工人的合法权益。

注:①该户业主未签署《装修管理服务协议》。

②物业服务中心认为施工单位违反了该小区装修安全管理规定,要对其作出相应处罚。

问:针对装修工人在施工现场抽烟问题,该如何处理?

(2)任务分析

本案例中,物业管家的行为似乎是根据相关法规和合同认真履行自己的职责和义务,制止违规装修行为,消除安全隐患,维护广大业主的共同利益。物业管家以装修管理为由,在未经业主(所有权人)同意的情况下进入业主房屋,侵犯了业主的合法权益,确有侵权之嫌。

在现场发现装修施工人员的违规事实和安全隐患后,物业管家按照相关法规的规定,可将施工负责人带到物业服务中心接受处理。比如,向其告知禁止行为和注意事项,发放《违章整改通知书》,要求限期整改。

《物业管理条例》第四十七条规定,对物业管理区域内违反有关治安、环保、物业装饰装修和使用等方面法律、法规规定的行为,物业服务企业应当制止,并及时向有关行政管理部门报告。可见,物业服务企业没有行政处罚权,不能对施工单位"作出相应的处罚"。

2.装修消防管理工作内容与工作流程

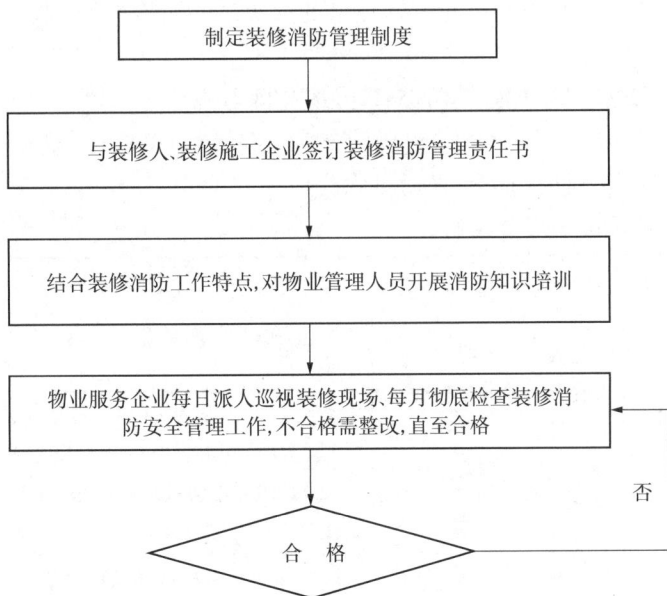

(1)装修消防管理工作内容

物业管家要做好装修消防管理安全巡查,发现装修消防隐患要及时处理,避免装修消防安全事故的发生。同时严禁装修人和装修施工单位擅自挪用、损坏公共区域所配置的消防器材、设备、设施;严禁擅自动用消防水源;严禁占用、遮挡、堵塞消防栓;严禁堵塞安全出口、消防车通道、疏散通道;严禁遮挡安全疏散指示标志。装修需动火作业时,应获得批准,并且作业时物业管理人员应在现场监督。

(2)装修消防管理工作流程

```
        ┌──────────────────────────────┐
        │     制定装修消防管理制度        │
        └──────────────┬───────────────┘
                       ↓
   ┌───────────────────────────────────────────┐
   │  与装修人、装修施工企业签订装修消防管理责任书  │
   └───────────────────┬───────────────────────┘
                       ↓
   ┌───────────────────────────────────────────┐
   │  结合装修消防工作特点,对物业管理人员开展消防知识培训 │
   └───────────────────┬───────────────────────┘
                       ↓
   ┌───────────────────────────────────────────┐
   │  物业服务企业每日派人巡视装修现场、每月彻底检查装修消 │←──┐
   │  防安全管理工作,不合格需整改,直至合格          │   │
   └───────────────────┬───────────────────────┘   │
                       ↓                          否 │
              ╱─────────────────╲                    │
             ╱      合  格        ╲───────────────────┘
              ╲─────────────────╱
```

3.装修消防管理作业指引

(1)目的

依据法律、法规及管理规约相关要求控制装饰消防各环节,保障装修过程安全。

(2)适用范围

物业管理区域内业主装修消防管理的全过程。

（3）职责

物业服务企业每日派人检查装修现场，及时整改存在消防隐患的设施和装修施工行为，验证违规装修整改情况。

（4）程序要点

①装修施工期间需每天清运装修废料、装修垃圾，以减少火灾隐患。装修施工单应配备灭火器放置在施工区域内，禁止随意挪用。任何人不得擅自动用消防设备和器材。

②凡需进行电焊、气焊、明火等作业，需提前向物业服务中心提出申请，在领取动火证后方可作业。动火作业应由持有效证件的技术人员进行，动火时应有动火人、监火人，并配足灭火器，清除周围2米内的可燃及易燃物品。

③装修需要搭接临时拖线及临时用电设施需提前向物业服务中心提出申请，并由专业电工负责操作。

④按照消防规定保持防火通道通畅，严禁在消防通道及主干道上乱堆、乱放施工材料及垃圾。

⑤装修施工人员离开施工现场前需确认未留下任何火种。

4.装修消防管理策略与技巧

（1）预防为主，防消结合

装修消防管理自始至终贯彻执行"预防为主，防消结合"工作方针，物业服务企业要建立义务消防组织，配备兼职消防人员和足够数量的灭火器，将消防灭火器安置在楼层明显易取处。

（2）日常装修管理活动中加强消防巡查，及时排除隐患

严格执行装修现场动用明火申请制度，严格管理易燃易爆材料、器材；日常装修管理活动中，加强消防巡查，每日防火巡查，及时排除隐患。

5.装修消防管理风险识别与控制

风险点	风险影响及后果	预防措施
动用明火、焊接作业	1.造成安全隐患； 2.侵害其他业主权益； 3.引发火灾，导致物业服务企业民事责任和经济赔偿	1.禁止在装修现场生火、吸烟、使用电炉和不安全电器； 2.动用明火和焊接作业时，检查有无审批手续、是否办理《动火/通电作业申请表》；操作人员须持上岗证、落实相关防范措施，做好现场保护； 3.按制度巡查装修现场
1.装修易燃材料占用公共空间； 2.私搭乱接电源	1.公共秩序混乱、妨碍他人通行； 2.重大安全隐患、企业形象受损	1.装修材料不得堆放在共用部位，且须做防火检查； 2.必须使用易燃易爆材料时，应落实一切安全措施，装修管理人员在现场监督； 3.加强装修施工现场巡查，发现违规及时制止

任务六　装修竣工验收

1.任务导入

（1）卫生间漏水谁之责

张女士和李先生是楼上楼下的邻居，李先生装修自己的住房，卫生间地面和墙面均用面砖。李先生装修后没多久，张女士家的卫生间顶部自上而下漏水，她找到了李先生，并通知其使用卫生间要注意，要求其查明原因并修缮，然而，李先生没理睬。后来，张女士家卫生间顶部漏水更加严重，墙体表皮因漏水而脱落，不仅影响使用，还存在安全隐患。张女士自己协商无果，便投诉到物业服务中心，要求李先生停止侵害，立即维修，并赔偿损失。李先生不承认自己有过错，他认为张女士所说的漏水原因不明，不一定是他们家装修引起的，后经物业管家和工程部人员上门检查，确认为李先生装修破坏防水层才导致张女士家漏水。

问：业主装修完工后，物业管家应如何配合业主验收装修工程呢？

（2）任务分析

不动产的相邻权利人应当按照有利生产、方便生活、团结互助、公平合理的原则，正确处理相邻关系。权利人在对房屋行使权利时要充分保护相邻方的合法权益。对他人的权益构成侵害的，应当停止侵害。而李先生卫生间装修破坏防水层导致张女士家厕所内出现严重漏水，直接侵害了张女士的合法权益。李先生对房屋卫生间进行改造，应当按照防水标准制订施工方案，并做好闭水试验。李先生住房装修工程竣工后，并没有进行竣工验收，不能直接发现装修质量问题，导致侵害张女士合法权益的事件发生。装修竣工验收是装修管理的最后一道工序，也是控制违规的最后一关。所以，提醒业主在装修工程竣工后，提请物业服务中心、装修施工单位一起参与装修竣工验收工作尤其重要。

2.装修竣工验收工作内容与工作流程

（1）装修竣工验收工作内容

根据《住宅室内装饰装修管理办法》第六章第三十条，住宅室内装饰装修工程竣工后，装修人应当按照工程设计合同约定和相应的质量标准验收。验收合格后，装饰装修企业应当出具住宅室内装饰装修质量保修书。物业管理单位应当按照装饰装修管理服务协议现场检查，违反法律、法规和装饰装修管理服务协议时，应当要求装修人和装饰装修企业纠正，并将检查记录存档。

施工完毕后，物业管家陪同工程维护部工作人员上门对施工内容初验，初次验收合格后，物业管家让业主携带工人出入证原件，交物业中心服务部前台人员收回，并在"房屋装修验收表"填写"初验合格"，签名确认。

（2）装修竣工验收工作流程

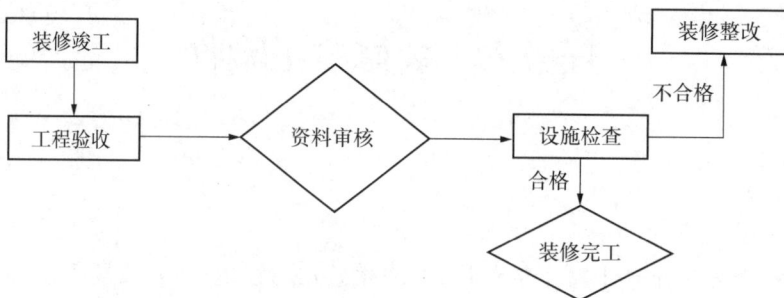

```
┌──────────┐
│  装修竣工  │
└────┬─────┘
     │                                              ┌──────────┐
     ▼                                              │  装修整改  │
┌──────────┐        ╱╲              不合格           └──────────┘
│  工程验收  │──▶  ╱资料╲  ──────▶ ┌──────────┐ ─────▶    ▲
└──────────┘     ╲审核 ╱          │  设施检查  │
                  ╲╱              └────┬─────┘
                                       │ 合格
                                       ▼
                                      ╱╲
                                     ╱装修╲
                                     ╲完工╱
                                      ╲╱
```

3.装修竣工验收管理作业指引

（1）目的

依据法律、法规及管理规约相关要求控制装修竣工验收管理各环节,纠正违反装修管理规定的行为。

（2）适用范围

物业管理区域内对装修竣工验收管理全过程。

（3）职责

物业管家检查装修现场,具体实施装修竣工验收工作。

（4）程序要点

①装修工程完工后,业主(用户)应书面通知物业服务中心验收。物业服务中心检查装修工程是否符合装修方案要求,施工中是否违反装修守则,费用等是否缴足等。如无问题,即予验收通过,退还装修保证金。

②初次验收。在装修施工结束后,业主即可申请初验收。物业管家根据提交的《装修申请表》《装修巡查记录表》等查验业主装修后的房屋,如发现不符合装饰装修管理办法的施工,要求业主整改违规部分,整改后,业主提前一周通知物业服务中心,在通知的第二周,物业管家安排正式验收。若装修工程量小、项目简单并且不涉及改造,初验和正式验收可由物业服务中心认可后一次进行。

③装修验收的要求。如果业主(用户)装修违规,整改或纠正前,不能验收。初验问题必须得到彻底整改,如正式验收时仍不合格,业主(用户)和装修单位申请正式验收后,物业服务中心应收回装修出入证存档。

④二次装修竣工验收。装修验收合格,并已入住三个月,业主应申请装修复验,物业管家应与工程部人员到现场复验,如无问题,物业管家、物业服务中心主管在《装修竣工登记表》"二次验收意见"栏签署"复验合格",并签署姓名和日期。

4.装修竣工验收策略与技巧

（1）认真履行装修竣工验收职责,为业主把关

装修工程竣工后,业主或装修施工单位向物业服务中心提出装修验收申请。物业管家应履行工作职责,与工程部人员、业主、施工单位现场负责人一起对装修工程竣工验收。仔细查看和检验装修施工情况,为业主装修入住把关。

（2）及时收回施工人员装修施工出入凭证

装修竣工验收后,施工人员撤场,物业管家应及时收回施工人员临时出入证并通知门岗该户装修人员已清场。

5.装修竣工验收风险识别与控制

风险点	风险影响及后果	预防措施
装修竣工验收没对照审核通过的装修方案进行验收,没查验装修是否损害共用部位、共用设备	1.侵害其他业主权益; 2.加大物业服务企业的维护成本	1.须对照审核通过的装修方案验收; 2.须准确认识装修查验的本质,即核验装修结果是否与审核通过的装修方案一致,是否损害共用部位、共用设施设备,是否对相邻人产生不利影响;建立装修查验作业程序,规范装修查验行为,认真记录查验结果
没有查验厨房、卫生间地漏、排水口、马桶排水是否通畅和防水是否渗漏等	导致相邻关系纠纷,波及物业服务企业,致使物业服务企业承担连带责任	竣工验收须检查厨房、卫生间、共用下水管线渗水或排水问题;确定整改期限与再验收期限,并在此期间督促问题解决

【学习目标检测】

课程资源

一、思考题

1.装修申报过程中,业主应提交哪些材料?

2.住宅室内装饰装修管理服务协议、装修服务协议应包含哪些内容?

3.在装修管理过程中,对装修施工人员管理有哪些要求?

二、单项选择题

1.住宅室内装饰装修指,(　　　)后,业主或者使用人对住宅室内装饰装修的建设活动。

　　A.住宅竣工　　　　　　　　　　　　B.住宅竣工验收合格

　　C.住宅封顶后　　　　　　　　　　　D.业主入住

2.住宅室内装饰装修时,未经(　　　),禁止变动建筑主体和承重结构。

　　A.建设单位批准

　　B.物业服务企业批准

　　C.政府部门批准

　　D.原设计单位或相应资质等级的设计单位提出设计方案

3.改动卫生间、厨房防水层时,应当按照防水标准制订施工方案,并做(　　　)。

　　A.检验验收　　　B.闭水实验　　　C.维修承诺　　　D.保修承诺

4.在居住小区的装修管理中,物业服务企业应根据建设部的(　　　)制定本小区的装修管理规定。

　　A.《城市异产毗连房屋管理规定》　　　B.《城市新建住宅小区管理办法》

　　C.《城市房屋修缮管理规定》　　　　　D.《住宅室内装饰装修管理办法》

5.建筑装饰装修工程施工中,严禁违反设计文件擅自改动建筑主体、(　　)或主要使用功能。

  A.承重结构   B.维护结构   C.装饰装修材料 D.配套设备

三、多项选择题

1.房屋装修管理所依据的法律规范有(　　)。

  A.《建筑装饰装修管理规定》   B.《家庭居室装饰装修管理试行办法》

  C.《住户装修管理规定》   D.《物业管理条例》

  E.《城市规划法》

2.从事住宅室内装饰装修活动时,装饰装修企业应当遵守施工安全操作规程,按照规定采取必要的安全防护和消防措施,不能(　　),保证作业人员和周围住房及财产的安全。

  A.擅自用明火   B.焊接

  C.建筑垃圾乱堆乱放   D.占用公共通道

  E.夜间装修扰民休息

3.在物业装修中,(　　)是不正确的。

  A.楼面铺设大理石

  B.在原有墙体上粘贴面砖

  C.在承重墙上开设洞口

  D.凿掉原结构预制楼板的叠合层,做楼面石材装修

  E.增加吊顶

4.从事住宅室内装饰装修活动时,未经批准,装修人不得(　　)。

  A.搭建建筑物、构筑物   B.改变住宅外立面,在非承重外墙上开门、窗

  C.拆改供暖管道和设施   D.拆改燃气管道和设施

  E.在室内乱涂乱画

5.物业装饰装修的现场管理应该做到(　　)。

  A.严把出入关,杜绝无序状态   B.加强巡视,防患于未然

  C.控制作业时间,维护业主合法权利 D.强化管理,反复核查

  E.装饰装修材料应及时入档

【养成性技能训练】

案例分析

案情:物业装修管理的好坏直接关系到物业的价值,良好的物业装修管理可以为业主创造优美、舒适的居住环境,极大提高物业价值和使用功能。办理入住手续后,业主王某因对房屋布局不满意,在承重墙上开了一扇门,物业管家巡楼时发现并马上制止,王某对此有异议,称房屋是自己买的,其他人无权干涉他的装修行为。

问:物业管家针对业主违规装修该如何处理?

项目五
物业管家常规工作

【知识目标】

    1.了解物业服务中心日常各项工作的意义。

    2.了解物业管家日常工作、专项工作内容和作业指引、工作流程。

    3.掌握物业管家日常工作、专项工作的策略与技巧。

    4.学会物业管家日常工作、专项工作风险识别与控制。

【能力目标】

    1.为业主提供物业常规服务。

    2.满足业主专项服务需求,为业主提供专项服务。

    3.为业主提供个性化的服务工作。

【思政目标】

    1.具备良好的职业道德和对客服务的同理心。

    2.树立物业管家良好形象和行为规范。

    3.培养物业管家求精的责任心。

    4.具备良好的管理能力和熟练完成工作的能力。

【知识储备】

    近年来,物业服务不断推陈出新,服务内容多样化发展,这就要求物业管家不仅要熟悉物业的各种信息,掌握各种服务的流程,掌握一定计算机操作知识、语言沟通技巧、物业服务的法律法规、物业管理政策、档案管理知识、良好的待人接物能力、礼仪礼貌基本知识、房屋构造基本知识,同时能够熟练运用服务技巧为来访来电对象提供满意、优质的服务。

【知识帮助】

    物业管家常规工作是物业服务中心日常服务的主要工作。从工作内容来看,包括物业管家日常工作、专项工作。这些工作中具体包括报修服务、欠费催缴、物业日常巡查、住宅专项维修资金使用、满意度调查、物业档案管理等。物业管家常规工作是为全体业主、使用人提供公共服务,服务对象多样,不仅有业主和非业主使用人、施工队、居委会、业主委员会甚至潜在的租户等,任何群体或个人都可能成为物业管家提供常规服务的对象,这就需要物业管家在常规工作中能以高度的责任心和良好的品牌意识,做好各项服务工作,树立物业服务企业的良好形象。

任务一 物业管家日常工作

物业管家日常工作主要是为业主和使用人提供公共服务与管理,是物业服务企业面向全体业主和使用人提供的最基本的综合管理与服务。这是物业管理最基本的内容,目的是确保物业完好与正常使用,保证业主、使用人正常的工作、生活秩序和环境。物业管家日常工作具体包括报修服务、欠费催缴、物业日常巡查。

子任务一 报修服务

1.任务导入

(1)业主厨房被淹,请求物业维修

一天上午,物业管家小黄接到业主李女士的报修电话,李女士称自家的厨房被水淹了,希望物业赶快派人来修。挂断电话后,小黄马上通知工程部。15分钟内,工程部水暖工于师傅带着吸泵赶到了业主家,只见厨房、小阳台已积了污水一寸多深,腥臭的污水还在不断地涌出。于师傅急忙试图用吸泵抽通地漏,但十多分钟过去了,可地面的污水没有一点动静,看来只有另想解决办法。于师傅满脸歉意地对业主说:"李女士,这个地漏堵得很死,吸泵无法通开,一定要用机器才能打通,但按管理规定要收80元。"李女士一听就叫起来,说:"我家洗衣机这几天都没有用过,怎么可能是我家地漏堵了,一定是主下水管的事,没道理由我家付钱。"说罢,李女士便打电话到物业服务中心,说:"维修工不想干活,故意抬高价格。"接到投诉电话后,物业服务中心便派区域管家小王去业主家。小王到业主家后查看了情况,便耐心地解释道:"您家厨房洗菜盆下水道和阳台的地漏是连通的,共用一个出口,若您家的洗菜盆堵塞,污水就会从地漏冒出。"但业主仍一口咬定不是她家的问题。

问:遇到此种情况,物业管家小黄应该如何处理?

(2)任务分析

报修服务是物业管家的重要服务内容,而维修需物业服务中心和工程部等多部门相互协调合作完成。因此,要按流程办事,在具体的工作中,我们要了解业主的心理,注意服务技巧。上述案例中,业主家里排水管道堵塞,污水无法排出。业主既不承认是自己的责任,又不愿支付维修费,物业管家应本着为业主着想的原则,先处理管道堵塞事故,然后分清责任。自始至终要讲礼貌与礼节,不能失礼于业主,更不能争吵,否则授人把柄,落人口实,要掌握做事分寸,既给业主台阶下,使业主觉得不失脸面,又能解决业主家的问题。

2.报修服务工作内容与工作流程

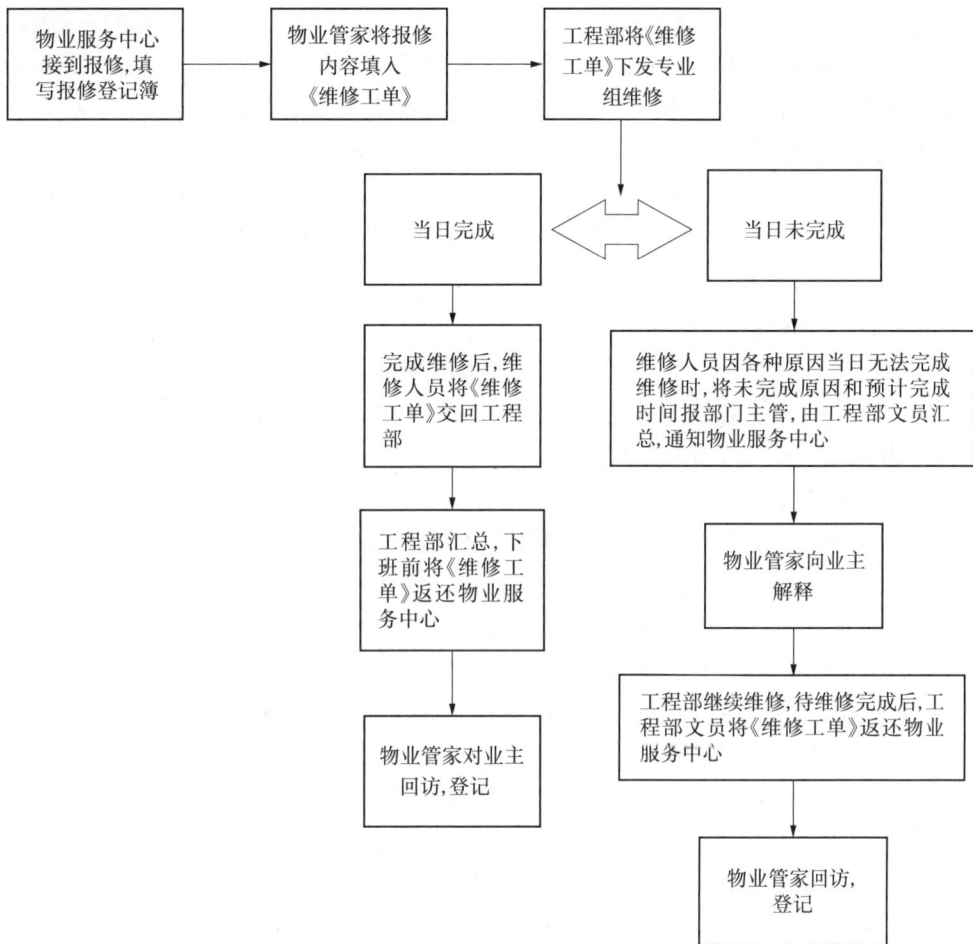

(1)报修服务工作内容

物业管家服务工作中,为业主提供报修服务是需要协调处理的重要工作。当物品、设施损坏时,业主一般情况下首先想到请物业服务企业帮忙维修,而物业服务企业所提供的报修服务质量高低也成为业主评价其服务水平的重要指标之一。报修服务涉及物业服务中心和工程部等多部门相互协调,具体的服务内容有报修接待、维修派工、费用收取、维修回访等。

(2)报修服务工作流程

```
┌──────────────┐      ┌──────────────┐      ┌──────────────┐
│物业服务中心   │      │物业管家将报修 │      │工程部将《维修 │
│接到报修,填    │─────▶│内容填入       │─────▶│工单》下发专业 │
│写报修登记簿   │      │《维修工单》   │      │组维修         │
└──────────────┘      └──────────────┘      └──────────────┘
                                                    │
                           ┌────────────────────────┼────────────────────────┐
                           │                         ▼                         │
                    ┌──────────────┐    ◄═══════════════►    ┌──────────────┐
                    │  当日完成     │                         │  当日未完成   │
                    └──────────────┘                         └──────────────┘
```

当日完成	当日未完成
完成维修后,维修人员将《维修工单》交回工程部	维修人员因各种原因当日无法完成维修时,将未完成原因和预计完成时间报部门主管,由工程部文员汇总,通知物业服务中心
工程部汇总,下班前将《维修工单》返还物业服务中心	物业管家向业主解释
物业管家对业主回访,登记	工程部继续维修,待维修完成后,工程部文员将《维修工单》返还物业服务中心
	物业管家回访,登记

3.报修服务作业指引

(1)目的

完善报修管理工作,提高业主的满意度,促进物业服务增值。

(2)适用范围

业主自用设施设备或所属辖区内各类公共服务设施设备损坏,通过各种方式向有关部门报修,报修方式包括来电、来访等。

(3)职责

具体记录报修内容,并及时传达至工程技术部,跟踪、督促维修工作按时完成,并回访。

（4）程序要点

①业主报修。业主由电话、来访、网络、代为转告等各种方式报修,物业管家应在2小时内与业主取得直接联系,初步了解维修事项,并将信息录入系统,生成《业主报修情况记录表》,工程部基本判断维修事项。简单维修事项无须现场勘查,无须技术指导,委派维修工人上门服务即可;一般维修事项须现场勘查,须判断维修事项方案,委派保修人员负责处理。复杂维修事项须现场勘查,须探讨维修事项专门的方案,指导维修人员,专门指定维修材料等,由保修主任负责处理并汇报项目部负责人或项目部指派保修工程师。

②维修。简单维修情况下,物业管家与业主约定上门维修时间,向维保单位发出《零星维修工程现场调度通知单》,通知维修人员准时上门服务。一般维修情况下,在接到报修后,物业管家与业主取得联系,约定上门勘查以及维修时间,并制订维修方案,向维保单位发出《零星维修工程现场调度通知单》,开始维修。此项工作须在2小时内完成。复杂维修情况下,在接到报修后,物业管家与业主取得联系,约定上门勘查以及维修时间,并制订维修方案,向维保单位发出《零星维修工程现场调度通知单》,开始维修。此项工作须在12小时内完成。在约定时间,维修人员上门维修,时间误差不得超过15分钟。维修过程中,物业管家须督促维保单位的维修人员按照报修服务原则和维修礼仪的要求现场维修。

③过程跟进和反馈。维修过程中,物业管家巡视维修现场每日至少一次,跟进维修状态,进行维修过程反馈。根据维修时长向业主通报维修进展及预计完成工作时间。一般2日内联系、反馈业主一次;如维修时间较长,则每周反馈3次;如业主表示反馈较为频繁,则与业主约定反馈时间,如期反馈。

④验收。维修工作完成后须经业主验收,并在《零星维修工程现场调度通知单》上签字认可,建立业主的维修档案及维修评价档案,以业主签字确认为准。通知业主验收前物业管家对维修结果复检。如业主无法现场确认及签字,由保修主任和物业管家、维修人员对维修情况检查后签字确认,由值班物业管家通知业主完成情况。

⑤维修事项关闭。物业管家每天将已按期完成的维修事项通知业主,告知业主所报修问题已经处理完成并通知业主复查;对于长期未联系上的业主,每隔一天通知(通知方式包括电话、入户访问)一次,直至取得联系并告知维修完成方为结束。如果连续通知5次仍无法取得联系,由保修主任与物业管家共同复查,确认合格后,系统项关闭,联系方式变更导致无法联系时,须向客服部反馈,若仍无法联系,保修主任与物业管家共同复查,确认合格后系统项关闭;重大报修事项应请示项目总经理或项目部指派保修工程师,根据其意见关闭维修。

⑥维修回访。物业管家根据完成情况回访并分析及维护不满意的业主。维修回访中,业主认为没有达到所提要求但符合相关验收规范要求时,视为关闭,同时保修主任和物业管家与业主沟通,争取业主满意。维修回访中,在维保范围内,业主不满意(如维修不及时、二次维修、维修服务态度投诉等)时,保修主任和物业管家共同维护该户业主,直至满意。

4.报修服务策略与技巧

（1）区分轻重缓急

在业主报修时,判断所报修的项目是否为紧急项目。一些报修无须马上处理,可另约时间,若业主强烈要求马上处理,则要尊重其意愿,即刻与维修部门联系处理,尽量满足业主要求;有的须立即处理,如水管爆裂、夜晚开关熔丝烧断等,给业主的生活带来很大不便甚至损害,则应立即与维修部门联系处理。

(2)区分有偿还是无偿维修

物业服务中心为业主提供的维修服务项目中,一些并不属于物业管理的责任范围,所以材料、人工等成本费用须由业主承担。一般情况下,物业服务中心提供的服务项目资料中应标明无偿服务项目和有偿服务项目。当业主报修时,物业管家应判断是否属于有偿维修项目,如果是,则应明确将相关规定与价格向业主作出提示,得到他们的认可后,商定维修具体事宜。

(3)涉及赔偿等问题处理

因维修问题造成业主损失,物业管家不能单方直接与业主讨论有关赔偿问题。凡涉及维修赔偿的事项,由保修主任和项目经理与业主沟通、协商解决。如遇到重大维修工程或特殊事件,物业管家必须及时向保修主任汇报,必要时抄报公司总经理,不得擅自答复或承诺。

(4)维修过程纠纷处理

在维修过程中,对业主可能由情绪激动导致维修无法进行的,物业管家协调后再行维修。物业管家严禁以"正在处理,请等待"等回答业主对维修进度的询问,而要实事求是告诉业主维修操作需要的时间、需要业主配合和可能造成影响等。

5.报修服务风险识别与控制

风险点	风险影响及后果	预防措施
接待人员工作疏忽,遗漏派工	1.业主不满; 2.影响业主对物业服务的评价	1.记录报修,交班时根据值班记录梳理和交接工作; 2.培养员工认真细致的工作态度; 3.对于工作中懈怠、不负责任的员工再教育培训
维修不及时	1.业主不满; 2.业主投诉	1.通过制定工作规范和作业标准来提高员工的维修效率; 2.考核维修及时性; 3.处罚故意拖延维修服务的员工
维修费用争议	1.业主不愿意支付有偿维修服务费用; 2.维修人员对于费用收取解释不当,引发业主误会	1.接待报修时,接待人员应判断是否属于有偿维修项目,如果是,则应明确地将相关规定与价格向业主作出提示,得到业主认可后,商定维修的具体事宜; 2.培训维修人员,培训内容包括有偿服务和无偿服务的维修项目、有偿维修项目的费用标准等
维修质量不合格	1.经过维修,报修的项目仍然无法正常使用; 2.维修人员因操作不当造成新的损坏	1.加强维修人员技能培训和作业指导培训; 2.在员工招聘环节严格把关,招聘适合人员到岗; 3.如确实属于维修项目(物品)质量问题,可向业主建议更换

子任务二 欠费催交

1.任务导入

(1)业主以房屋漏水为由拒绝支付物业费

陈先生看中了某处商品房的顶层,在一次性付清全部房款后顺利入住,同时向物业公司支付了当年的物业服务费。入住后两个月,雨季来临,几场大雨之后,陈先生发现天花板被水浸湿,后来竟然漏水,于是,陈先生找到物业公司报修。物业公司通知了原施工单位,施工单位在楼顶进行了防水处理。陈先生此时已经有些反感现在的房屋,陈先生认为,自己购买房屋就为了栖身,现在由于漏水无法栖身,并且装修也遭到破坏,他认为这是物业公司联系维修不及时和维修质量不达标造成的,所以准备不支付第二年的物业服务费。物业公司认为自己及时联系、维修房屋,并且现在看来房屋存在质量问题是开发商的问题,不是物业管理不到位,无法接受陈先生不支付物业服务费。

问:业主以房屋漏水为由,拒绝支付物业费,物业管家应该如何处理呢?

(2)任务分析

新买房屋漏水属于房屋质量问题,如果在保修期内,责任在开发商,所以,业主不能以此为由拒交物业服务费。在此案例中,物业公司积极联系开发商解决这一问题是非常正确的。另外,物业服务企业和开发商是两个独立的单位,在处理房屋质量问题时,物业管家须向业主解释物业服务企业和开发商在房屋质量问题中承担的责任。作为物业管家,要了解物业管理的法律知识,在费用催交过程中,避免违反法律法规。要向业主提供规范、到位、满意的服务。注意运用适当的催收技巧,等待适当时机,切不可简单、粗暴行事。借助法律手段,要学法、懂法、依法维权。

2.欠费催缴工作内容与工作流程

(1)欠费催缴工作内容

物业管理收费可以划分为两大类:一是服务收费,包括物业管理综合服务费、停车管理费、装修管理服务费、广告设置管理费、专项或特约服务费等。二是代收代付收费,包括物业共用部位、共用设施设备及绿化场地的水电费、专变供电部位的电费、二次供水的水费、广告租赁费、装修垃圾清洁费等。在欠费催交工作中,物业管家须通过多种合法渠道催交欠费,如电话或者短信告知业主欠费信息、上门催缴及发送催费通知等,对于一些重大欠费、长期欠费、恶意欠费可启动诉讼程序。

(2)欠费催缴主要工作流程

业主欠费 → 启动催交程序 → 电话催交2~3次 → 上门催交2次 → 业主大门张贴催费通知 → 经公司领导同意发律师函 → 经公司领导同意提起诉讼

3.欠费催交作业指引

（1）目的

规范物业服务费用欠费催交作业流程,确保物业服务费用收缴工作顺利。

（2）适用范围

物业服务企业物业费欠费催交工作。

（3）职责

财务管理部监督与统计公司月度费用收缴工作。物业服务中心客服部负责物业服务费用催交工作。

（4）程序要点

①每月25日,物业服务中心从物业管理系统打印下月《交费通知单》,并于月底前完成发放。业主家中长期无人时,将《交费通知单》张贴于业主家门口恰当位置,同时电话告知,并拍照留存。每月20日前,物业服务中心检查统计业主缴费情况,对未交纳物业服务费的业主填发《欠费催交通知函》,要求业主在《欠费催交通知函》(存根联)的空白处签字,提醒业主及时交费,《欠费催交通知函》由物业管家在3日内派发完毕,物业管家应在规定期限内将催交通知单送交业主或其家人的手中,并让接收人在回执上签字;无法找到业主及其家人时,应将催交通知单邮寄至业主。物业管家应记录送达、邮寄或电话通知派发结果,保管业主签收的回执,并将派发情况向客服部负责人汇报。

②发出《欠费催交通知函》1个月后,对未交清物业服务费的业主上门催交。上门收费时,开据收据给业主,然后回到物业服务中心开相应发票,以发票换回收据。第二个月费用仍被拖欠时,第三个月再次发放,并限三天内交清费用。三天过后仍未交清者,如属于拖欠水电费可根据供电局或自来水公司的要求停止水电供应。

③对欠费大户,物业服务中心主任、物业管家、收费员等应亲自登门拜访,并解释和劝导。上门拜访时,应有书面的欠费说明及费用明细表,一式两份,欠费业主须签字认可,各持一份。若业主长期拖欠至一年,物业管家可依据物业管理相关法律法规发送律师函催费或者起诉,用法律手段追交欠费。对确有困难者,可延期1~2个月,并让欠费者手写交费保证书。

4.欠费催交策略与技巧

（1）满足业主的服务需求

有的业主欠费因部分服务需求未得到满足,比如,家中水管漏水,报修几次物业服务中心未处理,或小区环境脏乱差等。对于这种情况,物业服务企业不妨先满足业主的需求,从自身做起,提高服务品质,欠费业主也就交纳物业费了。

（2）打消业主拖延心理

有的业主存在攀比心理和拖延心理,他们不是不想交费,而是尽可能地拖延时间,到了感觉不得不交的时候才交纳,对于这种情况就需要工作人员耐心,多种方式多次催交。

（3）解释收费依据

有的业主比较较真,对物业费的收费依据及构成等与收费相关的事项很关心,这就要求工作人员"打铁还须自身硬",必须首先掌握物业服务收费依据以及物业服务费用的构成和物业服务基础法律知识,做到有问必答,对答如流,让这类业主口服心服。

（4）对于恶欠费业主讲求方式方法

一部分业主不想交费只想接受服务，对于这种情况，就要不断施压，如增加上门拜访次数、诉诸律师函、起诉等。总之，每一次催交费用都有其特点，要做到具体问题具体分析，有的放矢。

（5）空置房交费宣传和解释

一些业主认为，空置房没接受物业服务，不需交费，拖欠物业服务费。要耐心地解释，小区的物业管理是由物业服务企业实施的统一的专业化管理，并不只为一个或某几个业主单独提供服务，而为整个小区提供绿化管理、环境清洁、保安服务、公共设施设备维护保养、小区日常管理等，物业服务企业提供的服务是一种公共性服务，这种公共性服务管理成本不会因为某一个人或几个人不在此居住而减少。根据《民法典》第九百四十四条规定，物业服务企业已经按照合同约定提供服务，业主仅以未享受或者无须接受相关物业服务为抗辩理由时，人民法院不予支持。业主因自身原因未入住时，不能对抗物业服务企业按约履行合同义务后请求收取费用。

5.欠费催交风险识别与控制

风险点	风险影响及后果	预防措施
公布业主的欠费信息涉嫌侵犯业主隐私权。如将欠费业主的信息，包括姓名、性别、身份证号、电话号码、家庭住址等，连同欠费金额一起公示在小区公告栏或者业主App上	违反《民法典》规定，物业服务企业被业主起诉	要学法、懂法、守法，在处理欠费业主的信息时，不要公布姓名、性别、身份证号、电话号码、家庭住址等，可公布房号和欠费信息。《中华人民共和国民法典》第一零三十二条规定，自然人享有隐私权。任何组织或者个人不得以刺探、侵扰、泄露、公开等方式侵害他人的隐私权。第一千零三十四条规定，自然人的个人信息受法律保护。第一千零三十五条规定，处理个人信息时，应当遵循合法、正当、必要原则，不得过度处理
停止供电、供水、供热、供燃气等催交物业费	1.违反《民法典》规定，物业服务企业被业主起诉； 2.业主不满 3.导致业主投诉 4.导致业主生活或者经营受损，遭到索赔	要学法、懂法、守法，《中华人民共和国民法典》第九百四十四条规定，业主违反约定逾期不支付物业费时，物业服务人可以催告其在合理期限内支付；合理期限届满仍不支付时，物业服务人可以提起诉讼或者申请仲裁。物业服务人不得采用停止供电、供水、供热、供燃气等方式催交物业费。在催交物业费的时候，不得违反国家法律法规和强制性规定

子任务三　物业日常巡查

1.任务导入

（1）物业管家日常巡查工作

某日上午，物业管家小刘在其所管理的物业服务区域巡查，走到小区半山二路时，发现半山二路转弯较急,而且一部分绿化植物长得太过茂盛,长时间没人修剪,遮住了部分路面,业主从外驾车回家途中容易发生意外,为了避免事故,小刘报物业服务中心绿化部处理,绿化部立即安排人员修剪。

问:在巡查物业服务区域的时候,物业管家须重点巡视哪些部位? 物业管家应该如何巡查物业服务区域呢?

(2)任务分析

通过本案例可知,物业管家的日常巡查工作应注意细节,除了巡查楼栋,还应巡查道路和其他公共区域,扩大巡查范围,只有物业管家的工作细致认真,及时发现物业服务区域内的一些问题,并妥善整改,才可以给业主带来很多方便。这样,才能更好地为业主服务,才能真正体现以业主为关注焦点。

2.物业日常巡查工作内容与工作流程

(1)物业日常巡查工作内容

物业日常巡查应做好楼层巡查、装修巡查、停车场巡查、广场外围巡查、商户促销活动巡查、宣传水牌巡查、设备实施运作情况巡查、绿化巡查、清洁巡查等。

(2)物业日常巡查工作流程

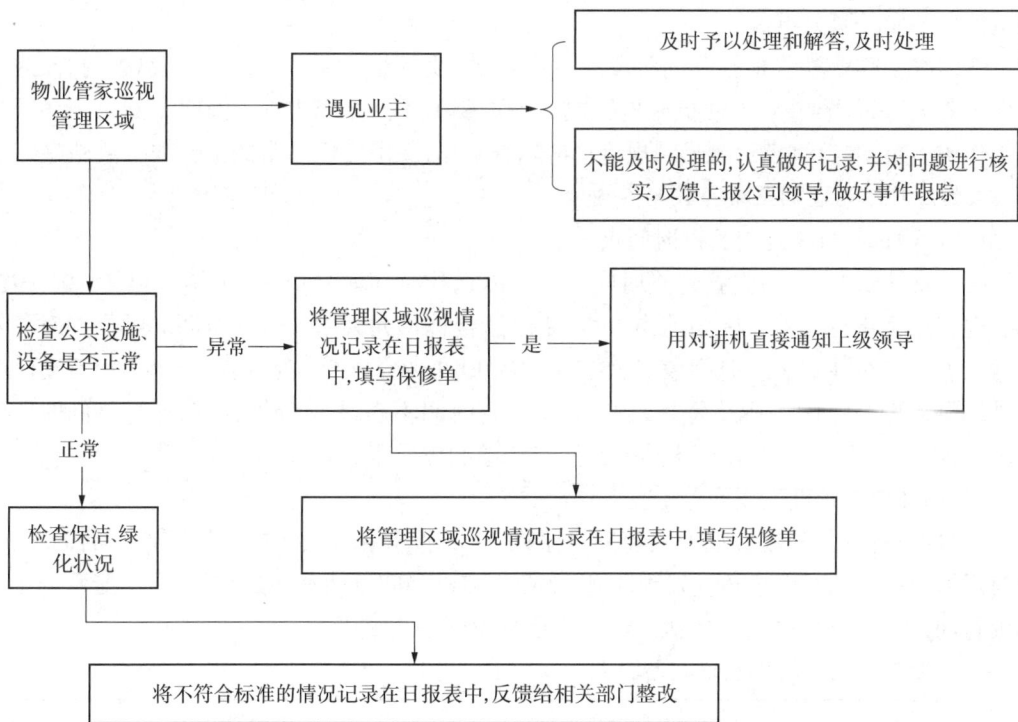

3.物业日常巡查作业指引

(1)目的

规范物业管家日常巡查工作。

(2)适用范围

物业服务中心客服部日常巡查工作。

（3）职责

客服部经理负责日常巡查的组织、管理工作。区域物业管家负责具体实施日常巡查工作。在小区巡查过程中，物业管家对项目其他部门的工作有监督职责。

（4）程序要点

①每月月底，物业管家应制订下月的小区巡查工作方案，内容应包括责任区域的巡查安排及巡查的内容等。物业管家每周至少对小区全面巡查一遍。

②项目经理每周一次对小区抽查，整理工作日常巡查记录。

③每天9:30分前，物业管家准备巡查记录，并巡查。首次巡查完毕后，将巡查记录放到相应的文件夹中，以便项目经理及其他人员查阅。每天下班前，检查巡查记录是否已填写完毕，且整齐存放在相应文件夹内；巡查记录若遗失、损坏等，物业管家应第一时间向部门主管汇报，并及时补充欠缺的巡查记录，在记录中，简要记录遗失或损坏事件。每月由档案管理人员对所有巡查记录统一汇编整理，物业管家协助档案管理人员汇编、整理巡查记录。

④巡查中发现问题及时作出处理，若不能即时处理，物业管家应按相关程序转相关部门或人员处理，并跟进记录；除认真负责地完成所负责项目巡查工作外，还要及时发现其他巡查项目的问题，及时向相关负责人员通报，必要时，协助其处理，随时配合公司及本项目工作人员处理突发及紧急事件。

⑤巡查工作调整。根据不同阶段的工作需要，项目经理须对巡查项目、巡查内容、巡查工作负责人等适当调整，以便更好地完成此项重要工作。客服主管须及时审阅每天各项巡查工作的记录，并签署批示意见。规范小区巡查工作，保障小区正常的工作和生活秩序。

4.物业日常巡查的策略与技巧

（1）正确选择日常巡查关键时间点

在日常巡查时，注意选择巡查时间点。可以选择时间段一：08:00—08:40，14:00—15:00。巡查业主出行高峰及晚归前出入口、主干道楼栋单元大堂及电梯轿厢。触点的对象是出行或者归来全体业主。时间段二：9:30—10:30，18:00—19:00。巡查业主集中活动时段的外围游乐健身休闲场所及公共设施，每次巡查时间不超过40分钟为宜，通过不同时段的巡查，可以触及所有业主，让业主感受到管家传递的优质服务。

（2）站在业主角度发现问题

通过巡查随时发现问题，及时将问题录入，生成报事并解决。随时倾听业主的诉求，并及时反馈、解答，站在业主角度发现问题，把业主需求和问题快速传递，遇到力所能及的小事马上行动，如看到地上零星的垃圾，应及时处理，做到人过地净。

5.物业日常巡查的风险识别与控制

风险点	风险影响及后果	预防措施
日常巡查走过场，没及时发现并处理问题	1.合同违约； 2.业主投诉； 3.满意度降低	1.加强物业服务企业员工的绩效考核； 2.加强对员工技术规范、法规、物业资料等学习和培训，日常巡查中熟练正确运用； 3.严格执行物业服务合同中约定的工作任务和服务标准

续表

风险点	风险影响及后果	预防措施
物业日常巡查不注重痕迹管理	一旦发生诉讼事件,无法拿出证据材料,承担败诉风险	妥当保存物业日常巡查记录,备查,建立物业巡查档案,留存巡查记录和图像资料以备所需,作为维权证据

任务二　物业管家专项工作

物业管家专项工作是物业管家为了更好地为业主服务、在物业服务中办理一些专项事项的物业服务工作,如住宅专项维修资金使用、满意度调查、物业档案管理等。

子任务一　住宅专项维修资金使用

1.任务导入

(1)使用住宅专项维修资金维修单元门

小区2号楼单元门损坏无法上锁,陌生人经常进出单元门,这给2号楼业主带来了极大安全隐患。工程部师傅鉴定单元门无法上锁是地弹簧损坏,且无法维修,须更换地弹簧,经询价,地弹簧更换费用为1 200元,已经超出了物业公司日常维修的费用。经查,单元门已经过了保修期。须动用业主住宅专项维修资金维修。小区2号楼共有业主200户,专有部分面积共50 000平方米。项目经理让物业管家小王负责办理住宅专项维修资金使用事宜,维修单元门。

问:①小区没成立业主委员会,小王应该如何办理住宅专项维修资金使用事宜呢?

②根据《民法典》规定,如须使用住宅专项维修资金,参与表决同意的比例须分别是多少呢?

(2)任务分析

房屋的公共设施、设备过了保修期,很多情况下须动用房屋的养老金——住宅专项维修资金。提出住宅专项维修资金使用方案,物业管家须了解住宅专项维修资金使用的程序,按照住宅专项维修资金使用程序,办理住宅专项维修资金的使用事宜。作为物业管家,在涉及住宅专项维修资金使用时,要会编写住宅专项维修资金使用方案。熟悉《民法典》的规定,按照业主共同决定事项的表决要求,组织业主表决,达到参与表决的比例和表决通过的比例要求,依法、依规使用住宅专项维修资金。

2.住宅专项维修资金使用工作内容与工作流程

(1)住宅专项维修资金使用工作内容

住宅专项维修资金使用包括可使用住宅专项维修资金的情形、使用住宅专项维修资金的程序、使用住宅专项维修资金表决要求等。

（2）住宅专项维修资金使用工作任务流程

住宅专项维修资金的使用流程分两种情况。

第一种情况：住宅专项维修资金划转业主大会管理前，须使用住宅专项维修资金时，按照以下程序办理。

①物业服务企业应根据维修和更新、改造的项目提出使用建议。

②住宅专项维修资金列支范围内专有部分面积占比三分之二以上的业主且人数占比三分之二以上的业主参与表决。经参与表决专有部分面积过半数的业主且参与表决人数过半数的业主同意，讨论通过使用建议。

③物业服务企业或者相关业主组织、实施使用方案。

④物业服务企业或者相关业主持有关材料向所在地市、县建设（房地产）主管部门申请列支。

⑤经市、县建设（房地产）主管部门审核同意后，向专户管理银行发出划转住宅专项维修资金的通知。

⑥专户管理银行将所需住宅专项维修资金划转至维修单位。

第二种情况：住宅专项维修资金划转业主大会管理后，须使用住宅专项维修资金时，按照以下程序办理。

①物业服务企业提出使用方案，使用方案应当包括拟维修和更新、改造的项目，费用预算列支范围，以及其他须临时使用住宅专项维修资金情况的处置办法等。

②业主大会依法通过使用方案。

③物业服务企业组织实施使用方案。

④物业服务企业持有关材料向业主委员会提出列支住宅专项维修资金。

⑤业主委员会审核同意使用方案后，报市、县建设（房地产）主管部门备案。

⑥业主委员会向专户管理银行发出划转住宅专项维修资金的通知。

⑦专户管理银行将所需住宅专项维修资金划转至维修单位。

⑧维修结束后，物业服务企业公示维修涉及范围内相关业主住宅专项维修资金按比例分摊的费用。

3.住宅专项维修资金使用作业指引

（1）目的

规范和明确业主委员会住宅专项维修资金使用，保障住宅共用部位、共用设施设备在保修期满后的维修和更新改造。

（2）适用范围

保修期满后，物业服务区域内物业共用部位、共用设施设备维修和更新、改造等。

（3）职责

①业主委员会负责住宅专项维修资金使用工作；组织业主表决，审核住宅专项维修资金使用的各种文件。

②物业服务企业负责拟订年度使用住宅专项维修资金的维修工程项目计划、使用方案（含更新改造项目、费用预算、列支范围、应急处置办法等）；及时提交年度维修工程项目计

划;组织使用住宅专项维修资金的工程立项;组织维修工程项目招标,签订维修工程合同及其他相关协议;审核住宅维修工程项目预决算;监督维修项目开工、施工、竣工验收及组织维修工程鉴定等;组织报验维修项目;审核住宅维修工程项目预、决算;整理及存档住宅维修工程过程的资料;对技术问题答疑。

(4)程序要点

①物业服务企业提出大修计划,组织维修预算、施工方案等资料。物业管理部、总工程师办公室负责审核大修计划,选择施工单位,确定费用预算。审核内容包括《支用维修资金申请》《专项维修资金预支用备案表》《施工合同》《施工单位营业执照》《资质证书》《工程费用预算》《鉴定报告》《小区公示结果证明》《业主决议(含统计结果)》、业主委员会业主委员会出具的《同意使用维修资金的决议》《维修费用分摊明细表》《任务单》《支取汇总表》《支取清册》《承诺书》。将大修计划告知业主委员会并协助组织召开业主大会,组织文字材料。公示资料包括《业主大会的决议》《核查报告》《施工计划》《维修单位资质》《施工单位维修费用预算》《预算费用分摊明细》《维修项目工程领导小组》《召开业主大会的方法》《委托书》等。公示结束后拍照片留存,公示后将公示资料汇集成册,备查。

②物业管家负责协助召开业主大会。业主委员会主任提议、全体委员参加、居委会主任列席专项维修资金使用专题会。物业服务企业向全体委员出示使用住宅专项维修资金的相关材料;业主委员会主任作出《使用维修资金的议案》《委托书》《召开业主大会的方法》等;推选涉及范围内业主代表,组成"维修工程项目监督小组";全体业主委员会委员表决、签字,居委会主任监督签字;物业管家配合业主委员会、居委会宣传;制作表决卡,组织人员入户发放、回收表决卡,对表决卡统计汇总;业主委员会委托居委会、业主代表对表决结果抽查、确认、出具证明。物业管家协助业主委员会公示表决结果。物业服务企业和有关部门负责签署维修合同。

③物业服务企业向政府备案。物业服务中心到地区办事处及区、市建委办理住宅专项维修资金备案手续。所需材料:《施工合同》《施工单位营业执照》《资质证书》《工程费用预算》。相关部门出具的《核查报告》《小区公示结果证明》《业主决议(含统计结果)》《同意使用住宅专项维修资金的决议》《维修费用分摊明细表》《任务单》《支取汇总表》《支取清册》《承诺书》等,物业服务企业到银行办理资金预支手续。

④物业服务企业工程部监督施工。施工现场明示施工单位、施工时间、安全提示等。施工单位遵守政府相关施工要求及规范。施工完成后,物业服务企业组织专业人员及工程项目领导小组成员,验收竣工工程,根据施工验收情况报质量检测机构检测。相关部门出具《工程验收合格证》及《工程费用决算单》,对施工过程影像资料留档。

⑤工程竣工验收合格后,物业服务中心财务部到银行办理资金结算手续。须准备以下材料:《维修费用结算单》《维修费用发票》、根据工程结算单出具的《维修费用分摊明细》《费用结算分户调整表》。整理、备案、存档以上所有涉及材料,电子版档案、纸媒介档案分别存档。

⑥公示住宅专项维修资金使用列支范围内业主分摊的金额以及工程维修的质量评价,整理须存档的文件或资料并留存。

4.住宅专项维修资金使用策略与技巧

(1)住宅专项维修资金遵循专款专用原则,不得挪作他用

《物业管理条例》规定,住宅专项维修资金属于业主,专项用于物业保修期满后物业共用部位、共用设施设备的维修和更新、改造,不得挪作他用。违反规定挪用专项维修资金时,由县级以上地方人民政府房地产行政主管部门追回挪用的专项维修资金,给予警告,没收违法所得,可以并处挪用数额2倍以下的罚款;物业服务企业挪用专项维修资金,情节严重时,颁发资质证书的部门吊销资质证书;构成犯罪时,依法追究直接负责的主管人员和其他直接责任人员的刑事责任。据此,专项维修资金的使用用途是法定的,只能专项用于物业保修期满后物业共用部位、共用设施设备维修和更新、改造,使用用途不得随意改变。如果违反了专项维修资金的"专款专用"原则,房地产行政主管部门有权行政处罚物业服务企业。建设部、财政部发布的《住宅专项维修资金管理办法》(以下简称《办法》)也对住宅专项维修资金的使用办法明确地作出规定。该《办法》第一十八条规定,住宅专项维修资金应当专项用于住宅共用部位、共用设施设备保修期满后的维修和更新、改造,不得挪作他用。第三十七条规定,违反本办法规定挪用住宅专项维修资金的,由县级以上地方人民政府建设(房地产)主管部门追回挪用的住宅专项维修资金,没收违法所得,可以并处挪用金额2倍以下的罚款;构成犯罪时,依法追究直接负责的主管人员和其他直接责任人员的刑事责任。

(2)住宅专项维修资金使用表决及通过的比例要符合《民法典》规定

《民法典》第二百七十八条规定,业主共同决定使用建筑物及其附属设施的维修资金,应当由专有部分面积占比三分之二以上的业主且人数占比三分之二以上的业主参与表决,应当经参与表决专有部分面积过半数的业主且参与表决人数过半数的业主同意。

5.住宅专项维修资金使用风险识别与控制

风险点	风险影响及后果	预防措施
不按法律法规规定在物业管理区域显著位置向业主公开住宅专项维修资金使用情况	1.被业主投诉; 2.违反《民法典》第二百八十一条,被追究责任	1.加强住宅专项维修资金使用培训,增强员工的法律意识; 2.按照工作要求严格执行工作程序; 3.实行住宅专项维修资金使用的公开透明原则,主动向业主公开,向业主大会及业主委员会报告接受业主委托的维修工程使用住宅专项维修资金的财务真实情况,自觉接受业主、业主大会及业主委员会监督
物业服务企业谎编应急维修项目,谎报应急维修工程量,甚至买通相关人员,套取住宅专项维修资金,挪作他用,甚至据为企业或个人所有	1.被追究法律责任; 2.物业服务企业形象受损; 3业主合法权益被侵害; 4.职务犯罪	1.不断完善企业内部自我监督机制,规范物业项目申请使用住宅专项维修资金流程,并通报业主委员会、所在地的社区居民委员会,从制度建设上形成监督,堵住个人骗取、套取住宅专项维修资金的管理漏洞; 2.建立企业与业主委员会、所在地的社区居民委员会重大事项互通机制,安排专人负责,及时掌握物业项目动态,强化对物业项目管理处使用住宅专项维修资金的监管

续表

风险点	风险影响及后果	预防措施
冒充业主签名,弄虚作假,伪造住宅专项维修资金表决通过文件	1.被追究法律责任; 2.物业服务企业形象受损; 3.职务犯罪	1.建立并不断完善企业内部自我监督机制; 2.规范物业项目管理处申请使用住宅专项维修资金流程; 3.加强警示教育
不经业主同意,私自将企业代管住宅专项维修资金用于物业日常养护维修、更新改造	1.被追究法律责任; 2.物业服务企业形象受损	1.落实《住宅专项维修资金管理办法》规定的专款专用原则,自觉杜绝挪用行为; 2.加强对管理者的法制教育,深刻了解住宅专项维修资金法律法规、规章政策的法律责任规定,认识违法、违规、违章行为的法律后果,决策要有法律底线思维

子任务二 满意度调查

1.任务导入

(1)物业管家开展满意度调查工作

物业管家小李所在的物业服务企业非常重视开展业主满意度调查工作,一年要进行两次业主满意度调查。满意度调查帮助物业服务企业识别影响满意度的因素,提高服务水平,提升业主的忠诚度,实现企业可持续发展。今年年底,满意度调查工作又将开展,项目经理指派小李负责组织和实施此次满意度调查工作。

问:物业管家小李如何组织和实施此次满意度调查工作呢?

(2)任务分析

物业服务满意度调查已经引起越来越多企业重视。在一些行业,由于业主群庞大,一对一的服务几乎不可能,所以,通过满意度调查了解业主的需求、企业的问题以及与竞争对手之间的差异,从而有针对性地改进服务工作,显得尤为重要。调查满意度时,物业管家须了解并掌握物业满意度调查的含义、程序,理解物业满意度调查的重要性,掌握物业满意度调查的方法,设计满意度调查问卷,撰写业主满意度调查报告等。组织和实施满意度调查工作涉及的方方面面,物业管家严谨规划、合理实施才能在满意度调查的真实性上有收获,更好地为企业的经营和决策提供依据。

2.满意度调查工作内容与工作流程

(1)满意度调查的工作内容

在日常的物业服务中,满意度调查的主要内容有治安、车辆、清洁、绿化、公共设施设备、社区文化活动、便民服务、投诉报修、各部门工作满意率等,物业服务中心可视实际情况确定每次满意度调查的主题内容。在确定调查主题的基础上,物业管家要设计满意度调查问卷,实施满意度调查,分析和汇总满意度调查的结果,撰写满意度调查报告。

（2）满意度调查工作流程

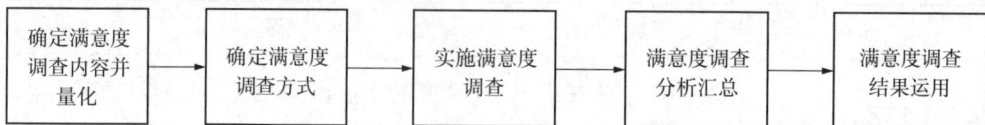

```
┌──────────┐   ┌──────────┐   ┌──────────┐   ┌──────────┐   ┌──────────┐
│ 确定满意度 │   │ 确定满意度 │   │ 实施满意度 │   │ 满意度调查 │   │ 满意度调查 │
│ 调查内容并 │──▶│ 调查方式  │──▶│ 调查     │──▶│ 分析汇总  │──▶│ 结果运用  │
│ 量化     │   │          │   │          │   │          │   │          │
└──────────┘   └──────────┘   └──────────┘   └──────────┘   └──────────┘
```

3.满意度调查作业指引

（1）目的

规范满意度调查、分析的要求及方法,确保满意度调查和分析有效,改进物业服务质量。

（2）适用范围

物业服务中心的满意度调查和分析工作。

（3）职责

物业服务中心经理负责定期组织业主满意度调查,监督执行纠正和预防措施;物业管家负责业主满意度调查的具体实施工作,负责满意度调查表的分发、收集、归类,负责编制调查结果分析报告,提出纠正和预防措施,上报物业服务中心经理,其他部门根据需要协助配合。

（4）程序要点

①满意度调查的频率。物业服务中心每半年组织一次业主对物业服务工作满意程度的调查活动,每年举行业主恳谈会至少一次。

②满意度调查的形式。由物业服务中心向业主发放《满意度调查表》或举行业主恳谈会。

③满意度调查内容。满意度调查内容包括秩序维护服务、道路、交通、停车场管理;环境卫生、垃圾清运服务;绿化消杀服务;供水、供电系统维护、运行服务质量;电梯运行、维护服务质量;日常维修服务质量及服务态度;社区文化活动服务和会所服务;业主投诉或意见的处理、其他意见或建议等。

④发放满意度调查表。物业管家负责发放满意度调查表。

⑤收集满意度调查结果。物业管家负责收集业主填写完毕的《满意度调查表》,并统计调查结果,书面汇报物业服务中心经理,书面报告的内容包括业主满意度调查的总体结果、调查表发放份数、回收份数、总的满意率和分项满意率等,统计结果记于《满意度调查统计表》;业主对物业服务的意见,指引业主在《满意度调查表》"其他意见或建议"栏中填写,并将其登记于《业主意见处理表》中。

⑥物业服务满意程度分析。物业管家汇总分析调查结果,并提出书面的业主满意度调查分析报告,上报物业服务中心经理,分析报告至少包括调查总体结果(统计的总体满意程度、分项满意度)、业主反映的共性问题、对业主反映的共性问题的纠正措施和预防措施。

⑦满意度调查结果整改。收到物业管家的调查分析报告后,物业服务中心经理根据共性问题提出的纠正措施和预防措施,规定完成期限,指定责任人和跟踪验证人,要求各部门整改;物业管家跟踪指定的责任部门和责任人的整改,并将跟踪验证结果向业主做出解释或对业主回访,物业服务中心经理对处理结果及回访工作抽查。

⑧业主一般意见整改。在满意度调查过程中,物业管家将业主提出的一般性意见(个别单独的意见)转给相关部门并提出整改措施,对一些业主的误解意见做出必要解释,并记录

在《业主投诉记录表》中;物业管家跟踪和回访一般性意见整改。

⑨满意度调查结果信息反馈。物业服务中心及时将满意度调查结果及纠正和预防措施向业主通报,可以通过张贴业主满意度调查结果公告或上门走访形式通报,所有反馈形成书面记录。

4.满意度调查策略与技巧

(1)一定要高度重视业主满意度调查

业主满意是一种心理活动,是需求被满足的愉悦感。业主只有满意才有可能持续地使用企业的服务,进而成为忠诚的业主。

(2)满意度调查切忌形式化

很多物业服务企业每年调查业主满意度,但往往为了调查而调查。为了完成公司的任务指标而调查,甚至调查时诱导业主做选择。这样就失去了满意度调查的意义。

(3)条件允许的情况下,建议采用第三方调查

独立于服务提供方物业服务企业及服务接受方业主之外的第三方组织的满意度调查,结果可信度相对较高。不论作为物业服务企业决策参考,还是作为证据,都有重要参考价值,应当成为更多物业服务企业的选择。

(4)充分利用满意度调查结果,将其作为工作改进的指南

满意度调查好比一面镜子,能够折射出业主眼中物业服务企业服务的优点和缺点。因此,物业服务企业可以保持优点,改进不足。物业管家应按月归档、总结业主提出的意见和建议,并对信息逐一归类分析,及时报告主管领导。对业主意见和建议的管理应建立工作档案,及时改进物业服务工作。

5.满意度调查风险识别与控制

风险点	风险影响及后果	预防措施
调查问卷内容存在设计缺陷	调查数据不准确	明确调查目的,确定调查指标,确定调查对象,设计与策划满意度问卷,保证调查问卷设计科学合理
业主参与度不高	不能真正反映实际状况	开展业主满意度调查前,应通过公告栏、微信等通告与宣传满意度调查,让所有业主知晓,提高业主参与度
问卷填写不够严谨	业主质疑调查结果真实性和可信度	1.聘请第三方专业机构,提高满意度调查结果的公信力; 2.对满意度调查结果公示,提出改进方案
结果统计不科学	影响企业决策正确性	培训满意度调查人员专业能力,培训调查问卷发放、回收、统计、分析等方面正确操作能力,提高调查数据的准确性

子任务三　物业档案管理

1.任务导入

(1)认真管理业主信息,关键时刻解围

某住宅小区保安与业主争执。经了解,原来是小区内F座303房的租户陈先生要搬出部分家具,但又没得到业主书面许可。保安不让他将家具搬出,但陈先生称有急事,一定要搬出一部分家具,也联系过业主马先生,但马先生的电话一直关机,所以未拿到书面许可。这时,保安联系了物业管家小张,让小张帮忙联系马先生,小张马上查找《业主信息登记簿》,马先生的电话仍无法接通,于是小张翻查了《业主紧急联系电话一览表》,查到了马太太的紧急联系方式,经过电话与业主沟通,确认了租户搬出家具的合理诉求。陈先生与保安争执的问题迎刃而解。

问:物业管家日常工作中如何管理物业档案?

(2)任务分析

物业档案管理是物业服务管理的基础工作,是衡量物业服务水平高低的标志,也是决定物业服务企业内部运作是否流畅、有效的基本环节。物业管家应具备档案管理知识,学会收集和整理档案资料,具备档案鉴定工作基本知识,对物业档案整理和保存。案例中,陈先生与保安争执的问题迎刃而解,得益于物业管家翻查了《业主紧急联系电话一览表》联系上业主紧急联系人——业主太太。从档案管理的角度,该物业服务企业有较强的档案管理意识,深刻理解物业服务工作档案管理工作动态性特点,将物业档案保存下来,充分发挥了档案的作用,维护了企业自身的合法权益,同时,也能为业主及时解决问题。

2.物业档案管理工作内容与工作流程

(1)物业档案管理工作内容

物业档案管理的内容主要包括物业权属资料、技术资料和查验文件;业主和使用人档案资料、个人资料;物业运营记录、物业维修记录、物业服务记录、物业管理相关合同和企业行政管理资料等的收集、整理、归档、借阅登记、归还记录等。物业档案主要分为文字、图表、声像等,载体为纸媒介和电子媒体等,在必要的情况下,物业管家还须将物业档案转为电子文档。

(2)物业档案管理工作流程

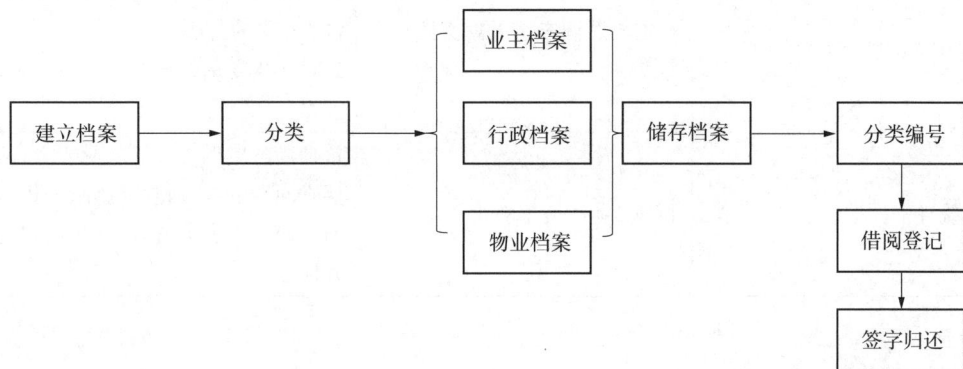

3.物业档案管理作业指引

（1）目的

规范并指导物业服务企业档案资料的建立、管理。

（2）适用范围

物业服务企业物业档案资料和业主资料的建立与管理。

（3）职责

客服主管负责物业服务企业各类档案资料的统一管理。物业管家负责业主资料、物业管理档案资料及其他资料档案建立与管理。

（4）程序要点

①档案接收。接管后,物业服务企业负责接收各类物业原始档案资料与建立、收集并完善各类物业管理档案,包括小区平面图、服务管理制度规范、业主资料、租户信息、各类物业管理常用档案资料。

②登记建档。对档案分类并按类别编制"档案文件清单"。每个月资料整理归档一次。

③档案资料使用。档案仅供物业服务企业员工因工作需要查阅或借出使用,非工作原因或非物业服务企业员工未经物业服务企业经理批准不得查阅或借出档案。无关人员不可查阅、复印业主资料、员工个人资料及其他有保密要求的文件和资料或将其带离档案室,不可传播其内容。

④档案借出。档案借出时,借阅人应登记,填写"文件借阅登记表"并签字。借阅时间不得超过7天,超过7天时,须经物业服务企业经理在"文件借阅登记表"上签字批准。一律不得将储存档案的硬盘、U盘和涉及业主及员工个人的档案资料借出。

⑤档案资料变更。档案变更时,应填写变更"档案文件清单"。

⑥档案资料保存。档案应该收集在档案盒里,整齐摆放在档案柜中,档案资料须分类放置,档案室应保持环境清洁;档案架、档案柜、箱、盒等完好,防止泄密。

⑦档案销毁。无保存价值的档案资料,由物业管家填写《过期文件处理登记表》超过保存期或经鉴定由物业服务企业经理批准后予以销毁。报客服主管审核,监销人应复核销毁内容,销毁档案时,应有两人以上在场。

4.物业档案管理策略与技巧

（1）档案资料保存

温度和湿度适当,配备干燥器、灭火器。资料的保管措施应能达到防止档案损毁、灭失的目的,确保档案内容、信息完整与安全、无泄密等。档案柜应上锁并实施防火、防盗、防潮、防虫、防光、防尘和防鼠等措施,有效保证档案资料安全。

（2）业主资料使用

物业服务中心应充分利用业主资料的信息,致力于提供个性化和差异化的物业管理服务,通常在如下情况将用到其资料:业主需求分析和服务设计定位时、受理和解决业主投诉时、处理突发事件时、策划或组织社区文化活动时、推销配套产品时、业主委员会成立和换届改选时。

（3）业主资料归档和清理

物业管家负责资料收集、整理及档案保管。物业管家应养成注意观察和随时记录的良好习惯,致力于资料不断丰富和完善。资料归档必须采用双轨制,即保存原始资料和计算机录入。每年年底,清理业主资料一次,剔除无用和多余的资料,将存留的资料分类后装订成册,同时录入计算机。业主资料不得外借。在调用过程中不得随意涂改业主资料,不得遗失或损坏,业主隐私不得向外人泄露。

5.物业档案管理风险识别与控制

风险点	风险影响及后果	预防措施
物业管家或其他员工出售业主信息,提供业主信息给房产中介、社区电商、装修公司等	1.员工泄露企业机密; 2.侵犯业主隐私权; 3.承担刑事责任	1.要提高物业服务企业及物业管家、全体员工的档案管理意识,尤其是保密意识和法律意识; 2.要制订合理规范的档案管理制度,规范作业程序,明确落实责任人,杜绝档案管理混乱、职责不清等情况
档案收集、整理、移交、借阅和销毁等档案管理环节作业程序不健全、不规范,管理职责不明确,档案缺失等	司法诉讼中,因档案缺失而举证不能,导致诉讼败诉、经济赔偿	1.要严格执行物业档案的保存、利用、借阅流程与规定,防止档案信息流失、泄露; 2.加强培训,提高全员档案意识,提高对档案司法举证作用的认识,形成日常工作中留存证据归档的工作习惯;加强档案管理人员专业知识培训,提高档案管理的专业技能,实现档案管理的专业化; 3.加强物业档案规范化管理,制定切实可行的档案管理办法,明确物业档案的内容和标准;管理服务过程要重视记录并留存;档案收集、整理阶段要保证资料收集齐全、完整、全面;规范档案保管、借阅、移交和销毁等作业程序,明确责任人; 4.要注重推进物业档案信息化管理,利用计算机存储物业档案信息,保证档案寿命,方便查找和节省时间
借阅物业档案不履行规定程序和规则,随意复制和转借	1.物业档案损坏、丢失或信息泄露; 2.引发使用纠纷甚至经济赔偿	1.制订严格的物业档案利用制度,明确物业档案借阅、利用的流程、规则和办法,明确档案使用人使用规定、责任承担等; 2.建立物业档案公开查阅制度,尊重业主知情权,满足内部物业管理需要

【学习目标检测】

一、思考题

1.简述欠费催缴策略与技巧。

2.简述挪用住宅专项维修资金的法律后果。

课程资源

3.简述业主资料归档和清理的内容。

二、单项选择题

1.在调用过程中,不得随意涂改业主资料,不得遗失或损坏,不得(   )业主隐私。

    A.复制　　　　　　　B.议论　　　　　　　C.对外泄露　　　　　　D.转发

2.一般维修情况下在接到报修后,物业管家与业主取得联系,约定上门勘查以及维修时间,并制定(   )。

    A.费用预算　　　　　B.维修方案　　　　　C.工作计划　　　　　　D.维修标准

3.新买房屋漏水属于房屋质量问题,如果在保修期内,责任在(   )。

    A.业主　　　　　　　B.物业服务企业　　　C.施工单位　　　　　　D.开发商

4.物业管家应在规定期限内,将催交通知单送交业主手中,并让接收人在回执上(   )。

    A.盖章　　　　　　　B.签收　　　　　　　C.留言　　　　　　　　D.反馈

5.物业服务人(   )采取停止供电、供水、供热、供燃气等方式催交物业费。

    A.可以　　　　　　　B.应当　　　　　　　C.不得　　　　　　　　D.经授权可以

三、多项选择题

1.物业管理服务收费,包括(   )等。

    A.物业管理综合服务费　　　　　　　B.停车管理费

    C.装修管理服务费　　　　　　　　　D.代收代付性收费

    E.专项或特约服务费

2.报修服务风险点包括(   )。

    A.接待人员遗漏派工　　　　　　　　B.维修不及时

    C.维修质量不合格　　　　　　　　　D.维修物品种类多

    E.维修费用争议

3.物业档案应上锁并实施(   )等措施,有效保证物业档案的安全。

    A.防火、防盗　　　　　　　　　　　B.防潮、防虫

    C.防光、防尘　　　　　　　　　　　D.防鼠

    E.防寒

4.住宅专项维修资金使用包括(   )。

    A.可使用住宅专项维修资金的情形　　B.上级部门的规定

    C.使用住宅专项维修资金的程序　　　D.使用住宅专项维修资金表决要求

    E.业主账户余额情况

5.物业日常巡查工作内容有(   )。

    A.安保巡查、治安巡查　　　　　　　B.楼层巡查、装修巡查

    C.停车场巡查、广场外围巡查　　　　D.商户促销活动巡查、宣传水牌巡查

    E.设备实施运作情况巡查、绿化巡查、清洁巡查

【养成性技能训练】

案例分析

案情:近日在办理入住手续时,汪先生遇到了一件很不舒心的事:物业服务工作人员要求汪先生先一次性交纳一年的物业管理费,否则不给其办理入住手续。汪先生对此提出了几点疑问:一是凭什么房子还没有验收,就让交物业管理费? 二是这家由开发商指定的物业公司是开发商为这个项目专门新设立的,此前没有任何物业服务经验和业绩,而物业管理不同于商品买卖,是一种延续性的服务,一次性缴纳一年的物业管理费,意味着至少在一年内,自己对这家物业公司的服务无论满意与否,都没有任何制约力了。

问:1.业主应该先接收房屋,还是先交物业管理费?

2.物业公司要求预付物业管理费合理吗?

项目六

投诉处理

【知识目标】

    1.通过学习,掌握投诉处理的基本要求。

    2.了解投诉接待、投诉受理、投诉核实调查、投诉处理、投诉反馈、投诉回访工作内容、工作流程和作业指引。

    3.掌握投诉接待、投诉受理、投诉核实调查、投诉处理、投诉反馈、投诉回访策略与技巧。

    4.学会投诉接待、投诉受理、投诉核实调查、投诉处理、投诉反馈、投诉回访风险识别与控制。

【能力目标】

    1.能够为业主提供物业投诉接待服务、处理日常业主投诉问题。

    2.能够与业主沟通,了解业主需求。

    3.能够按照规定程序处理业主投诉。

【思政目标】

    1.具备良好的心理素质,掌握业主投诉处理的技巧和方法。

    2.树立物业管家良好形象和行为规范。

    3.培养物业管家精益求精的责任心。

    4.具备良好的管理能力和熟练完成工作的能力。

【知识储备】

    结合业主提供服务,并针对业主的投诉要点制订解决方案,这就要求物业管家熟悉物业的各种信息,掌握业主投诉服务的流程,掌握一定的计算机操作知识、语言沟通技巧、物业服务的法律法规、物业管理政策、心理学相关理论知识,掌握业主接待处理、业主沟通、投诉处理的方法与技巧,提升企业形象。"业主至上,专业服务"是所有物业服务企业的服务宗旨。要使业主满意,物业管家除了提供优质高效的服务外,还要正确处理业主的投诉。投诉处理集心理学、社交技巧于一体,并体现物业管家道德修养、业务水平、工作能力等综合素养,是一项给投诉者所提问题予以妥善解决或圆满解答的工作。

【知识帮助】

1.业主投诉

业主因对物业服务企业的服务需求等方面不满而通过各种方式向有关部门反映的行为,称为投诉。业主投诉的方式包括来电、来访、来函、网络投诉、其他(如登报)等。业主交物业费购买产品和服务,对产品及其服务过程抱有期望,如果在具体的服务过程中期望与现实落差较大的话,业主心理就会失去平衡,业主投诉由此而产生。

2.有效投诉

依据投诉的内容和问题的性质,确定是物业服务企业由于失误、失职、违法、违纪等行为而导致的投诉称为有效投诉。如物业管家不礼貌、语言不规范、文明程度不符合要求导致的投诉;物业管家不熟悉工作标准,不符合岗位要求,服务不及时、不准时导致的投诉;公共设施设备、维修器材工具管理不善,影响业主正常生活、工作导致的投诉;物业管家所选用的维修材料、配件产品质量不合格,影响了服务效果导致的投诉;所辖区域管理不善,致使业主的正常生活、工作秩序、周围环境、安全保障受到影响产生的投诉;房屋质量问题影响业主正常居住引发的投诉。

3.无效投诉

无效投诉指对物业服务企业工作误解而造成的投诉。如投诉人不了解物业行业标准、不了解公司相关管理规定而产生的投诉;投诉人依据不充分,凭主观判断,未了解事情起因、经过而产生的投诉;必须由政府或其他部门来解决、与物业服务企业的经营管理服务没有直接关系的投诉。

任务一 投诉接待

1.任务导入

(1)物业管家小王的日常

一天,业主张先生来到××物业服务中心,气冲冲地说道:"你们的电梯困了我很多次了,我们单元楼内时常有电梯困人事件发生,今天你们必须给我个说法!"物业管家小王微笑着请张先生在对面座位就座,并倒了杯水放在张先生面前,说:"您请喝水。"然后耐心地向张先生了解事情的原委,并认真做记录。在小王与张先生沟通时,服务中心门外来了一位女士,小王立即对张先生说:"对不起,您请稍等。"小王起身迎客,在获知来人黎女士投诉他们家的被子被楼上业主淋湿后,物业管家小王为了不耽误两位业主的时间,在请两位业主稍等片刻的同时,立即向物业服务中心主管说明情况并请求帮助接待。小王返回接待台,对黎女士说:"实在不好意思,我现在正在接待张先生,我请服务中心主管和您谈好吗?"黎女士欣然接受,小王随即引导其来到主管座位前,请其入座后,物业管家小王回到接待台继续了解张先生情况。

问:物业管家接待工作重要吗?物业管家如何接待?

（2）任务分析

投诉接待是处理业主投诉的第一个环节，直接影响业主的服务体验，并对后续的投诉受理、处理、反馈起着导向作用。在投诉接待时，物业管家须具备专业的接待礼仪，熟悉接待工作流程，掌握基本的投诉处理能力，具备较强的沟通协调能力；能耐心接待业主，根据不同业主的性格特质沟通，做到有问必答，指引清晰；熟练撰写《业主投诉意见表》，准确对业主的投诉分类，对于职权范围内的投诉及时快速解决，对于超出职权范围内的投诉及时上报。

2.投诉接待工作内容与工作流程

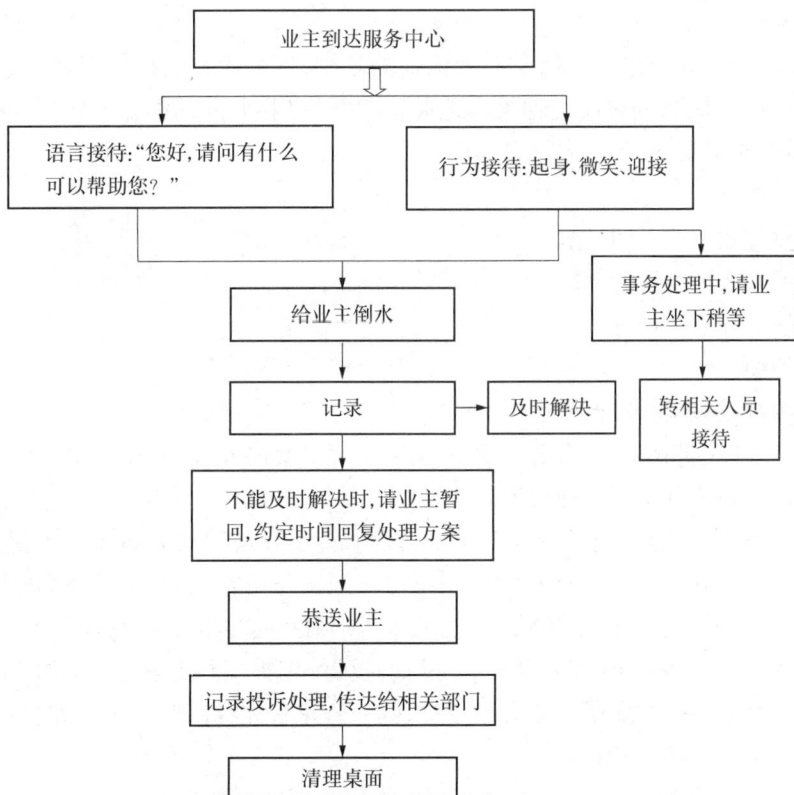

（1）投诉接待工作内容

投诉接待服务指在接待业主投诉、意见、建议过程时物业管家作业程序和礼仪规范。凡业主对物业服务方面的投诉，不论采取何种投诉方式，如现场、电话、信函、传真、网络等，统一由物业服务中心集中登记、组织处理。在接待业主投诉时，物业管家要营造亲切轻松的氛围，以缓解业主的紧张心情，注意听取业主的怨言，把业主投诉的重要信息详细记录下来。接待重大投诉和蛮横无理的业主时，要及时将情况上报。在权限范围内能解决时，尽量在现场把问题解决。当不能马上解决时，应向业主说明解决问题的具体流程和时间表。

（2）投诉接待工作流程

```
          ┌─────────────────────┐
          │   业主到达服务中心    │
          └─────────────────────┘
                    ⇩
      ┌──────────────────┐   ┌──────────────────┐
      │语言接待："您好,请问 │   │行为接待:起身、微笑、│
      │有什么可以帮助您？" │   │迎接              │
      └──────────────────┘   └──────────────────┘
                                      │
                              ┌──────────────────┐
                              │事务处理中,请业主  │
                              │坐下稍等          │
                              └──────────────────┘
      ┌──────────────┐
      │  给业主倒水   │
      └──────────────┘
            │
      ┌──────────┐   ┌──────────┐   ┌──────────┐
      │  记录    │──▶│及时解决  │   │转相关人员│
      └──────────┘   └──────────┘   │接待      │
            │                        └──────────┘
      ┌────────────────────────┐
      │不能及时解决时,请业主暂   │
      │回,约定时间回复处理方案   │
      └────────────────────────┘
            │
      ┌──────────────┐
      │  恭送业主     │
      └──────────────┘
            │
      ┌────────────────────────┐
      │记录投诉处理,传达给相关部门│
      └────────────────────────┘
            │
      ┌──────────────┐
      │  清理桌面     │
      └──────────────┘
```

3.投诉接待作业指引

（1）目的

加强业主沟通,确保业主投诉得到及时、有效处理,提高业主对物业服务中心服务的满意度。

（2）适用范围

物业管家投诉接待工作。

（3）职责

物业管家负责接待业主投诉,认真记录业主投诉内容,必要时上报领导请求协助处理。

（4）程序要点

1）业主现场投诉接待

第一,看见业主踏入物业服务中心大门时,须起身站立,面带微笑,与对方目光交流,主动与业主打招呼,询问:"您好,请问有什么能帮您?"

第二,当业主前来投诉时,物业管家应当代表公司对他们的投诉表示欢迎和感谢;请其入座,物业管家待业主坐下后坐下,业主如果站着,原则上应站着与其交谈,须记录、操作时可坐下。当须同时接待多位业主时,物业管家应及时联系支援人员(在外巡视的物业管家、物业服务中心主管甚至项目经理),不应让业主等候时间过长。业主接待过程中,物业管家的语言、举止应大方得体,按《员工行为规范》相关规定执行。业主坐下后给业主倒杯水,让业主感受到温暖。

第三,耐心聆听并记录。聆听是有效沟通的基础,不管业主的投诉事项大小,物业管家都要用真诚、友好、谦和的态度全神贯注地聆听。并在《业主投诉意见表》中详细记录,记录时,注意不能埋头记录,要与业主有目光交流。

记录内容如下:

①投诉事件发生的时间、地点。

②被投诉人或被投诉的部门。

③投诉事件发生的经过。

④业主的要求。

⑤业主的联系方式、方法。

第四,确定业主讲述完毕,复述记录的业主投诉主要内容,以确保记录无误。并界定投诉类型和级别。一般有以下几种投诉。

按投诉类型划分,业主投诉分为不属于物业服务不合格的投诉和属于物业服务不合格的投诉。不属于物业服务不合格投诉一般指房产开发公司、相邻业主等外部原因引起的或者业主的错误认识引起的不满和抱怨。物业服务瑕疵引起的投诉为物业服务不合格投诉。对于物业管家不能判断的不属于服务不合格的投诉,应提交物业服务中心主管评审确认。如果最终判定其不属于物业服务不合格投诉,物业管家首先应向业主表示歉意和同情,在有礼有节的前提下,讲明道理和情况。

对于属于物业服务不合格投诉,物业管家能够立即解释处理时,须立即答复处理;超过权限且不能立即处理时,上报领导,物业服务中心主管或物业服务中心经理亲自组织人员处理,并向业主致歉并安抚。

按投诉级别划分,投诉分为重大投诉、重要投诉和一般投诉。

①重大投诉。物业服务企业承诺或合同规定提供的服务没实施或实施明显不到位,业主多次提出而问题得不到解决的投诉;物业服务企业导致业主遭受重大经济损失或人身伤害的投诉;有效投诉在一个月内得不到合理解决的投诉。

②重要投诉。指因物业服务中心的管理服务工作不到位、有过失而引起的投诉。

③一般投诉。指因小区物业的设施设备和管理不到位,从而给业主的生活、工作带来了轻微不便,而非人为因素造成的,问题可以通过改进、协调而较易解决或改进的投诉。

第五,根据业主投诉内容分析原因并给出答复时间。对于常规业务的投诉,如过户迁入、装修办理、缴纳费用、业主报修、放行手续等物业管家职权范围内的投诉,物业管家应耐心为业主分析问题产生的原因,能解决时及时解决,并争取业主谅解;对于超过物业管家职权范围或者不能解决的投诉,上报物业服务中心主管,并向业主说明解决问题的流程和时间表。对于重大投诉,经物业服务中心主管当天转呈,公司总经理或物业服务企业经理进入处置程序。对于重要投诉,接待后1小时内转呈主管、经理处置;对于一般投诉,不超过2天或在业主要求的期限内解决,对于没有把握的问题不能轻易表态。

第六,恭送业主,对业主表示感谢,感谢业主对物业服务提出的建议。

2)来电投诉

主要针对物业服务中心来电,当与业主电话沟通时,物业管家虽然看不到业主,同样要求物业管家在接待过程中认真对待,积极倾听,及时反馈,消除业主对我们工作的误解,重新与业主建立融洽信任的关系。

第一,电话铃响三声内接听,使用规范的礼貌用语。

第二,接听电话时,要求声音温和、语气平和、普通话标准,物业管家的情绪避免受业主影响。同时,要以高涨的热情感染电话线另一端的业主,尽量使业主认可。

第三,在业主沟通过程中,物业管家耐心倾听业主投诉情况,不轻易打断业主,并用语气词表达共情,如"嗯""是的""我明白""我理解""哦"。听的过程中,要适当提问,以此鼓励业主继续说,并向业主传递自己认真倾听的态度,如"然后呢?""接着呢?""后来呢?"适当给出一点自己的观点,表明自己和业主共情,如"原来事情是这样的,所以您才会来电。"在沟通过程中,认真记录业主投诉的内容至《业主投诉意见表》中。

第四,对于业主不清楚、不理解的问题,首先向业主说明实际情况,争取谅解,以免造成误解。业主的投诉可能有理,也可能无理,但是均须向业主解释说明,解释说明时须中立客观,不要指责任何一方,要尽量让业主感觉到是被保护的。

第五,与情绪不佳的业主打交道时,物业管家千万要避免与业主争吵或争辩,不要让业主对公司或个人产生抵触,造成服务上移。

第六,对于因管理责任造成的投诉,首先向业主致歉,并表示尽快整改。如对于超出职权范围且无法处理的投诉,要向业主致歉并说明尽快安排直接上级或相关人员与其沟通并征询业主意见。

第七,获同意后,将电话转交给物业服务中心主管。

第八,在沟通过程中,物业服务中心主管对于上述要求,尽量给予合理的解答。

3)信函投诉

信函投诉主要内容如下。

第一,收到业主投诉信函之后,物业管家如果能够马上处理,应该及时回信;如果不能马上处理,应该立即向业主发出信函,表示来信已收到,目前正在处理中,等有处理结果后与投诉的业主沟通。

第二,在回复投诉的业主信函时,要慎重。一方面,应该注意信函的措辞,要实事求是,有一说一,并且留有余地;另一方面,回复信函不能以个人的名义,一定要经过上级领导批准,以企业的名义回复,而且一定要加盖公章。

第三,为了防止不必要的纠纷,回复信函要复印留底,入档保存。

4)网络投诉

第一,作为受理投诉的物业管家,应该及时通过网络答复投诉业主。这一点非常重要,不仅表现出对投诉业主尊重,更体现出物业服务企业认真处理的态度。

第二,向业主反馈信息的方式有很多,既可以通过互联网,也可以通过电话或者信函与业主进一步沟通,特别是对于重大业主投诉,强调这种反馈性是非常必要的,这也是ISO 10002标准所提出的基本要求。

第三,对于网络业主投诉,须做到保密,防止业主隐私泄露。

4.投诉接待策略与技巧

(1)要微笑面对投诉人,耐心聆听投诉人倾诉

聆听是有效沟通的基础,不管业主的投诉事项大小,都要用真诚、友好、谦和的态度全神贯注地聆听对方的意见,不要打断对方,不要急于辩解或反驳,更不要产生不耐烦或恼怒等对抗情绪,否则会更加激怒他们。不可有目光游移、打哈欠、看表等肢体语言,应与投诉人保持眼神交流,并适时地点头表明在认真聆听。这样,投诉人情绪也能相应缓和。

(2)适当地对投诉的业主表示同情和理解

当业主前来投诉时,物业管家应当代表物业服务企业对他们的投诉表示欢迎和感谢;并以同情的态度,就投诉的事项,向他们表示歉意。对业主表示同情,会使他们感到你和他站在一起,从而减少对抗情绪,有利于问题解决。例如,说:“我很理解您的心情,要是我摊上这事,可能更气愤。”在不违反原则的情况下,谦虚地接受批评。当投诉人已经提出物业服务的不足之处,且坚持己见,物业管家可适当谦虚地接受对方的批评意见,让投诉人心情变得舒畅一些,心态逐渐平和下来,以便切入主题而不致招投诉人反感。

(3)注意场合和物业管家接待人数

中国人面子观念特别重,物业管家一定要注意接待投诉的场合。如在小区内遇到业主投诉,应设法将业主引向办公室,最好引向单间,无关人员越少越好,因为公共区域人多,影响大,一旦争执起来,容易造成围观,不但不利于解决问题,反而极易发展成对物业服务企业的“诉苦会”和“声讨会”。另外,业主投诉,尽量只有一个处理人员为宜,不要物管人员七嘴八舌,甚至群起而攻之,给业主造成物业管家人多势众的感觉,以至于产生十分强烈的反感

和抵触情绪。特别是领导出面后，其他人员要及时离开，不要当面对质，因为作为一个物业管家，一定要明白投诉场所不是法庭，没有必要争输赢。实践证明，物业管家与投诉业主争论，最后即使"赢"了，最多是赢了道理输了感情，而输了感情的代价恰恰是任何物业服务企业都不愿付出的。

（4）让投诉人获得受重视的感觉

在听完业主投诉的具体事项后，物业管家不要急于回应，要做短暂思考，这样可使投诉人感觉到物业管家对问题重视及审慎。同时，物业管家还要准确应用相关法律和专业知识来解决投诉问题，如，在陈述相关文件规定时要具体、明确。例如，依据《××市物业管理条例》第×条第×款之规定。

5.投诉接待风险识别与控制

风险点	风险影响及后果	预防措施
接待不及时，业主等候时间长	1.加深业主不满； 2.影响业主对接待服务的评价，损坏公司形象	1.加强对物业管家投诉接待工作流程、工作标准、工作制度、文明礼仪等方面培训； 2.设置物业管家接待满意度考核，接待完毕后，业主即对物业管家评价
接待时，聆听不认真，记录不全	1.记录不全，不能准确掌握业主诉求的痛点； 2.后续处理程序失误，资源浪费和业主不满	1.组织开展物业管家沟通、记录方面培训和技能竞赛，提升沟通和记录质量； 2.对业主常见的投诉建立相应的管理制度，并作为管理案例分享，帮助物业管家把握常见的业主投诉，便于工作开展

任务二　投诉受理

1.任务导入

（1）物业服务企业的投诉受理

业主李先生致电物业服务中心反映，户内可视对讲机因无声音需要维修，物业服务中心物业管家答复其安排工程人员上门处理，但当日无人上门，也无人电话回复。一周后双休日，李先生再次致电物业服务中心，物业管家小张回复须厂家上门维修并告知将于本周日上门。但仍无任何人上门，物业管家无解释。于是，周一，李先生怒气冲冲地来到物业服务中心，喊着要投诉，要找公司领导。

事情发生后，物业服务中心物业管家小宁接待了李先生，耐心了解事情原委，界定该投诉为一般投诉，并致电厂家，了解到周日厂家由于缺少零部件所以才没有上门处理，物业服务中心没有及时反馈,确实存在工作失误,并向李先生道歉。李先生家的可视对讲须施工单位前来维修调配,物业管家小宁经与李先生沟通,与施工单位约定在其到现场维修调试的前一天与李先生预约,确认维修事宜,最终完成该项维修。

问:在投诉处理过程中,投诉受理在整个投诉处理过程中起着承上启下作用,那么对物业管家来说,如何受理投诉工作呢?

(2)任务分析

投诉受理是在投诉接待的基础上进一步对业主投诉的事项分析、界定,为下一步投诉核实调查奠定基础。投诉受理阶段,物业管家须熟悉投诉的类型,清晰地认识投诉中的重大投诉、重要投诉、一般投诉,掌握属于物业服务不合格投诉和不属于物业服务不合格投诉的受理流程,为下一步工作顺利开展奠定基础。

2.投诉受理工作内容与工作流程

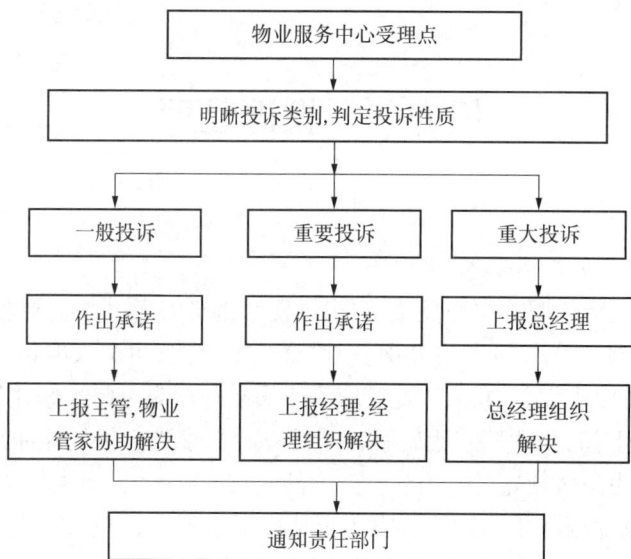

(1)投诉受理工作内容

物业管家须根据业主投诉的内容分类,依据不同类型的投诉采取不同受理措施。

①受理不属于物业服务的投诉。物业管家应及时将投诉内容告知相关部门,并跟进。对开发商导致的投诉,物业管家要及时联系开发商处理,物业管家应及时跟进投诉处理结果。对外部环境、非管辖范围内公共配套设施等引起的投诉,物业管家应及时与有关部门协商解决。

②受理属于物业服务的投诉。应与上级主管一起判定投诉的内容和严重程度,确定责任部门。

③及时将业主投诉录入物业管理业主服务系统,并告知业主处理的时限和处理流程。

④物业管家根据投诉内容,10分钟内将《业主投诉意见表》和《协调单》发送到被投诉部门,派发和签领任务。

(2)投诉受理工作流程

```
                ┌─────────────────────────┐
                │    物业服务中心受理点      │
                └─────────────────────────┘
                            │
                ┌─────────────────────────┐
                │ 明晰投诉类别,判定投诉性质  │
                └─────────────────────────┘
                  │          │          │
            ┌─────────┐ ┌─────────┐ ┌─────────┐
            │ 一般投诉 │ │ 重要投诉 │ │ 重大投诉 │
            └─────────┘ └─────────┘ └─────────┘
                  │          │          │
            ┌─────────┐ ┌─────────┐ ┌─────────┐
            │ 作出承诺 │ │ 作出承诺 │ │ 上报总经理│
            └─────────┘ └─────────┘ └─────────┘
                  │          │          │
            ┌─────────┐ ┌─────────┐ ┌─────────┐
            │上报主管,物业│ │上报经理,经││总经理组织 │
            │管家协助解决│ │理组织解决 ││  解决    │
            └─────────┘ └─────────┘ └─────────┘
                  │          │          │
                ┌─────────────────────────┐
                │      通知责任部门          │
                └─────────────────────────┘
```

3.投诉受理作业指引

（1）目的

规范投诉受理工作，确保业主的各类投诉能及时、合理地得到受理并解决。

（2）适用范围

物业管家投诉受理工作。

（3）职责

物业管家要清晰界定投诉类别，判定投诉性质，并根据不同类型的投诉相应地受理、上报。

（4）程序要点

①投诉界定。在物业管家职权范围内能界定时，物业管家直接界定；超出物业管家职权范围时，将投诉上报物业服务中心主管界定投诉类型。界定是对政府部门和公共事业单位的投诉、对小区内其他业主的投诉、对开发商的投诉，还是对物业服务企业的投诉。然后判定物业投诉是否合理，如投诉不合理，应该迅速答复业主，婉转说明理由或情况，真诚求得业主理解。如属合理有效的物业服务投诉，一定要站在"平等、公正、合理、互谅"立场上提出意见，满足业主的合理要求。

②及时告知业主投诉处理时间和流程。设置时限是非常必要的硬约束，能确保各部门都及时履行自己的职责，保证整个投诉处理过程高效、可预期。设置投诉处理时限时，要注意区分答复时限和处理时限。能在第一时间与业主联系是非常有益于投诉处理的。但是，在与业主联系前，应当对问题有一定了解，使业主获得一些实质性的东西，比如，我们准备怎么处理，预计下一次联系会带给业主什么，等等。

③根据投诉的类型商定责任单位和部门，协调、沟通非物业服务不合格的投诉与相关部门。受理物业服务不合格的投诉时，将《业主投诉意见表》和《协调单》转至物业服务企业相关责任部门处理。

对政府部门和公共事业单位的投诉处理。凡市政设施如水、电、气、道路、邮电、通信等所引起的业主投诉，物业管家应努力解释，并准确地将相关内容反馈给相应责任部门，加强与责任部门沟通，与责任部门一道寻求解决方案和解决期限，与市政有关部门一道尽早为业主排忧解难。

对房地产开发商的投诉处理。对开发建设遗留问题的投诉，如开发商擅自更改规划、不按标准建设配套设施、质量不合格、销售面积缩水等，物业管家要热心受理，不能懈怠，及时与房地产开发商联系，弄清楚投诉的原因与问题，并告知业主处理时间。对处于集中维修阶段的问题，协助开发商立马解决；对在集中维修阶段外的问题，向业主说明原因，争取理解。

对其他业主的投诉处理。物业管家要秉持"邻里和谐"原则，分析业主投诉的事项，在不违反法律法规的前提下，尽最大努力劝解；劝解不了时，及时报告上级并联系社区协调。

对属于物业服务企业服务不合格的投诉处理。如果属有效投诉，应与上级主管一起判定物业服务不合格、不符合程度，确定责任部门处理。

对服务一般不合格、不符合投诉。物业管家应将投诉登记表发给相关责任部门，相关责任部门责任人签收,并限期处理。

对服务严重不合格、不符合投诉。物业管家应将《协调单》报至项目经理、技术部,并向企业领导汇报。领导或人事行政部分析不符合原因,制定纠正措施,限期处理。

4.投诉受理策略与技巧

(1)业主期待解决问题时,尽快处理落实

如果业主期待问题能尽快解决,这意味着业主心理尚没有达到信任危机状态,只要相关部门密切配合,在业主可以容忍的时限内解决问题,那么业主的满意度和忠诚度就不会受到影响。所以,把握住"业主期待问题尽快解决"心理后,应该马上行动。

(2)业主渴望获得尊重时,表示歉意和感谢

业主总希望自己的投诉是对的,是有道理的,他们最希望得到的是同情、尊重和重视。物业管家应及时向其表示歉意,承诺进一步调查。感谢业主的建议和支持,是化解业主因为自尊心理受损导致不满的有效途径。

(3)业主希望得到补偿时,及时判断受理

一般来说,无法得到补偿时,业主希望得到适当补偿的心理越急切,,投诉升级的可能性就越高。投诉升级后,业主满意和忠诚度都会严重下降,而且业主离开的可能性也极大。因此,在设计服务补偿系统时,物业服务企业应当给予一线物业管家适当的授权。投诉在授权范围内时,物业管家及时处理和疏导,投诉超过授权范围时,为物业管家设立快速传递信息的渠道,让有权处理者及时掌握业主要求并及时处理。

(4)业主希望情绪得到发泄时,摆正心态耐心安抚

面对抱怨、发泄型投诉时,对待的心态十分重要。在处置抱怨、投诉时,物业管家应从有效解决问题的角度来分析问题,排除阻碍,与业主达成共识,取得业主谅解。因此,如果用积极乐观的心态看待业主所要的理想结果,解决投诉的过程就会顺畅得多。

5.投诉受理风险识别与控制

风险点	风险影响及后果	预防措施
对重大投诉和一般投诉认识不清晰,忽视重大投诉及时上报	导致投诉升级,物业服务企业形象受损	1.加强物业管家重大投诉培训,仔细分析重大事故案例,提升物业管家风险意识; 2.加强物业管家绩效考核,将重大投诉处理纳入考核内容
对超出物业管家处理权限的投诉,未能积极主动沟通、跟进,耽误答复业主的时间	超过承诺时间仍不回复,业主不满意,造成公司不守信用的负面影响	1.加强物业管家职业素养和投诉处理技能培训; 2加强对物业管家投诉受理工作流程和工作标准的培训

任务三　投诉核实调查

1.任务导入

（1）投诉核实调查

一天，业主张伯怒气冲冲地到物业服务中心，投诉其居住楼栋旁边的绿地被一些业主种植了香椿和葡萄，绿地变成了杂树林，这些占地的业主得到了实惠，每年有所收获，但却占用了广大业主的绿化用地。管家小宁热情、耐心地接待了张伯，承诺在核实、调查后给其回复，并送走了张伯。张伯前脚刚走，小宁就给绿化主管打电话，说明张伯投诉的原委，并和绿化主管一同前去张伯居住的楼栋旁核实。经核实，小宁发现该楼栋旁边确实种植了很多香椿和葡萄，并且占用绿地面积还不小。管家小宁和绿化主管随即对该栋业主随访，发现很多业主平时比较忙并不知道这件事，一些业主觉得种香椿和葡萄也无伤大雅，但并没有人承认种植了香椿和葡萄。在调查完毕后，管家小宁将该投诉及核实情况上报，并告知张伯处理时间和流程。

问：物业管家该如何配合业主投诉核实调查呢？

（2）任务分析

业主投诉核实调查是处理业主投诉的重要环节，关系着后续投诉处理结果。在接待业主投诉后，物业管家、物业服务中心主管根据投诉内容责成相关部门的负责人展开调查工作。受理一切投诉时，必须立即核实，掌握事情的全过程，为正确处理投诉做铺垫。

2.投诉核实调查工作内容与工作流程

（1）投诉核实调查工作内容

投诉核实调查主要是查明问题真相、确定责任人，为投诉业主提出问题解决方案。

第一，在正式核实调查之前，与相关部门就业主投诉的内容及类型确定核实调查的形式和部门，如实地走访、现场调查、业主访谈、专业鉴定等。

第二，组织、协调责任部门开展投诉核实调查，根据核实调查确定业主投诉属于有效投诉还是无效投诉。属无效投诉且能现场处理时，应立即处理；不能处理时，可跟业主另约时间，请示上级主管后给予回复。

第三，属于有效投诉时，物业管家应协调责任部门在三天内深入分析原因，根据需要填写《业主投诉处理单》报告。

第四，根据问题的原因，物业管家要全面掌握问题损失的严重程度，明晰问题责任人是物业、房地产开发商、其他业主还是其他第三方。

第五，在权限内能处理时立即处理，不能处理时由调查部门根据不同责任人和损失程度给出相应解决方案。物业管家要及时将经部门负责人与公司领导认可的解决方案与投诉业主沟通，征求投诉业主意见。投诉业主如对解决方案不满意，及时上报不满意情况，跟进方案的整改进度。

第六，在整改方案的过程中，物业管家要跟踪、反馈，以确定业主满意的最终解决方案。

（2）投诉核实调查工作流程

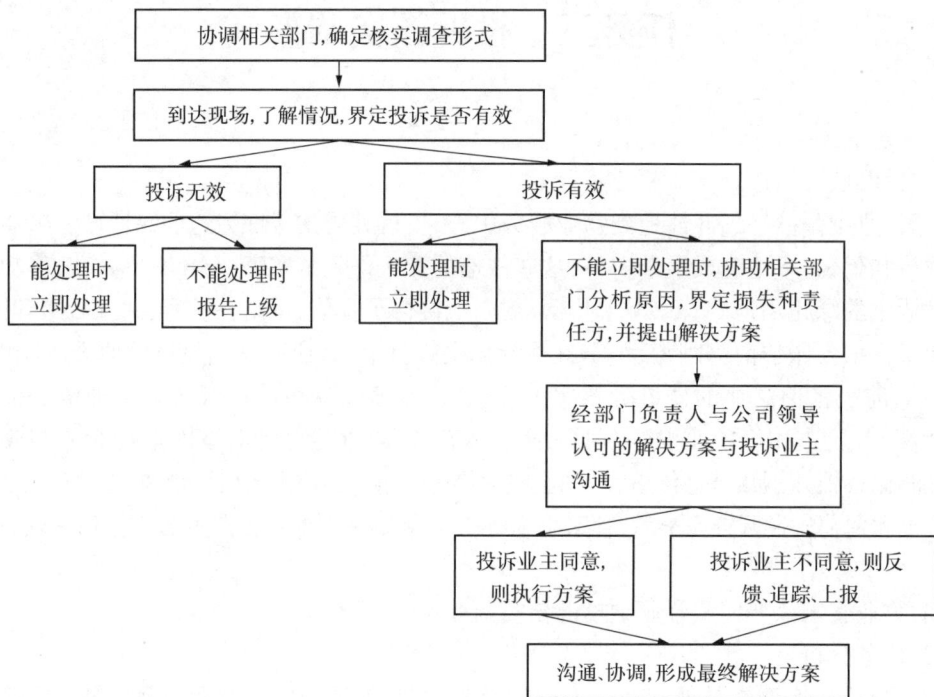

```
          ┌─────────────────────────┐
          │ 协调相关部门,确定核实调查形式 │
          └─────────────────────────┘
                     │
          ┌─────────────────────────┐
          │ 到达现场,了解情况,界定投诉是否有效 │
          └─────────────────────────┘
            │                    │
    ┌──────────┐           ┌──────────┐
    │  投诉无效  │           │  投诉有效  │
    └──────────┘           └──────────┘
      │       │             │              │
 ┌────────┐┌────────┐  ┌────────┐  ┌──────────────────┐
 │能处理时 ││不能处理时│  │能处理时 │  │不能立即处理时,协助相关部│
 │立即处理 ││报告上级 │  │立即处理 │  │门分析原因,界定损失和责 │
 └────────┘└────────┘  └────────┘  │任方,并提出解决方案    │
                                    └──────────────────┘
                                          │
                                  ┌──────────────────┐
                                  │经部门负责人与公司领导 │
                                  │认可的解决方案与投诉业主 │
                                  │沟通               │
                                  └──────────────────┘
                                     │            │
                              ┌──────────┐ ┌──────────────┐
                              │投诉业主同意, │ │投诉业主不同意,则反│
                              │则执行方案   │ │馈、追踪、上报    │
                              └──────────┘ └──────────────┘
                                     │            │
                                  ┌──────────────────┐
                                  │沟通、协调,形成最终解决方案 │
                                  └──────────────────┘
```

3.投诉核实调查作业指引

（1）目的

妥善处理业主的投诉,核实投诉情况,提升业主对物业服务的满意度,树立良好的企业形象。

（2）适用范围

物业管家投诉核实调查工作。

（3）职责

物业管家协助责任部门核实调查业主投诉,及时掌握业主投诉问题的原因、损失、责任人,并就处理方案与投诉业主沟通、协商,及时改进投诉核实调查工作。

（4）程序要点

①联系相关部门,核实、调查投诉问题。将《业主投诉意见表》中相关内容、与业主沟通的具体过程、业主的性格特征告知核实调查部门,如,"××您好,物业服务中心接到一则投诉,需要××部门协助核实,按照业主投诉管理规定,我已经承诺投诉业主××小时内回复,现跟您约××日××点去核实调查,您能安排吗?"

②经过核实调查,界定为无效投诉时,向业主解释说明。业主不能接受时,上报领导。

③根据核实,掌握业主投诉问题的原因、损失程度及责任人。在工作权限内,当场能处理时,立即处理;不能当场处理时,将责任部门出具的经部门负责人与公司领导认可的解决方案耐心告知投诉业主,并征求其意见。

④业主不能接受处理方案时,要问清楚原因,并将原因反馈至相关部门和上级领导。与业主及时沟通,确定投诉处理方案。

4.投诉核实调查策略与技巧

(1)熟练掌握物业服务专业知识及相关法律法规

物业管家须掌握物业管理的法律法规,如《民法典》《物业管理条例》《物业服务收费管理办法》《住宅专项维修资金管理办法》等,物业管家要学习并灵活运用这些法律法规。

(2)懂得适度拒绝

在满足业主的要求时,经过调查核实,若有效投诉在公司职权范围之内,物业服务企业应按照业主投诉核实处理;若经核实调查为无效投诉,时间、人力资源允许时,物业服务企业可以协助解决,不允许时,可以适度拒绝并相应地解释,指引业主向投诉涉及的相应部门直接反映。

(3)与投诉核实调查部门加强联系,及时沟通反馈

物业服务中心受理的业主投诉是多种多样的,仅靠服务中心一己之力很难解决,只有各部门通力合作,才能高效、优质地为业主解决问题。所以,在受理投诉并协助核实调查时,物业管家要与核实调查部门、责任部门加强沟通,以对投诉业务增进了解,更好地服务业主。

5.投诉核实调查风险识别与控制

风险点	风险影响及后果	预防措施
与核实调查部门沟通不畅,耽误投诉核实处理时间	1.沟通迟缓,工作运行缓慢; 2.未能及时将问题原因和解决方案反馈至投诉业主,业主不满意	1.建立完善的公司沟通机制和投诉核实调查流程; 2.在整个公司强化投诉风险意识,构建服务型企业
投诉核实调查为无效投诉时,不懂适时拒绝,大包大揽	1.业主依赖; 2.公司运营效率低下	1.建立完善的物业投诉处理培训机制,培养物业管家处理投诉的边界; 2.培养物业管家适度拒绝能力,掌握拒绝艺术

任务四　投诉处理

1.任务导入

(1)投诉处理

一天快下班时间,小区的一位业主来到物业服务中心,气势汹汹地质问道:"小区内为什么要弄沙池?我的孙女在沙池玩耍,不小心将沙子揉进眼睛里面,哇哇大哭,还好清理及时,未造成严重后果。"该业主认为,小区的沙池存在安全隐患,应该拆了。

也许是快下班了的缘故,物业管家小李并未特别在意,只说城里的小孩儿玩沙子的机会少,小区有沙池挺好,很多小孩喜欢玩沙子,如果怕沙子进眼睛,家长在旁边看着就好了,不能因为可能的危险就拆了。业主听到物业管家小李的话,顿时气不打一处来,打算投诉。

这时,刚接完电话的物业管家小张微笑地面对业主,请业主坐下,并给业主倒了一杯水,

说:"很抱歉小区沙池的沙子弄疼了您孙女的眼睛,每个小孩儿都是家长的心肝小宝贝,我非常能理解您的感受。小区内沙池是前期就规划好的,您稍等我几分钟,我咨询一下房地产开发的技术人员,核实为什么要建这个沙池以及这个沙池能不能拆。"说完,物业管家小张立马拨通房产开发商技术人员的电话,询问有关沙池的问题后,才知道该沙池并不是孩子们的娱乐场所,而是消防方面的设施。于是,管家小张详细地向业主说明了情况,得到了业主理解。

问:物业管家该如何处理业主的投诉呢?

(2)任务分析

业主投诉的处理阶段,是业主投诉处理流程的中间环节,也是核心环节,对保证业主投诉合理处理、提高业主满意度起关键作用。这就要求受理业主投诉的物业管家熟练掌握各类投诉的处理流程,并尽职尽责地查询、追踪、催办,领会投诉处理过程中的沟通艺术,与业主加强沟通反馈,提升业主对投诉处理的满意度和对物业服务的信任感。

2.投诉处理工作内容与工作流程

(1)投诉处理工作内容

物业管家根据投诉核实调查的结果锁定最终投诉责任方。锁定责任归属于物业服务、其他业主、房地产开发公司还是其他。

责任属于物业服务企业本身时,物业管家解释服务或直接派单给责任部门,督促限时处理完毕,并追踪、催办,确保在限期内解决。责任属于房地产开发公司时,物业管家要积极与房地产开发公司沟通,并协助处理,处理不了时要及时上报,由领导出面解决;责任属于其他业主时,物业管家要灵活地协调解决,解决不了时请示领导,将情况报街道办、居委会,请他们的工作人员来协助协调;责任归属于其他第三方的个人或单位时,协调召开业主与其他第三方的个人或单位的协调会,争取在协调会上达成一致。协调会上不能达成一致时,一方面,物业管家要向投诉的业主说明物业服务中心已经口头劝阻被投诉单位,但物业服务企业不属执法部门,无法强制管治,建议业主向相关政府部门反映,通过法律途径解决;另一方面,物业服务中心也可协助向政府部门反映,并记录反映。

(2)投诉处理工作流程

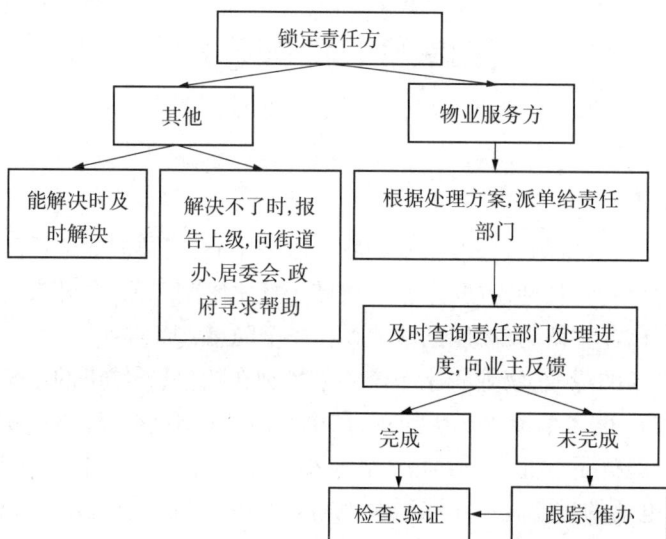

3.投诉处理作业指引

（1）目的

规范投诉处理工作,确保业主的各类投诉能及时、合理、满意地解决。

（2）适用范围

物业管家业主投诉处理工作。

（3）职责

物业管家追踪投诉处理,及时掌握责任部门投诉问题处理情况,并反馈给投诉业主。查询责任部门处理进度,处理进度缓慢时跟踪、催办;检查、验证已经完成的投诉问题处理。时时查询、沟通,适时引进第三方协调,提升投诉处理工作的质量和效率。

（4）程序要点

①物业服务不合格投诉处理。属于物业服务不合格的投诉且责任在本公司其他部门时,要按照流程派单给其他责任部门,及时查询责任部门处理的进度并反馈给业主。责任部门处理投诉后,物业管家要检查、验证处理的结果,确保质量过关,质量不合格时要求整改;如果投诉责任方是物业服务中心的服务和态度问题,物业管家要耐心地解释,真诚向业主道歉,并及时上报物业服务中心主管。

②对不属于物业服务的其他方的投诉,本着为业主服务的态度,尽量为业主提供方便,物业管家要及时沟通协调多方,尽快与有关部门取得联系,解决问题,记录反映,并及时将处理结果反馈给投诉人。不能解决时,与街道办、居委会、派出所等机构日常沟通,针对实际情况协调相关部门、业主、物业、社区召开四方协调会议,听取业主的相关意见和建议。同时,向业主表达物业服务企业的立场和处境,必要时让业主直接与政府部门联系。

4.投诉处理策略与技巧

（1）以迂为直处理投诉

在处理投诉时,如果直来直去、不懂得变通,会使问题复杂化,不利于解决问题。所以,管理人员应该学会随机应变,灵活掌握处理方法。有时可以"换位思考",站在业主的角度来思考一些问题,从心理学的角度加以分析,加以重视,做出解答。对于一些无关紧要的争执,可以忍让,退一步海阔天空,避免矛盾激化,以此来努力创造有利于物业管理发展的良好环境。

（2）在投诉处理过程中及时、耐心反馈处理进度

将业主投诉处理看成与业主交朋友、宣传自己和公司的机会,并为业主实事求是解决问题,达到加强沟通的目的。通过沟通,及时向业主反馈投诉处理进度,让业主了解、掌握投诉问题处理进程,提升业主对投诉处理的满意度和对物业服务企业的认可度。

（3）有针对性地处理和跟进

根据业主投诉内容的责任部门,有针对性地开展工作,熟练掌握工作流程。业主的投诉不合理时,只要解释清楚就可以了,不要过多说明和承诺。业主诉求合理时,及时跟进处理,处理、解决问题时,注意紧扣所投诉的问题点,不随意引申。

（4）明确回复时限,按时处理完毕

拖延处理是业主产生新的投诉的根源。及时处理是赢得业主信赖的最好方式。同时还要特别注重物业投诉处理的质量,在处理过程中,物业管家要把握质量,确保交付给业主的服务是高质量的。因为服务质量直接关系物业服务企业的声誉与形象,弄不好会好事变成

坏事,使业主对物业服务企业失去信任。

5.投诉处理风险识别与控制

风险点	风险影响及后果	预防措施
投诉处理业务不熟练,不能针对不同责任主体相应地处理、反馈	加重投诉业主的怨气,使轻微投诉转变为重要投诉	加强对属于物业服务不合格、不属于物业服务不合格投诉的处理培训
与被投诉第三方沟通不畅	业主投诉处理迟缓	1.熟知政府部门、街道办、居委会等不同机构的联系电话和相关办事流程; 2.与第三方沟通时,要秉着为解决事情的心态,耐心、礼貌地沟通
未及时查询责任部门处理进度,耽误反馈	耽误投诉处理进度,在承诺时间内不能处理完毕,影响业主对物业服务中心的信任	建立监督检查机制,定期检查投诉处理过程中的超时问题,并界定原因与责任人,相应地处罚

任务五　投诉反馈

1.任务导入

(1)业主与业主直接对簿公堂

张某与徐某是邻居,2018年6月中旬,张某将其空调室外机安装在物业指定位置外,正对徐某房门,空调机启动后,热风从窗户吹进邻居徐某房内,噪声也干扰了徐某。徐某到小区物业服务中心投诉,物业管家小王受理该投诉后,当天实地勘察,得知业主张某的空调室外机确实违规安装,于是物业管家小王拨通了业主张某的电话,告知其根据相关规定,空调室外机不能随意安装,张某了解了规定后,承诺一周内整改。

物业管家小王由于太忙,忘了将业主张某承诺一周内整改的消息反馈给业主徐某。徐某在向物业服务中心投诉三天后,不堪噪声骚扰,一纸诉状将邻居张某告上了法庭,要求张某拆除空调室外机并赔偿精神损失。

问:你认为导致业主与业主对簿公堂的最主要原因是什么? 如何规避呢?

(2)任务分析

物业服务投诉处理完毕后,物业服务企业把投诉处理的结果以投诉公告、走访、电话等方式直接反馈给业主,这是处理物业服务投诉工作的重要环节。倘若失去这一环节,物业服务企业所做的一切努力与辛苦的工作都将付诸东流。及时向业主反馈投诉处理结果可以向业主表明其投诉已得到重视,并已妥善处理;从另一个角度说,及时反馈也可显示公司的工作效率。

2.投诉反馈工作内容与工作流程

(1)投诉反馈工作内容

①收到被投诉部门投诉处理的反馈信息和《业主投诉处理记录表》当天,管家将处理结果反馈给业主。如果投诉在职权范围内,则直接反馈给投诉业主。如果超出职权范围,先将

被投诉部门投诉处理结果上报,经领导同意后反馈给业主。

②反馈时选择合适的反馈方式。回复方式可采用投诉公告、走访、电话、巡楼服务助理上门告知等。

③询问满意度。询问业主对投诉处理服务质量是否满意,是否解决了业主的问题。如业主确认问题已经解决,则及时记录投诉处理结果;如业主不满意处理结果,在职权范围内能解决时,物业管家应及时安排人员限期整改,直至业主满意,并努力沟通解释。

④经过整改,业主对投诉处理结果确认满意,代表本次投诉处理完毕。届时物业管家认真记录、汇总处理结果,完善《业主投诉处理记录表》,并由相关人员签阅后及时转至物业管家处存档。

(2)投诉反馈工作流程

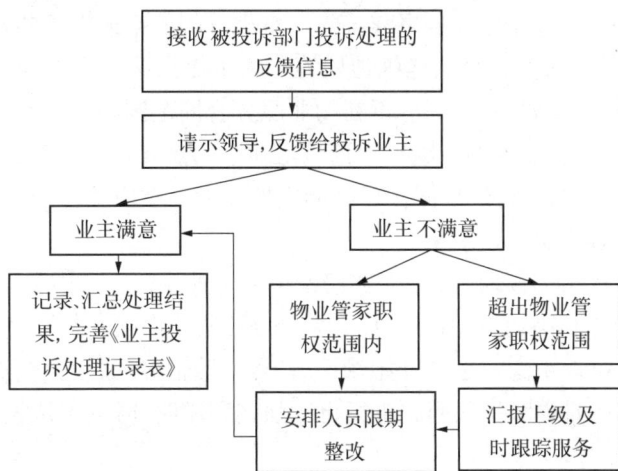

```
┌─────────────────────────┐
│ 接收被投诉部门投诉处理的 │
│       反馈信息          │
└─────────────────────────┘
           │
┌─────────────────────────┐
│ 请示领导,反馈给投诉业主 │
└─────────────────────────┘
      │            │
┌──────────┐   ┌──────────┐
│ 业主满意 │   │ 业主不满意│
└──────────┘   └──────────┘
      │          │        │
┌──────────┐ ┌──────────┐ ┌──────────┐
│记录、汇总处│ │物业管家职│ │超出物业管│
│理结果,完善│ │权范围内  │ │家职权范围│
│《业主投诉 │ └──────────┘ └──────────┘
│处理记录表》│     │           │
└──────────┘ ┌──────────┐ ┌──────────┐
             │安排人员限期│ │汇报上级,及│
             │整改        │ │时跟踪服务 │
             └──────────┘ └──────────┘
```

3.投诉反馈作业指引

(1)目的

根据前期的投诉核查与处理,将投诉处理结果及时反馈至投诉业主。及时发现、整改问题,提升投诉业主对物业服务质量的满意度,树立良好的企业形象。

(2)适用范围

物业管家对业主投诉处理结果的反馈。

(3)职责

物业管家负责将责任部门处理结果及时反馈至投诉业主,并收集业主对投诉处理结果的意见,及时整改和上报。

(4)程序要点

①反馈礼仪规范。走访、反馈时,要注意站得端正、自然、亲切、稳重,要做到"立如松",坐姿的基本要求是"坐如钟",要坐得端正、稳重、自然、亲切,给人一种舒适感。

②电话反馈时,要问候业主,自报家门,说明意图。声音清晰、态度平和、不忘职责。在通话即将结束时,拨打电话的一方应将通话内容简单复述一遍,以便确认双方沟通无误;挂机时,还应小心轻放,别让对方听到很响的搁机声。

③选择合适的反馈方式。问题受业主普遍关心、关注或受多位业主共同投诉时,可以采

取投诉公告形式,按投诉规定,投诉公告的内容应包括受理投诉的时间、投诉业主的区域范围、受理投诉的事项、处理办法、处理结果、根据投诉事项提出的注意事项、投诉处理时限、投诉接待人、投诉处理跟进人、投诉处理负责人;投诉为重要投诉时走访;投诉为一般、日常类投诉时,走访或者巡楼服务助理上门告知即可。

④反馈流程。掌握物业投诉反馈的工作服务模式、流程。熟知物业管家的工作职责、服务对象、工作内容、工作标准、权限范围、同事之间的工作协同、汇报请示关系等。恪守及时上报和及时处理原则,熟练掌握与业主沟通技巧,清晰理解业主不满的痛点,做到针对处理。在处理完投诉后,认真记录处理结果,对投诉处理结果进行整理归档。

4.投诉反馈策略与技巧

(1)充分准备

在投诉反馈开始之前,充分准备事前工作。事先查阅档案或者资料,为业主可能提到的问题做准备。在业主提问时,明确、详细地回答。为了提高服务水平和服务的能力,要及时思考问题的解决途径。比如,针对一些不在物业服务合同范围内的特约服务和情况,应当做何处理? 该如何规避可能发生的危险? 如何满足业主的需要? 业主找茬时如何处理? 该如何延伸服务业务的内容而不是仅局限于已经圈定的投诉反馈服务范围?

(2)注意投诉反馈礼仪

在走访、反馈过程中问候时,最好能够清楚地称呼业主,让业主感到受重视。当进业主家时,说"你好,见到你很高兴"不如说"王先生,你好,见到你很高兴"。相对来说,后者更加热情,而且可以瞬间拉近距离。主动开始谈话时,尽量珍惜时间,直奔重点,确认业主对你的反馈已经很清楚了,还需要对一些问题进行再次强调和说明,时刻保持相应的热情。

5.投诉反馈风险识别与控制

风险点	风险影响及后果	预防措施
反馈方式错误	处理重要投诉时,物业管家采取电话反馈,给投诉业主带来不重视感觉,影响业主对物业服务满意度评价	1.投诉反馈培训; 2.建立投诉反馈考核机制,处理重要投诉时,上门反馈,以核查物业管家的工作是否切实、到位
未能及时收集《业主投诉处理记录表》,忽略材料归类、整理与签字	过程性记录缺失,不利于工作的持续开展	1.定期检查投诉材料的完整性; 2.谁受理,谁归档,明确材料缺漏责任人

任务六　投诉回访

1.任务导入

(1)投诉回访案例

业主郭女士6月上旬收楼入住,月底发现卧室木地板发黑,于7月初报物业服务企业××

项目部物业服务中心维修。接电话时,物业服务中心前台很客气,说先登记,会尽快通知工程人员上门查看,但业主却一直未等到工程人员上门。7月底,业主打了投诉报修电话,8月上旬,物业服务中心才派人撬开木地板风干,地板风干后,物业管家通知业主郭女士,说相关部门已经处理完毕,郭女士进房查验后发现地板已经处理,但对物业服务中心的服务态度和服务效率依旧心怀不满,服务中心也未进一步回访。直至三天后,郭女士一家打算从临时租住的房子搬回新家,发现卧室墙体有裂纹近60厘米,裂纹处发黄发黑,疑为渗水源头。郭女士再也遏制不住心中的怒火,将问题投诉至物业服务企业总部,要求确定维修方案及维修时间,并赔偿其因此在外居住的费用,减免三年物业服务费。

问:结合以上案例,思考投诉回访的重要性。物业管家该如何开展业主投诉回访?

(2)任务分析

规范投诉回访工作,及时验证物业管理服务工作的质量和效果,能确保物业服务工作质量,提升业主的满意度。物业服务企业回访,还有利于增进物业服务企业与业主的关系,加深物业服务企业与业主的感情,让业主了解物业服务企业。同时,听取业主对物业设施方面的合理性要求及在小区管理方面的建议和意见,便于物业服务企业开展工作,提高物业服务企业管理质量及管理人员的服务素质。

2.投诉回访工作内容与工作流程

(1)投诉回访工作内容

第一,协助物业服务中心主管制订投诉回访计划,协助确定投诉回访的形式和回访时间。业主投诉的回访形式可以根据实际情况确定为电话、上门访谈、网上回函和调查问卷等。投诉为一般的业主投诉时可电话回访,投诉为重大投诉时必须上门回访;应在投诉事件处理完毕后三天内回访;协助物业服务中心经理组织重大投诉回访,协助被投诉部门主管组织一般投诉回访;物业管家直接负责维修服务、特约服务和求助服务回访。

第二,记录回访结果。回访过程中,在《业主回访记录表》上详细记录投诉业主对投诉处理质量评价、服务效果的评价、服务过程的满意程度评价、缺点与不足评价,并请业主签名确认。

第三,回访得到业主满意的答复后,记录回访结果,物业管家在《业主回访记录表》上签名确认,并将表格交回物业服务中心。在回访后,如业主仍未满意,记录业主不满意的地方,分析原因。原因属于物业服务时,直接将回访情况登记在《服务派工单》或《内部工作联系单》上,将情况重新上移至相关部门,进一步跟踪处理。投诉非物业服务企业能解决时,继续跟进,并及时向业主通报进展情况;如业主明确表示不便接受回访,则以处理完毕后业主一周内无再次投诉作为投诉关闭的判断依据。

第四,记录归档。完整地收集、整理业主的投诉信息、处理情况及回访情况须在投诉处理完成后,详细记录投诉的处理过程及结果,并将《业主回访记录表》归档。

第五,每季度末,物业管家统计、分析回访结果,发现回访不合格、连续就同一事项投诉两次以上、同一种维修3次以上时,应记录在《走访/回访统计表》,以书面形式经物业服务中心主管审核后报物业服务中心经理决定是否按照《不合格控制程序》《纠正预防控制程序》办理。

（2）投诉回访工作流程

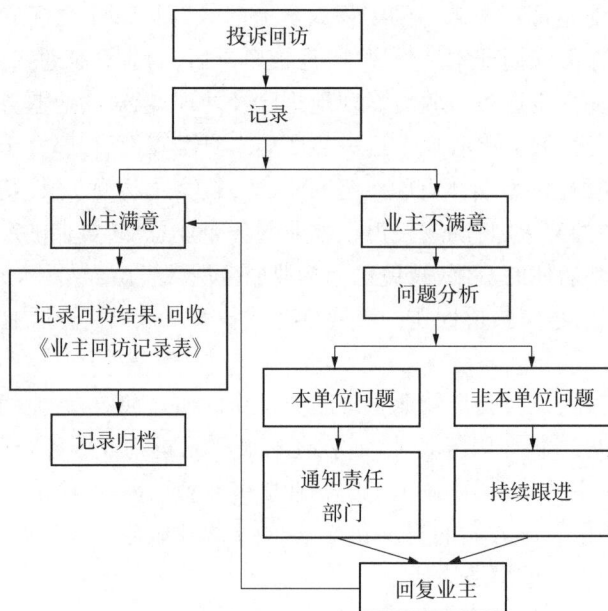

```
          ┌──────────┐
          │ 投诉回访 │
          └─────┬────┘
          ┌─────┴────┐
          │   记录   │
          └─────┬────┘
      ┌─────────┴──────────┐
 ┌────┴────┐          ┌────┴─────┐
 │ 业主满意 │◄────┐   │ 业主不满意│
 └────┬────┘     │   └────┬─────┘
┌─────┴──────┐   │   ┌────┴─────┐
│记录回访结果,│   │   │ 问题分析 │
│回收《业主回 │   │   └────┬─────┘
│访记录表》   │   │  ┌─────┴──────┐
└─────┬──────┘   │ ┌┴─────┐ ┌────┴────┐
 ┌────┴────┐     │ │本单位│ │非本单位 │
 │ 记录归档 │     │ │问题  │ │问题     │
 └─────────┘     │ └──┬───┘ └────┬────┘
                 │ ┌──┴───┐ ┌────┴────┐
                 │ │通知责 │ │持续跟进 │
                 │ │任部门 │ └────┬────┘
                 │ └──┬───┘      │
                 │   ┌┴──────────┴┐
                 └───┤  回复业主  │
                     └────────────┘
```

3.投诉回访作业指引

（1）目的

投诉回访是投诉处理的最后一个环节,在该阶段,主要检查业主对投诉处理的过程和结果是否满意,了解投诉处理中还有哪些不足,不断提升物业服务质量。同时,投诉回访工作显示出物业服务企业重视业主投诉,给业主留下良好印象,维护企业形象。

（2）适用范围

物业服务企业投诉处理回访工作。

（3）职责

物业管家回访提出投诉的业主,掌握业主对投诉处理过程和结果的满意程度以及哪些方面还需要改进。

（4）程序要点

①不同形式回访的操作规范。电话回访。在回访时,为了不影响业主的正常生活、工作,可以电话回访。投诉为轻微投诉时,原则上可以采用电话、电子邮件或手机短信,在投诉处理完毕三天内回访投诉业主。回访内容主要为,询问业主投诉处理工作是否及时、服务过程是否规范、服务态度好坏、对投诉处理工作是否满意。

上门回访。与业主面谈、现场查看、检查也是很好的回访方式。投诉为一般以上的投诉时,原则上应入户拜访回访。有效投诉的回访须由区域品质管理部指定专人验证。

网上回函、调查问卷或其他方式回访。在网上回函或者以其他网络形式回访时,要体现真诚,不推卸责任,回复要涵盖所有投诉问题。要体现专业,不犯常规错误,要结合专业部门给出的专业意见,切实回复投诉业主关心的重点问题。感谢业主对投诉处理工作的建议,不断提升物业服务的质量。

②回访时间、人员安排。应在投诉处理完毕后的三天内回访,重大投诉由品质管理部经理组织回访,项目经理、物业管家参加;一般投诉由项目主管或班长、物业管家共同回访;维修服务、咨询服务由物业管家回访。

③回访内容和记录要点。在投诉回访时,物业管家应引导业主评价本次投诉服务的质量、服务效果、满意程度。

④回访策略。得到业主满意的答复后,记录回访结果,并请业主签名确认记录内容,将表格交回物业服务中心。如业主仍未满意,物业管家要站在业主的角度想问题,不能带情绪沟通,要始终对业主抱有耐心和热忱。

⑤整理回访档案、材料。认真记录《业主回访记录表》,并确认业主已经对回访记录内容签名确认。将《业主回访记录表》交至物业服务中心,主管审核,审核完毕无误后,每月末统计、分析回访结果,形成统计分析报告,上报主管,并将当次投诉处理所有材料归档保管。

4.投诉回访策略与技巧

(1)认识到不是每件投诉都须回访

一般来说,业主投诉处理完毕经过验证合格后,物业管家应及时回访,并记录业主意见,但物业管家须了解无须回访的几种情形:现场能即时处理并得到业主满意确认的投诉;匿名投诉、无法确定联络方式的网络投诉;不便回访的敏感投诉等;非本部门能解决(如由政府机关、企事业单位的行为或责任引起)时,应及时跟进、协调,并适时向业主通报进展状况。如果业主因个性化原因对回访或访谈非常不接受,一定要记录清楚。

(2)回访要及时

一般要求在投诉处理完毕三天内回访。投诉为维修投诉时,如果维修后当时看不出维修效果或可能再出现问题,应多次回访;维修效果很明显或属正常低值易耗时,物业管家可一次性回访。物业管家及时整理业主的所有意见、要求、建议、投诉,快速做出反应,妥善解决和回访;重大问题向上级请示解决,做到件件有着落、事事有回复,回访处理率达100%,尽力将投诉率控制在1%以下。

(3)回访语言规范

可以亲自上门拜访、实地查看,也可以通过电话与业主沟通确认,无论以何种方式回访,用语都要规范,声音要温和,表达要清晰。不能忘记自己的身份故作姿态,卖弄亲近,如"咱俩无话不谈,要是对别人,我才不提这个呢!",更应避免俚话和粗话。

5.投诉回访风险识别与控制

风险点	风险影响及后果	预防措施
回访时态度差、语言不礼貌	1.业主不满; 2.产生差评; 3.满意度降低	回访时,须着整洁工装,佩戴工牌,使用礼貌用语,走姿、坐姿规范,按投诉回访规范行事
回访超时	1.处理效率降低; 2.引起二次投诉	1.按照物业服务企业投诉回访要求及时回访; 2.回访超时超过一定次数后,会得到相应惩罚

续表

风险点	风险影响及后果	预防措施
回访方式错误	1.业主投诉升级； 2.回访满意度降低	原则上,处理重大投诉时应该上门回访

【学习目标检测】

一、思考题

1.什么是无效投诉?

2.业主投诉受理的工作内容有哪些?

3.简述业主回访的风险点并说明如何预防。

二、单项选择题

1.经过核实调查,如投诉为有效投诉,物业管家应及时处理,并填写(　　)。

　　A.《业主投诉反馈单》　　　　　　　　B.《业主投诉意见表》

　　C.《业主投诉处理单》　　　　　　　　D.《业主回访记录表》

2.在选择投诉反馈方式时,业主普遍关心、关注或多位业主共同投诉时,可以(　　)反馈。

　　A.电话　　　　　　B.网络　　　　　　C.传真　　　　　　D.公告

3.在业主投诉回访阶段,处理轻微投诉时,原则上可以(　　)反馈。

　　A.网上回函、调查问卷或其他方式　　　B.物业管家上门回访

　　C.网络回访　　　　　　　　　　　　　D.电话回访

4.业主投诉室内维修或公共区域的设施设备维修时,物业管家应发派维修单至(　　)。

　　A.物业服务中心　　B.人力资源部　　C.工程部　　　　D.品质部

5.在投诉核实调查之前,物业管家要与相关部门根据投诉的内容及类型确定核实调查的(　　)。

　　A.形式　　　　　　B.必要性　　　　　C.真实性　　　　　D.原因

三、多项选择题

1.按投诉级别划分,业主投诉分为(　　)。

　　A.不属于物业服务不合格的投诉　　　　B.一般投诉

　　C.属于物业服务不合格的投诉　　　　　D.重要投诉

　　E.重大投诉

2.接待业主投诉时,物业管家应记录的主要内容有(　　)。

　　A.投诉事件发生的时间、地点　　　　　B.被投诉人或被投诉的部门

　　C.投诉事件发生的经过　　　　　　　　D.业主的要求

　　E.业主的家庭成员

3.投诉受理的策略与技巧有(　　)。

A.业主期待解决问题时,尽快处理落实

B.业主渴望获得尊重时,表示歉意和感谢

C.业主希望得到补偿时,及时判断受理

D.业主希望情绪得到发泄时,摆正心态,耐心安抚

E.加强与投诉核实调查部门联系,及时沟通反馈

4.投诉反馈的程序要点有(　　　)。

A.反馈礼仪规范

B.选择合适的反馈方式

C.熟悉反馈流程

D.电话反馈时,要问候业主,自报家门,说明意图

E.汇报上级

5.在投诉回访时,物业管家应引导业主评价本次投诉服务的(　　　)。

A. 质量　　　　　　　　　　B.服务效果

C.业主满意度　　　　　　　D.其他业主态度

E.小区绿化

【养成性技能训练】

案例分析

案情:上午刚刚上班,某小区5栋的一位业主,便怒气冲冲地来到物业服务中心,投诉楼上有人养鸡,每天天不亮时鸡就打鸣,严重影响了正常休息,该业主的老年冠心病近日加剧,该业主要求物业服务中心马上出面处理。物业管家首先安抚了业主,并且承诺立即调查和解决。

经过核实调查,物业管家很快发现,5栋6楼业主家确实养了一只大公鸡,进一步了解还得知,6楼的这位业主新婚不久,因为其家乡有在新婚期间养鸡报喜的风俗习惯,所以才跑了好几个农贸市场,千挑万选,购来一只漂亮的公鸡养在家里,按照家乡的惯例,这只公鸡至少要喂养一个月。

负责处理这件事情的物业管家顿时觉得此事解决起来有难度,便和同事一起商量如何去说服这位新婚的业主。大家轮番扮演不同角色,你问我答,你争我辩,先在办公室里"舌战"演练,设想好了"情节"和"台词",觉得有把握后,才登门去做工作。

物业管家进门后,先向业主夫妇道喜,然后和他们聊起了各地的婚俗。等他们不经意地说起家乡养鸡报喜的习俗时,则不失时机地说:"我正想找机会和你们讲,邻居投诉你们违反城市管理规定和《业主规约》在家养鸡呢!"他们说自己清楚养鸡不妥,但又觉得习俗难违。物业管家马上接过话说:"都说入乡随俗,不养鸡也是按照咱们这里的习俗办呀!"业主表示既然养了只好养下去,担心处理掉了不吉利。工作人员把早就想好的建议提了出来,说:"你们养在家里只是给自己报喜,不如到郊外放了,让它把喜报给千家万户!"这样一说,夫妇俩都很高兴,答应过两天就这么办。

说服了养鸡业主,物业管家向投诉的业主反馈了处理情况。主动对未能及时发现和制

止业主养鸡而造成他休息不好一事表示歉意,同时希望他能够理解新婚业主的心情,再担待两天。投诉的业主也很通情达理,对物业服务中心的工作效率和处理方式非常满意。两天后,那只公鸡真的到郊外"报喜"去了。

请问,在处理上述案例的过程中,物业管家采用了什么策略?哪些方面值得我们学习、借鉴呢?

项目七

社区文化

【知识目标】

1. 掌握社区文化活动方案的撰写方法。
2. 熟悉物业服务企业的新媒体常见类型。
3. 掌握对舆论引导技能。

【能力目标】

1. 具备良好的写作和活动策划能力。
2. 具备良好的语言表达能力。
3. 具备处理纠纷的技巧。

【思政目标】

1. 具备爱岗敬业、真诚服务的职业道德。
2. 树立物业管家良好形象,遵守行为规范。
3. 培养物业管家求精的责任心。
4. 具备良好的管理能力和熟练完成工作的能力。

【知识储备】

物业服务企业开展社区文化活动,是在物业服务理念的指导下,为了满足业主需求、解决物业服务问题,通过一系列的策划和组织后开展的专业服务业主、增进业主与物业服务企业联系的活动。物业管家作为社区文化活动的主要实施者,须能够组织和实施社区文化活动,掌握社区文化内容及社会功能,能够协调业主参与到物业服务企业组织的社区文化活动中来。最终达到对小区的和谐管理。物业管家在组织和实施社区文化活动中要有良好的语言表达能力、良好的活动策划和实施能力,具备社区管理的一般知识,掌握一定的社区文化活动方案写作技能。

【知识帮助】

1. 社区文化

在《中国大百科全书　社会学》中,社区文化被界定为通行于社区范围之内特定的文化现象。社区文化包括社区内人们的信仰、行为规范、价值观、历史传统、生活方式、地方语言、风俗习惯和特定象征等。

2.新媒体

从技术层面来看,新媒体可定义为在计算机信息处理技术基础上出现和影响的媒介形态。从传播途径来看,新媒体是一种与传统媒体没有关联的一组数字信息。从媒介特征来看,新媒体是虚拟的大众传播新媒介。目前,物业管理常用的新媒体包括业主微信群、微信公众号、物业管理App等。

3.舆论

舆论是在某时间与地点人们对某行为公开表达的内容,持不同信念、意见和态度的总和。舆论指在一定社会范围内消除个人意见差异,反映社会知觉和集合意识的、多数人的共同意见。

任务一　社区文化活动策划

1.任务导入

（1）如何策划社区文化活动

中华民族拥有绚丽多彩的文化和独特的传统节日。在不同节日,各地各民族有着各种各样的风俗习惯。节庆类社区文化活动能帮助业主了解节日渊源、形成以及其中所承载的中华民族独有的文化内涵,同时可增强节日文化理念,弘扬创新节日文化,让节日真正给业主带来快乐与幸福体验。重阳节是重要的中华传统节日,成为物业服务企业策划活动的重要主题之一。重阳节就要来临,君越豪庭项目的物业服务公司准备为小区业主举办一场以重阳节为主题的社区文化活动。

问:策划活动时,物业管家小刘要考虑哪些内容? 如何撰写以重阳节为主题的活动策划方案呢?

（2）任务分析

社区文化功能对社区有着深远影响。策划社区文化活动是物业服务企业的重要工作内容之一。策划一场优良的社区文化活动能够提高社区整体素质,改善人际关系,增强社区凝聚力,丰富业主生活,同时,营造出小区互相帮助、互相理解的氛围。在策划重阳节活动的时候,须考虑活动的目的和意义、活动的形式和内容、活动的时间和地点、参与人员、活动的流程、注意事项、应急预案等。

2.社区文化活动策划工作内容与工作流程

（1）社区文化活动策划工作内容

①社区文化活动的主题策划。

一是结合我国传统节庆策划主题。我国节庆较多,如春节、元宵节、端午节、重阳节、七夕节、中秋节等,传统节日是简单、常见的社区文化活动主题。在将社区文化活动内容与传统节日相结合时,物业管家先查阅历史资料,参考已经开展过的社区文化活动资料,结合时下新鲜事物,将传统节日活动与创新意识相结合。

二是结合传统民俗策划主题。各传统节日有着特定活动,如元宵节有吃元宵、逛游园会传统,端午节有包粽子传统,中秋节有赏月、吃月饼传统,在利用节日开展社区文化活动时,物业管家既要结合传统文化的特定活动,又要使活动符合社区特点,满足业主需要。

②社区文化活动的目标策划。

社区文化活动须有明确的目标。一是任务目标。通过社区文化活动增加业主对中国传统文化、民俗文化的了解,促进传统民俗文化传承。二是过程目标。过程目标是在达到任务目标的过程中实现的中间目标。如在社区文化活动中通过社区文化活动培养业主的一般能力,包括业主对公民权利和义务的认知能力,业主与社区邻里交流、协商与合作能力,社区骨干的领导能力等。

③社区文化活动的内容。

社区文化活动内容须切合业主需要,体现社区服务要求。一是活动内容要注重层次设定及其阶段性。由于社区成员的职业、年龄不同,社区文化活动的内容也应该有所不同。物业管家要从社区文化活动层次出发,从社区人文精神、活动风尚等内在角度出发,逐步使社区文化活动内容符合社区文化活动的目标。

④社区文化活动的时间。

在策划一些民俗文化活动时,应根据活动目的选择活动时间,如元宵游园会应选在元宵节前后,但不宜选在初一或者元宵节当天,端午节活动应选在端午节前等。充分考虑到活动时间与小区业主参与的可行性。

⑤社区文化活动的地点。

社区文化活动地点应切合活动目的,优先考虑本社区的辖区内。部分社区设施良好,有开展社区文化活动的场地,如图书馆、咖啡厅、体育场等,社区文化活动的地点应该选在就近合适的地方。

⑥社区文化活动的经费预算与应急。

社区文化活动策划中,要求写明物资准备和此次社区文化活动需要的经费预算。在策划活动时,物业管家应该考虑活动应急预案,并相应地准备,保证社区文化活动万无一失。

(2)社区文化活动策划工作流程

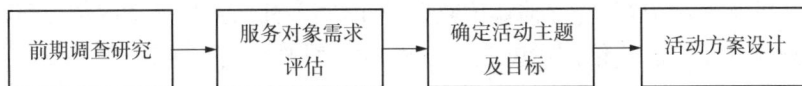

```
前期调查研究  →  服务对象需求评估  →  确定活动主题及目标  →  活动方案设计
```

3.社区文化活动策划作业指引

(1)目的

明确活动的时间、地点和活动对象、活动形式、活动目的和意义、具体活动流程。

(2)适用范围

物业服务企业举办社区文化活动中,在活动组织和活动实施前所开展的策划环节。

(3)职责

在策划活动时,物业服务企业应当成立策划小组,合理安排工作人员。在前期调查研究、服务对象需求评估、活动方案设计环节,分别设置相应人员分工合作,做到责任到人。

(4)程序要点

①活动前期调查研究。活动前期,须根据所在项目中业主存在的需求和问题点有针对地调查、研究,确定活动的主题和内容。

②服务对象需求评估。需求评估首先要明确服务对象——业主的多元身份以及多维度、多角度的需求,针对业主的需求和喜好做好社区文化活动需求评估。

③确定活动主题和目标。在活动前期调查研究和服务对象需求评估之后,物业管家可确定活动的主题和目标。活动主题应当简洁、吸引人,能够引起业主们的兴趣。活动目标则不能制定太多,注重适度原则。

④活动方案。主要包括制定活动规则、活动组织和内容、预估活动成本、活动预期效果、活动改进措施等。活动方案应因地制宜,最大化利用资源。

4.社区文化活动策划策略与技巧

(1)合理策划活动内容

①雅俗结合。雅与俗相结合的原则主要指社区文化活动应当根据不同业主的文化层次注重不同业主的需求。社区文化活动应高雅与通俗同在,崇高与优美并存。

②活动内容丰富,符合业主需求。社区文化活动最忌讳单调乏味,这样不仅不会吸引业主,而且会影响以后的工作,影响业主对活动的评价。最好百花齐放、百家争鸣。既满足各种不同文化层次业主的兴趣爱好,兼顾不同类型的文化品位需求,又能带动整个社区其他类型的活动。这就要求物业管家在举办活动之前充分调查,真正地走到业主中,掌握业主最需要什么服务和最想得到哪一种类型的服务及最想参加哪种类型的社区文化活动。

(2)策划社区文化活动要目光长远

要从发展的视角举办社区文化活动。所谓的"长远"就是组织、开展社区文化活动时不仅要与社会同步还要有超前意识、发展眼光,要有意识地扩大其深远的影响,甚至要能带动其他社区,最终促进社会共同进步。

(3)活动宣传

在宣传时,物业管家的首要任务是确立宣传目标,然后分析宣传对象,根据宣传对象的特点设计宣传的形式和内容,并评估宣传效果,不断完善社区文化活动宣传方案。宣传的关键在于吸引业主注意力。宣传方式包括口号、歌舞、横幅、宣传车等,但须注意的是宣传手法要与宣传目的相结合,使业主容易理解和掌握。

5.社区文化活动策划风险识别与控制

风险点	风险影响及后果	预防措施
前期宣传不到位,宣传方式过于单一	导致业主不易理解和掌握,活动参与率低	1.对宣传对象进行分析,根据宣传对象的特点来设计宣传的形式和内容,并对宣传效果进行评估; 2.重视前期宣传的效果,保证多样化、多渠道进行活动宣传

续表

风险点	风险影响及后果	预防措施
社区文化活动的物资准备不充分,活动经费有限	影响活动效果,损害物业服务企业的形象	重视活动经费的预算、物资的准备,并做好应急预案

任务二　组织社区文化活动

1.任务导入

(1)如何组织社区文化活动

某物业公司接管君越豪庭项目已经两年多了,其间举办过各种社区文化活动,国庆节期间,物业公司计划就君越豪庭项目开展一场大型的国庆晚会,项目经理让物业管家小刘组织此次活动,接到任务后,小刘马上着手组织活动。

问:物业管家小刘如何组织、安排此次大型的国庆晚会活动呢?

(2)任务分析

组织社区文化活动包括建立健全组织结构,合理安排工作人员,即合理配置实现目标所需的人、财、物等,并使之协调运作以发现问题,为调整计划提供依据,充分发挥协调关系、信息沟通等职能作用。物业管家应非常重视设计和组织实施方案,避免在组织和实施方案时由于设计不周全而出现安全问题,无法达到活动的预期效果。

2.社区文化活动组织工作内容与工作流程

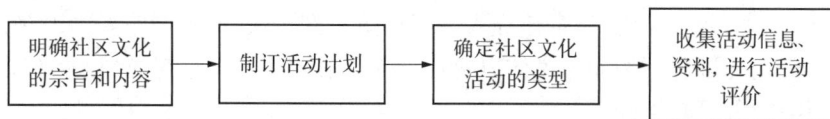

(1)社区文化活动组织主要内容

在每次活动组织前,物业管家应当编制活动方案,并提前向业主公布活动通知。每次社区文化活动结束后,要有文字记录并附相关照片,同时将本次活动情况填写在《社区文化活动效果评估表》中,针对活动效果予以总结,活动结束时,须调查业主满意度并详细记录。

(2)社区文化活动组织工作流程

明确社区文化的宗旨和内容 → 制订活动计划 → 确定社区文化活动的类型 → 收集活动信息、资料,进行活动评价

3.社区文化活动组织作业指引

(1)目的

使社区文化活动顺利开展,在组织阶段合理安排工作人员、准备物资等。

(2)适用范围

物业服务企业社区文化活动组织工作。

（3）职责

物业服务企业在社区文化活动组织环节应当成立组织小组，合理安排工作人员。在活动对象、活动人数、活动内容确定及活动物资准备上设置人员分工合作，做到责任到人。

（4）程序要点

①合理安排活动组织人员，充分调动各种资源服务活动的组织工作。要根据每个人的能力安排合适的活动岗位。要注重合理利用资源，做到开源节流。充分调动各种资源，包括商业机构、政府机关和非营利机构等，也包括社区内的人力物力、场地场所等。

②物业服务中心组织、协调完成活动前的准备工作，根据实际情况对批准的《社区文化活动策划方案》进行优化及细节调整，及时调整活动方案的可操作性，消除活动的不利因素，制定相应活动组织细则，并填写《社区文化活动组织细则》，以确保活动组织达到预期效果。

③在活动组织前做好活动宣传工作，确定宣传对象和宣传内容，设计样稿，统一宣传口径，并培训到位。通过制作横幅、海报、短信、广告，通过网络、媒体、宣传栏、社区刊物、电子屏幕、人际、邀请函等方式宣传活动，营造活动氛围。

④根据活动的形式，物业服务中心安排有关人员做安全防范工作，防止意外事件。提前一周制定紧急情况预案，充分考虑停水、停电等紧急情况因素。针对可能出现的紧急情况制定详尽的应急措施，掌握主动权，防止意外情况带来不良影响。

4.社区文化活动组织策略与技巧

（1）合理组织活动对象

社区中，由于老人和孩子的比例比较大且有充裕的时间，在活动组织时，首先围绕这两个主体人群，然后抓"两头"、促"中间"，带动中、青年人广泛参与。

（2）合理设置活动规模

根据活动的目的设置活动规模，大型社区文化活动参与人员较多，场地要求较高，需要足够的资金，影响范围比较广，须精心策划和严密组织；小型的社区文化活动参与人员较少，受时间和场地限制较小，不需要过多资金，影响范围比较小，多由一些共同兴趣爱好者自发组织，可以充分利用社区现有资源。物业管家须根据实际所需和项目经费特点合理设置活动规模。

（3）科学安排、组织人员

在活动组织中，要目标明确，责任到人。责任落实到个人，截断观望者的退路，促使大家主动承担任务，全力以赴。物业管家应以每位工作人员的专长为思考点，根据人员的个性特长做到职能相符、人尽其用。

（4）发挥志愿者的积极作用

开展社区文化活动时，需要大量工作人员。物业管家应注重发挥业主志愿者的积极作用，让业主自愿地加入社区文化活动志愿服务团队，应当为业主志愿者提供广阔的舞台，让他们尽情发挥自身的优势，提升业主志愿者主人翁意识，使社区文化活动举办得更加精彩。

5.社区文化活动组织风险识别与控制

风险点	风险影响及后果	预防措施
秩序安保人员设置不够、活动现场管控不到位	1.影响活动的开展； 2.物业服务企业形象受损	1.高度重视活动现场的治安管理,安排专门的秩序人员对活动全程进行管控,并及时上报隐患信息； 2.加强对活动组织的工作流程和工作标准的培训； 3.公司层面协调企业内部人力资源,统筹抽调安排不同岗位的人员,解决人手不足、专业能力差的问题
活动现场存在安全隐患	影响活动推进,引起业主不满	1.做好活动现场的安全检查,责任到人； 2.做好突发事件的应急预案

任务三　社区文化活动实施

1.任务导入

(1)社区文化活动实施要点

为了更好地发掘、传承和创新端午节的文化内涵,使之与现代社会相融合,唱响"我们的节日"主题,给古老的节日注入新的因子,美好家园小区让小区业主以贴近现实和现代的方式来过端午节,引导小区业主进一步了解、认同、喜爱并过好传统节日。为了促进人与自然和谐相处、增强小区的凝聚力,物业服务中心决定实施端午节活动。项目的工作人员已撰写端午节主题活动策划书,即将实施。物业管家小方负责此项工作。

问:物业管家小方应如何实施该活动? 实施过程中须注意哪些事项呢?

(2)任务分析

社区文化活动实施的效果考验着前期的策划与组织工作。在活动实施过程中,物业管家应注意管控潜在风险,及时采取应对措施。在活动的实施阶段,须注意两部分内容。一是要防范突发事件并做好风险管控,并及时按照策划阶段的应急预案采取相应行动。二是在活动实施后总结和反思。找出并分析本次活动的不足之处,以待下次活动效果更好。

2.社区文化活动实施内容与工作流程

(1)社区文化活动实施主要内容

①选题。社区文化活动的选题既要适应社区经济、文化、风俗习惯等现状,又要满足业主的不同层次需求。社区文化活动的选题范围比较广泛,物业管家可以根据社区文化活动的目的、性质、开展时间、频率、活动的主体、活动的具体内容等确定社区文化活动的主题和形式。

②人员安排。社区文化活动组织和实施过程中,物业管家须精心预测所需要的人数、志

愿者的类型,确定人员需求清单,合理安排人员。

(2)社区文化活动实施工作流程

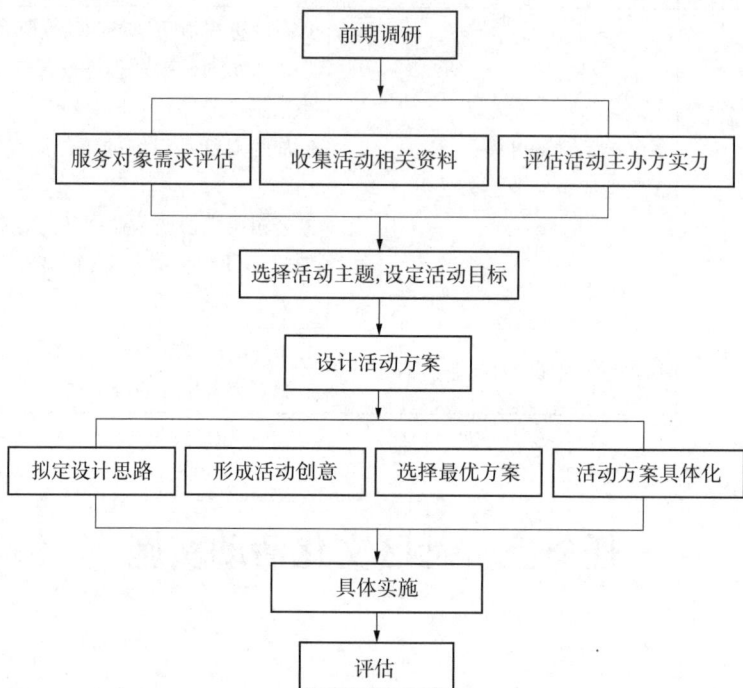

```
                    ┌──────────┐
                    │  前期调研  │
                    └────┬─────┘
        ┌────────────────┼────────────────┐
  ┌──────────┐    ┌──────────────┐    ┌──────────────┐
  │服务对象需求评估│  │ 收集活动相关资料 │  │ 评估活动主办方实力│
  └──────────┘    └──────────────┘    └──────────────┘
                         │
              ┌────────────────────┐
              │ 选择活动主题,设定活动目标 │
              └─────────┬──────────┘
                 ┌──────────────┐
                 │   设计活动方案   │
                 └──────┬───────┘
      ┌───────────┬─────┼─────┬───────────┐
  ┌──────────┐┌──────────┐┌──────────┐┌──────────┐
  │ 拟定设计思路 ││ 形成活动创意 ││ 选择最优方案 ││ 活动方案具体化 │
  └──────────┘└──────────┘└──────────┘└──────────┘
                         │
                  ┌──────────┐
                  │   具体实施  │
                  └─────┬────┘
                   ┌──────────┐
                   │   评估    │
                   └──────────┘
```

3.社区文化活动实施作业指引

(1)目的

使社区文化活动实施顺利,防范实施过程的风险。

(2)适用范围

物业服务企业社区文化活动实施工作。

(3)职责

在活动的实施环节,物业服务企业应当成立工作小组,合理安排工作人员。

(4)程序要点

①活动实施过程中,要安排专门人员采集活动信息。

②活动时间要在计划范围内,如遇到特殊情况须变动或延时,应综合考虑参与者和活动负责人的意见。

③确保活动各项物资按时到位,为工作人员提供后勤保障。

④管理和监控活动协作方和赞助方的现场商业行为,发现违背合作约定行为时,要立即制止。

⑤及时阶段性总结、评估已开展的活动,并在下一阶段实施中优化、调整。

⑥活动宣传侧重于活动效果报道和活动过程改进,活动结束后,及时清理现场,回收物资。

4.社区文化活动实施策略与技巧

(1)制订风险防范预案

物业管家应当对在活动实施过程中可能遇到的问题制定应急预案,并给出相应的解决方法。对工作人员进行应急预案操作培训,确保突发事件发生时能及时通过应急预案进行处置。

(2)活动细节分工

活动实施阶段,细节分工十分重要,要准确详尽。物业管家必须把各环节有机串联起来,严格监控,确保活动流程顺畅。

5.社区文化活动实施风险识别与控制

风险点	风险影响及后果	预防措施
活动现场突遇下雨、雷电和冰雹等极端天气	1.活动安全隐患; 2.影响活动实施效果	1.制定活动应急预案,准备好应急设备; 2.提高应急预案培训重要性的认识,做好培训制度的制定,加大活动实施应急培训资源的投入,培训的效果和员工的绩效结合在一起; 3.做好活动现场的安全防范,提供必要的安全防范保护,避免因为恶劣天气造成的人员伤害事件
活动内容不够吸引人,参与活动人数太少	活动实施达不到预期效果	1.物业管家在活动策划中要做好业主需求调研、满足业主活动需求; 2.利用宣传栏、业主微信群等多种形式和方式向业主进行活动宣传,扩大宣传覆盖面,让业主知晓活动,积极参与活动

任务四 社区文化活动的类型与案例

1.任务导入

(1)选择社区文化活动的策划类型

小张负责策划一个针对在管项目锦绣花园小区的社区文化活动。物业公司调研了活动策划,经过调研,发现小区存在以下问题。一是目前小区中"空巢"老人比例较高,老人65%以上与孙子或孙女在一起居住,且老人们的子女大都在外地工作,平时很少回来,陪伴老人的机会很少。二是老人身体状况普遍不乐观,其中30%患有长期慢性病,甚至卧床。三是日常生活状况差,很多老人缺乏精神陪伴,因为交际圈单一、子女不在身边而经常感到孤单。

问:根据以上调研结果,物业管家小张应针对活动对象策划什么类型社区文化活动呢?

(2)任务分析

物业管家应当针对锦绣花园小区业主的特点及需求选定合适的活动类型。在确定活动类型之前,应当开展一系列调查,掌握业主的需求与问题,使策划的活动方案更有针对性。

针对案例中小区内业主群体的年龄特点和问题,物业管家应以社区文化为载体,有针对地开展形式多样、内容丰富适合老年人的社区文化活动,满足老年人的精神需求。

子任务一 民俗文化活动

社区民俗文化指社区居民的风俗和生活习惯,包括饮食、衣着、待人接物、节日庆典、婚丧嫁娶、宗教信仰等。民俗是特定地域自然环境的产物,是民众物质生活方式以及精神寄托、追求和享乐的方式。

1.传统节庆活动

(1)春节

中华民族最隆重的节庆就是一年一度的春节。史载,春节最早源于原始神农时代的"腊祭"。民间称春节为"过年"。从腊月廿三到除夕是春节准备阶段,贴对联、挂年画、张灯、祭祖先等,忙着为迎接春节做准备,俗称"腊月忙年";年三十夜称作除夕,人们有吃团圆饭、坐夜守岁习惯,大年初一到初三可开展各式各样的迎新春活动;从初四到十五,主要是游憩、娱乐,如扭秧歌、跑旱船、舞狮子等,形式多样,热闹非凡。

(2)元宵节

元宵节是中国的传统节日之一,元宵节又称上元节、元夕或灯节,时间为每年农历正月十五。古人称"夜"为"宵",正月十五是一年中第一个月圆之夜,所以正月十五被称为"元宵节"。元宵节传统民俗活动自古以来就以热烈喜庆的观灯为主,主要有赏花灯、吃汤圆、猜灯谜、放烟花等。不少地方元宵节还增加了游龙灯、舞狮子、踩高跷、划旱船、扭秧歌、打太平鼓等传统民俗表演。

(3)清明节

清明节,又称踏青节、行清节、三月节、祭祖节等,节期在仲春与暮春之交,扫墓祭祖与踏青郊游是清明节的两大礼俗主题。清明节是传统的重大春祭节日,扫墓祭祀、缅怀祖先,是中华民族自古以来的优良传统,不仅有利于弘扬孝道亲情、唤醒家族共同记忆,还可促进家族成员乃至民族的凝聚力和认同感。清明节将自然节气与人文风俗融汇为一体,是天时、地利、人和的合一,充分体现了中华民族先祖们追求"天、地、人"的和谐合一,讲究顺应天时地宜、遵循自然规律的思想。

(4)端午节

端午节,又称端阳节、龙舟节、重午节、天中节等,源于自然天象崇拜,由上古时代祭龙演变而来。后人亦将端午节作为纪念屈原的节日;也有纪念伍子胥、曹娥及介子推等说法。节日活动有划龙舟、放纸鸢、挂艾草菖蒲等,节日饮食有粽子、五黄、咸鸭蛋、绿豆糕等。

(5)中秋节

中秋节,又称祭月节、月光诞、月夕、秋节、仲秋节、拜月节、月娘节、月亮节、团圆节等,是中国民间的传统节日。中秋节自古便有祭月、赏月、吃月饼、玩花灯、赏桂花、饮桂花酒等民俗,流传至今,经久不息。中秋节是秋季时令习俗的综合,其所包含的节俗因素,大都有古老的渊源。中秋节以月之圆兆人之团圆,为寄托思念故乡、亲人之情,祈盼丰收、幸福,成为丰富多彩、弥足珍贵的文化遗产。

2.传统民俗文化活动

中国传统民俗文化活动有猜灯谜、贴春联、挂灯笼、看京剧、花灯报元夜、踩高跷、舞龙、舞狮等。

（1）猜灯谜

猜灯谜又称打灯谜，是一种中国独有的富有民族风格的传统民俗文娱活动，是从古代就开始流传的元宵节特色活动。每逢农历正月十五，中国民间都要挂起彩灯，燃放焰火，后来有好事者把谜语写在纸条上，贴在五光十色的彩灯上供人竞猜。

（2）贴春联

每逢春节，无论城市还是农村，家家户户都要将漂亮的红春联贴于门上，辞旧迎新，增加喜庆的节日气氛。春联的另一来源是春贴，古人在立春日多贴"宜春"二字，后来春贴渐渐发展为春联，表达了中国劳动人民一种辟邪除灾、迎祥纳福的美好愿望。

（3）挂灯笼

灯笼又名花灯，是起源于中国的一种汉族传统民俗工艺品。在古代，灯笼的主要作用是照明，纸或者绢作为灯笼的外皮，竹或木条作为骨架，中间放上蜡烛，成为照明工具。花灯是中国传统农业时代的文化产物，兼具生活功能与艺术特色。现在，人们多于春节、元宵等节日悬挂灯笼，为佳节喜日增光添彩，祈求平安。

3.民俗文化活动典型案例

重阳节敬老茶话会活动方案

一、活动名称

重阳节敬老茶话会。

二、活动目的

重阳节是中华民族尊重老人的重要节日之一，本次特别策划重阳节敬老茶话会活动，通过举办该活动，收集老年业主对物业社区文化活动建议及日常生活需求，提升老年业主物业体验，展现物业服务，为业主创造价值，实现合力共赢的目标。

三、活动参加对象

活动对象：50岁以上的业主。

四、主办单位

A物业服务有限公司。

五、活动时间及地点

活动报名时间：10月15—21日。

活动开展时间：10月25日。

活动地点：小区中心广场。

六、活动内容

①征询2021年小区老人关注的社区文化活动意见。

②收集老年业主尤其是独居老人的日常生活需求，并于会后制订跟进解决方案。

③指导老年业主使用智能手机,讲解微信功能及使用技巧。向业主讲解通过物业服务App报事报修等操作方法。

七、活动注意事项

①提前准备水果、小食、饮品等茶话会食品,并为参与活动的老年业主准备礼品。

②提前布置海报、横幅、摆台等。

③物业管家须准备适量最新logo名片或相关设计,并在茶话会上发给有需要的老年业主。

④对于老年业主提出的活动建议和生活需求,在会后备份、整理,并跟进相关工作。

⑤微信群发活动海报,做宣传预热和活动总结。

八、人员安排

工作任务	人员安排/人
总负责人	1
场地协调者负责寻找合适的场地、布置场地、准备活动所需器材等	4
活动宣传者负责策划活动宣传海报、准备宣传横幅、准备报名工作等	4
场地管理者负责场地排练或者管理场地、登记信息及场地卫生情况	1~2

九、活动经费预算

项目名称	费用/元	共计/元
活动礼品	3 000	
布置会场(彩带、气球等)	200	4 500
水果、小食、饮品	1 000	
活动宣传展板、横幅	300	

子任务二　文艺文化活动

社区文艺指社区成员从事的业余文学艺术活动。社区文艺特点为自娱自乐、丰富多彩、雅俗共赏,有娱乐、审美、教育、宣传、交际等多种功能。社区文艺是形成社区认同感和归属感的主要途径,是形成社区吸引力、感化力、凝聚力和创造力的重要方法,是社区艺术风格、民俗特色和经济活力的直接或间接的表现。

1.文艺文化活动的类型

文艺文化活动主要指看戏、看电影、唱歌、跳舞等娱乐活动。随着社会经济发展,我国城市居民的可自由支配收入和闲暇时间不断增加,与此同时,人们的身心压力也由于生活节奏加快而增大。常见的文艺文化类活动包括读书、抚琴、对弈、吟诗、歌咏活动、舞剑、打拳、绘画、养花、饲鸟、书法、收藏、登高、出游、评论等。文艺文化活动类型主要分为语言、舞蹈、乐器、书法及绘画等4种传统文化。

（1）语言类活动

语言是民族的重要特征之一，一般来说，各民族都有自己的语言。在历年的春节联欢晚会上，语言类节目都是大众最喜爱的节目之一。语言类节目主要指小品、相声等，还指朗诵、快板、三句半、绕口令、贯口、滑稽戏等曲艺类的节目，其中，配乐诗朗诵比较常见，音乐情景剧等也较为多见。

（2）舞蹈类活动

舞蹈是一种表演艺术，使用身体来完成各种优雅或高难度动作，一般有音乐伴奏，以有节奏的动作为主要表现手段。它一般借助音乐，也借助其他道具。舞蹈本身有多元的社会意义及作用，包括运动、社交、祭祀、礼仪等。在人类文明起源前，舞蹈在仪式、礼仪、庆典和娱乐方面都十分重要。舞蹈常见的类型有现代舞、爵士舞、民族舞、古典舞等。

（3）乐器类活动

乐器泛指可以用各种方法奏出音色的工具，一般分为民族乐器与西洋乐器。人类演奏乐器，借以表达、交流思想感情。代表着中华传统音乐文化的民族乐器是中国的独特乐器，比较流行的民族乐器有琴、筝、箫、笛、二胡、琵琶、丝竹、鼓等。这些乐器可分为体鸣乐器、膜鸣乐器、气鸣乐器、弦鸣乐器4类。常用的西洋乐器分为木管乐器、铜管乐器、弦乐器、键盘乐器、打击乐器等。

（4）书法及绘画等传统文化类活动

书法是汉字的书写艺术，是中国传统文化艺术发展五千年来最具有经典标志的民族符号。从字体来看，书法一般分为篆书、楷书、隶书、行书、草书等。从书写工具而言，书法可分为硬笔书法和软笔书法。

绘画指用笔、板刷、刀、墨、颜料等工具和材料在纸、纺织物、木板、墙壁等表面塑造形象的艺术形式。从美术史的角度讲，我们统称民国以前的国画为古画。按使用材料和表现方法，中国画可细分为水墨画、重彩、浅绛、工笔、写意、白描等；按题材分为人物、山水画、花鸟画等。

2.文艺文化活动典型案例

缤纷摄影比赛活动方案

一、活动名称

缤纷摄影比赛活动。

二、活动主题、理念及性质

活动性质：大众公益性活动。

活动主题：记录美好时刻，共建和谐小区。

活动理念：让大家晒出自己的幸福、快乐，让幸福、快乐感染整个小区。

三、活动目标

以摄影比赛为切入点，营造和谐、温馨的气氛，旨在让大家都感受到幸福快乐，并大胆寻求和制造幸福和快乐。

四、活动时间、对象以及场地准备

活动时间：考虑学生上学、青年人外出工作等因素，时间以寒暑假和周末为主。

活动对象：不分性别、年龄，愿意分享体现自家幸福瞬间的照片的所有业主。

活动场地：如果小区内室内场所较大，则在室内举行；如果小区内室内场所不大，就选择较为空旷的室外场地，比如小区广场等。

五、活动宣传

1.可提前半个月宣传。以"美好幸福家庭展"为题，举办摄影展比赛，让想参赛的家庭有时间提前准备。

2.可以采取社区公告、海报、宣传横幅等方式宣传，扩大影响力。

六、活动时间、人员安排

活动时间		人员安排
美好幸福家庭展	10月11日上午9:00—11:30	主持人2名，可以评选； 场地负责人4名，负责寻找合适的场地、布置场地、准备活动所需器材等； 各区域负责人若干； 感人摄影展区负责人2名； 唯美摄影展区负责人2名； 搞笑摄影展区负责人2名； 写实摄影展区负责人2名； 评委老师5名，尽量选择专业人士； 奖品颁发人员2名

七、经费预算

项目名称	费用/元	共计/元
制作海报等广告宣传费	300	4 300
布置会场（彩带、气球、展架等）	1 000	
其他物品（礼品、相册等）	3 000	

子任务三　体育文化活动

社区体育以基层的社区为地域范围，以社区内的体育器材、设施以及自然资源为物质基础，小区业主共同参与，满足小区业主娱乐、健身需求，以加深社区内居民之间的情感为目的,是就近开展的群众性体育活动。在现代社会中,人们越来越重视健身,因为锻炼身体同身体素质、生活质量、工作效率、精神面貌、体形健美、智力水平、反应速度、文化底蕴和心理素质直接相关。

1.体育文化活动的类型

(1)全民健身活动

全民健身指全国全体人民(不分男女老少)为了增强力量和柔韧性、增加耐力、提高协调性和控制身体各部分的能力而使身体强健。全民健身旨在全面提高国民体质和健康水平,以青少年和儿童为重点,倡导全民做到每天参加体育健身活动一次以上,学会健身方法两种以上,每年测定体质一次。

(2)竞技比赛活动

竞技比赛指为了战胜对手最大限度地发挥和提高个人、集体在体格、体能、心理及运动能力等方面的潜力所进行的科学的、系统的训练和竞赛。与普通的健身活动相比,竞技比赛往往能给人一种既激烈精彩又和谐优美的感觉。物业小区可以开展趣味运动会、拔河比赛、篮球对抗赛、乒乓球比赛、气排球比赛等,增强业主之间的互动与交流,充分发挥业主的团队合作精神,创造社区的良好体育氛围。

(3)休闲运动活动

休闲运动是健康的体育与浪漫的文化追求相结合的运动,在余暇时间里,人们通过多种多样具有一定文化品位的运动达到健身、娱乐、交往、自我实现等目的,进而满足个人身心发展需要。休闲运动不仅能缓解压力、放松过分紧张的情绪,更能张扬个性、追求品位与情趣,因此逐渐被人们接受和喜爱,成为人们文化生活的重要组成部分。

2.体育文化活动典型案例

"大手牵小手"亲子运动会策划方案

一、活动背景

小区业主平时工作压力大,投入在工作上的时间多。和孩子交流及陪伴孩子的时间越来越少。为了增进亲子交流,塑造和谐幸福小区形象,物业服务中心以亲子运动会形式举办社区文化活动。

二、活动目的

1.增进父母和孩子们之间的交流,营造和睦家庭氛围。

2.锻炼身体,增强体质,缓解压力,使业主融入大自然。

3.丰富社区儿童的周末生活。

4.提升儿童的沟通交往能力,树立团队意识。

三、活动主题

大手牵小手,和谐亲子情。

四、活动时间

11月8日早上9:00—11:00。

五、活动地点

小区中心广场。

六、活动准备

1. 确定活动时间、场地，布置活动现场。

2. 制作邀请函，在业主群和公告栏张贴活动广告。

3. 活动宣传。

4. 设置奖品。

5. 确定工作人员安排及物资安排。

七、活动流程

1. 主持人致活动开幕词。

2. 进行趣味游戏。

游戏一：贴鼻子。

目的：增强孩子与父母间默契。

道具：眼罩、鼻子贴纸。

规则：用眼罩蒙起家长的眼睛，然后家长原地转三圈，听从自己的孩子指挥，将手里的鼻子贴到适合的位置。

游戏二：踩气球。

目的：增强孩子与父母间默契。

道具：气球、绳子。

规则：家长跟孩子共同参加，用绳子将气球绑在家长的脚腕上面，比赛开始的时候，家长须背着自己的孩子保护自己的气球，同时去踩别人的气球。

游戏三：我给爸爸(妈妈)穿鞋子。

目的：增强孩子与父母间默契。

道具：父母的鞋子。

规则：每个家庭派一名家长和一名幼儿，让幼儿认识家长的鞋子，然后让家长将鞋子脱下放入圆圈内，将鞋子打乱，游戏开始，幼儿从圆圈内找出自己爸爸(妈妈)的鞋子，并帮家长穿好，先穿好则胜利。

八、物资准备

项目名称	费用/元	共计/元
制作海报等广告宣传费	300	
布置会场(横幅、跳绳、道具、气球等)	800	3 100
礼品	2 000	

子任务四　教育文化活动

社区教育指在社区中开发、利用各种教育资源并以社区全体成员为对象开展旨在提高成员素质和生活质量、促进成员全面发展和社区可持续发展的教育活动。面向儿童、青少年的教育成长类社区文化活动，既可以全面、全程、全方位满足儿童青少年教育成长需求，又可以弥补家庭教育和学校教育的不足，充分实现教育全面育人功能。还可以整合、调动社区优势资源，形成教育合力，增强育人成效。物业服务企业作为城市社区服务的基本单位，承担着社会教育载体的重要职能，因此可以在小区业主中开展形式多样的社区文化教育活动。

1.教育文化活动的类型

（1）德育类活动

德育指儿童、青少年的思想道德教育，是儿童、青少年素质教育的首要任务。社区作为儿童、青少年德育工作的重要场所，可以开展宣传纪念活动。结合法定节日、传统节日、历史人物的诞辰和逝世纪念日（革命领袖、民族英雄、杰出名人等）、重大历史事件纪念日（建党、红军长征、辛亥革命等）等，引导儿童、青少年弘扬民族精神，增强爱国情感，提高道德素养。在物业小区，物业管家可以面向儿童、青少年开设传统文化学堂、民主法制讲堂、文明礼仪课堂，培养儿童、青少年志愿者并鼓励、支持他们开展志愿服务活动，进一步提升他们的思想文化修养、文明法治素养和公益慈善意识。

（2）智育类活动

智育指开发智力的教育，有时也单指文化科学知识方面的教育。虽然学校是儿童、青少年智育的主要场所，但是社区也在儿童、青少年科学文化知识的宣传普及和教育中发挥着越来越重要的作用。具体而言，在儿童、青少年智育方面，物业小区可以开展课后托管活动，提供安全的场地供学童完成作业，安排专人为学童辅导功课，解除父母的后顾之忧。

（3）评选、评比活动

运用各种方式向儿童、青少年宣传、介绍古今中外的杰出人物、道德楷模和先进典型，激励他们崇尚先进、学习先进。通过评选优秀小区志愿者、最美家庭等活动，为儿童、青少年树立可亲、可信、可敬、可学的榜样，让他们从榜样的感人事迹和优秀品质中得到鼓舞、汲取力量。

（4）健康促进活动

健康促进是一种社会行为和社会战略，它运用行政或组织手段，广泛协调社会各相关部门以及社区、家庭和个人，使其履行各自对健康的责任，共同维护和促进健康。随着现代城市节奏越来越快，生活与工作的压力越来越大，人们的健康问题越来越令人担忧，尤其是办公室里的久坐族。对此，物业小区可以开展义诊、健康检查、健康沙龙、健身运动等活动，增强业主的健康意识，推广健康的生活方式。

（5）科普教育活动

随着"社区科普益民计划"在全国推行，我国已建立一大批县级、地市级、省级、国家级科普示范社区，成立了社区科普室，配备了科普宣传设施设备。因此，物业小区可结合自身优势和特点,组织小区儿童、青少年参观科普教育展示馆,邀请科技馆工作人员到小区举办科普讲座等。提升儿童、青少年科学文化素质,创造机会使他们参与科普活动,教育和引领他们自觉抵制封建迷信和愚昧落后习俗,为社会主义和谐社会建设夯实思想文化基础。

2.教育文化活动典型案例

环保课堂之垃圾分类活动策划方案

一、活动名称

环保课堂之垃圾分类。

二、活动性质

教育文化类、公益性。

三、活动时间及对象

活动时间:世界环保日(6月5日)上午8:00—11:00。

活动对象:小区内全体业户,男女老少都可。

四、活动目标

1.丰富业主的生活。

2.提高业主的动手能力、创造力,给他们创造才艺展示的平台。

3.增加业主的环保意识。

五、活动准备

1.器材准备

活动需要的器材有海报纸、水笔、宣传横幅、剪刀、细绳、双面胶、音响设备、话筒、宣传海报、奖品、急救药箱等。

2.活动宣传

海报制作者2名。海报内容须体现活动的性质、内容、时间、地点、报名时间、报名地点等,确保小区业主能及时了解信息。

宣传横幅制作者2名,横幅的内容可参考如下:

创意服装,由我设计!

世界环保日,从我来做起!

创意服装还是看我的!

采用口口相传的宣传方式。这种宣传方式须事先动员一批喜爱热闹、热衷于社区文化活动的积极分子,然后由他们将活动意义传播给大家,从而使大家响应号召,积极参加。

3.场地选择

第一,要考虑场地的面积,可根据参赛人数预估观众数量,然后选择合适的场地。第二,要考虑场地的位置,场地要接近社区,不能远离社区。第三,要考虑安全。一旦场地确定,在场地布置以及活动开始前,都要再三检查以确定场地安全。

4.活动正式开始前的准备

(1)检查各区域的安全措施。

(2)主持人和其他工作人员准备工作,如试音等,确保各项器材能正常使用。

六、经费预算

项目名称	费用/元	共计/元
制作海报等广告宣传费	300	
布置会场	1 200	4 500
礼品、道具	3 000	

任务五 新媒体在社区文化工作中的运用

1.任务导入

(1)如何处理醉酒者在业主微信群滋事

一个月明星稀的夜晚,水悦湾小区业主群里,一连串消息打破了宁静的微信群,也吸引了物业管家小刘的注意。物业管家小刘查阅群聊天记录,发现原来是一位醉酒的业主,由于自己心情苦闷而在业主微信群发泄情绪,无端挑衅物业工作人员,言语刺激群内业主。业主们纷纷表示不满,也有业主抱怨物业没有认真管理业主微信群。

问:①物业管家小刘应如何在业主群回应?

②怎样用新媒体处理业主间的矛盾?

(2)任务分析

物业服务企业生长于市场经济时代,树立品牌是提高企业市场竞争力的重要手段,也是物业服务企业的首要任务和使命。物业管家应当积极运用新媒体进行物业管理和服务,借助新媒体与业主交流、解决问题。物业管家应充分利用新媒体,营造积极舆论环境。在树立品牌的过程当中,物业服务企业经常受到社会舆论的负面影响,物业服务企业的信誉度和美誉度不同程度地受到损害,给物业服务企业带来了一定风险。因此,物业服务企业须化解社会舆论负面影响,降低经营风险。

2.社区文化工作中新媒体的类型

伴随着技术变革,社区中新媒体类型日益丰富,社区微信群、公众号、社区App、社区电子信息设备等平台出现,它们基于不同传播优势分别发挥各自的功能和作用,不仅优化了社区资讯的发布、传播、分享效率,而且有助于社区内外资源共享互动,在社区传播和社区生活中,地位日益提高。

(1)业主微信群

微信是腾讯公司于2011年1月21日推出的一个为智能终端提供即时通信服务的免费应用程序。利用微信,用户可跨通信运营商、跨操作系统平台通过网络快速发送免费(须消耗少量网络流量)语音短信、视频、图片和文字,同时,也可以使用共享流媒体内容的资料和基于位置的社交服务插件"摇一摇""朋友圈""公众平台""语音记事本"等。微信结合当下便捷、及时的媒介发展潮流和人们的生活需求,不断挖掘小程序的功能,将线上、线下服务连接,包括生活、商业、民生、政务等,微信群在社区生活中主要发挥以下几种功能。

1)传递基本的物业小区信息

通过微信群,物业管家可定期为业主推送当天天气状况、出行和生活信息。业主们不仅在微信群中交流相关的物业信息,也分享生活中获取的各种日常信息和生活经验。这些信息都与业主的生活息息相关,解决了业主们生活、出行以及娱乐等需求问题。同时,微信群中,活跃的业主用户间的交流和互动还可以为其他业主提供资讯互助和生活向导。

2)业主维权及问题反映

小区作为人们长期生活和居住的重要场所,出现一些管理问题也在所难免。为了不影响正常生活,业主可以通过微信群向物业管家反映相应的问题,物业管家也可以及时地反馈业主提出的问题,双方有效沟通可以缓解物业和业主之间的紧张关系。由此,新媒体不仅成为业主传递和分享社区信息的渠道,也在业主自我管理中起到了不可替代的作用。新媒体可以动员和调动业主,促进相关利益方对话和沟通,从而推动物业小区和谐管理。

3)社区广告宣传

由于业主群成员较多,小区周边的很多商家看到了商机便加入业主群,分享相关商品信息和活动宣传,也有业主在群里面发布一些租房、卖房信息。这在某种程度上方便了商家和业主,使消费更加个性化。但频繁的广告宣传也会让业主无所适从,物业管家必须做好微信群管理。

(2)微信公众号

微信公众号是开发者或商家在微信公众平台上申请的应用账号,该账号与QQ账号互通,在平台上,开发者或商家利用文字、图片、语音、视频和特定群体全方位沟通、互动,形成了一种主流的线上、线下微信互动营销方式。

为了迎合时代发展需求,大部分城市商品房小区的物业服务企业纷纷创办了自己的微信公众号,为物业管理引擎助力。很多物业服务企业微信公众号具有物业交费、车辆交费、报事报修、人脸采集等功能。关注该微信公众号之后,用户选择小区并绑定房号,便可以享受物业通知、在线报修以及查缴物业费等服务。公众号作为物业服务企业的新闻宣传和信息传递平台,更好地塑造了自身的服务形象,作为一种新型的社区媒介,在社区传播中发挥着重要作用。

(3)物业管理App

手机软件,主要指安装在智能手机上的软件,完善原始系统的不足与个性化,使手机功能完善,为用户提供更丰富的使用体验。近年来,物业管理App的应用场景不断扩大,交通、环保、金融、医疗、家电等行业通过平台深度融合,促进社区传播从传统、线下向现代、智能转变。

3.社区文化工作中新媒体的运用

(1)新媒体促进社区文化传播

在智慧社区建设下,物业管家要充分认识社区文化的现实性,及时弥补新媒体在社区文化应用中的不足。现阶段,须运用多种新媒体来整合、传播社区文化,以加快提升民众健康水平、幸福指数等。可以引进国外已经成熟的运作方式,并对其加以本土化改造,针对不同地区的实情,打造出群众喜爱的社区文化。

(2)新媒体提升社区文化

在信息化社会冲击下,智慧社区已融入人们的生活,相应社区文化形式也须同步更新。类似DIY素食馆、主题影厅、室内球馆等,都可以适度展开。物业服务企业可运用多种新媒体,发挥新媒体的线上传播、线下组织优势,记录、展示这些活动,调动更多业主逐步参与到社区文化中来,为社区和谐共荣环境创造有利条件。

(3)新媒体促进社区文化传承

在信息化社会建设过程中,作为文化信息的一部分,社区文化的理念、内容、价值等都亟待保留与传递,而这些正是新媒体的优势所在,其数字化存储保证了文化信息高保真。新媒体用户的广泛性、频率高,使得社区文化的知识、价值、行为规范等被无形地传递到业主日常行为中。新媒体这种文化协调功能还体现在,可以及时发现并纠正业主在文化活动中的非理性行为,使得社区文化始终发挥正能量作用。

4.新媒体在社区文化工作中的注意事项

(1)新媒体舆论引导及途径

舆论引导指带有选择性和倾向性地报道事件以梳理和引导社会舆论从而影响群众认知进而影响群众行为。加强社区舆情新媒体舆论引导,为社区社会舆论提供健康的氛围,对于维护城市稳定发展、构建和谐社会至关重要。对物业服务企业来说,舆论引导的途径如下。

一是早介入,当好参谋。在房地产企业开发过程中,在参与规划、设计、施工、监理、竣工验收、接管验收全过程中,早期介入的物业服务企业要为业主参谋,提出合理化建议,把可能出现的问题消灭在萌芽状态。

二是练内功,完善自己。业主满意度高低是衡量物业服务企业优劣、决定物业服务行业盛衰的关键指标。因此,物业服务企业必须苦练内功,不断改进管理方式,不断提高服务意识,不断加强客户观念,不断推进管理创新、技术创新,做到服务创新。

三是做业主的知心朋友。与业主相处,以诚相待,提供业主所需要的服务,为业主排忧解难,与业主共创美丽的家园。

四是做媒体宣传助手。与媒体联手打造物业服务企业品牌,是物业服务企业树立自己品牌的重要手段之一。借助公众媒体平台,传播物业服务经营理念、经营思想以及经营文化,树立企业品牌。公众媒体正面地宣传、报道物业服务企业,有利于物业服务企业成长与发展。在做媒体宣传助手时,必须与媒体坦诚相待。特别是在出现负面舆论的情况下,物业服务企业不要怕承担责任,要积极主动地协助媒体了解事实的真相,与媒体共同把事情处理好,消除猜测,化解误会,做媒体和业主之间沟通的桥梁。

五是充分利用企业内刊。物业服务企业充分利用企业内刊会对品牌建设和推广产生很好的作用。充分利用企业内刊,可以与业主互助,可以与公众媒体交流,从而使其对物业服务企业加深了解和理解进而支持物业服务企业。

(2)新媒体舆论引导工作的策略及技巧

物业服务企业是接收重要信息的基层组织,物业管家要准确、及时地向小区业主传播国家层面的方针政策,在遇到重大突发事件时,做好舆论引导工作。

一是营造积极的舆论环境。物业管家应正面宣传物业管理工作,找准宣传切入点,大力宣传品牌企业的优质服务,先入为主,弘扬行业良好风气。广泛宣传物业知识,让业主了解物业管理,使业主观念成熟,达到相互理解的良好效果。遇到重大突发事件或关键时刻时,也要发出关键的声音,内容必须及时、透明、权威,在告知民众真实信息的同时,要讲究策略,避免引起业主的恐慌。

二是主动与媒体沟通,建立良好关系。物业服务企业要主动接触新闻媒体,并与其建立良好的关系。第一时间传播行业的新举措、新思路,正确引导主流新闻媒体的舆论方向。物业服务企业及物业管家要勇于面对媒体,对于新闻媒体采访,责成专人,积极配合,全面提供相关背景材料,确保新闻媒体报道能够公正、客观、真实。同时,应正确对待新闻媒体的合理批评,问题确实存在时及时整改,争取新闻媒体的同情和谅解。遇到不公正的报道,要敢于申辩,并向其说明真实情况。

三是充分利用媒体监督机制。物业服务企业要善于运用新闻媒体,让新闻舆论媒体切实成为宣传、教育、动员的重要舆论工具。正视媒体提出的问题,公开解决,规范运营,激励公司内外部,提升服务质量,使运营更加透明,让业主及全社会公众信服。充分利用媒体的监督机制,扩大企业宣传,提升企业形象。

【学习目标检测】

一、思考题

1.社区文化活动的工作流程有哪几个部分?

2.在物业服务企业中,新媒体的常见类型有哪些?

3.社区文化活动应当怎样选择主题?

课程资源

二、单项选择题

1.社区文化活动策划工作流程中,第一个步骤是(　　　)。

A.前期调查研究　　　　　　B.服务对象需求评估

C.确定活动主题及目标　　　D.活动方案设计

2.社区文化活动结束后,要有文字记录并附相关照片,同时将本次活动情况填写在(　　　)中,针对活动效果予以总结,活动结束时,须调查业主满意度并详细记录。

A.《社区文化活动策划方案》　　B.《社区文化活动组织细则》

C.《社区文化活动效果评估表》　D.《社区文化活动组织计划表》

3.在活动的实施环节,物业服务企业应当成立(　　　),合理安排工作人员。在现场秩序维护、风险管控和摄影拍照上设置人员,分工合作,做到责任到人。

A.改进小组　　B.组织小组　　C.验收小组　　　D.检查小组

4.(　　　)指社区成员在社会发展进程中形成的一种高层次的较为稳定的心理状态,一种积极、健康、充实的精神状态。

A.社区教育　　B.社区体育　　　C.社区精神文明　　D.社区文艺

5.( )以基层的社区为地域范围,以社区内的体育器材、设施以及自然资源为物质基础,以加深社区内居民之间的情感为目的,小区业主共同参与,满足小区业主娱乐、健身需求,是一种就近开展的群众性体育活动。

A.社区文艺 B.社区教育 C.社区医疗 D.社区体育

二、多项选择题

1.社区文化活动组织策略与技巧有( )。

A.合理组织活动对象 B.合理设置活动规模

C.科学安排组织人员 D.发挥志愿者的积极作用

E.装修管理培训

2.教育文化活动的类型有( )。

A.德育类活动 B.智育类活动

C.舞蹈类活动 D.健康促进活动

E.科普教育活动

3.体育文化活动的类型有( )。

A.评选评比活动 B.竞技比赛活动

C.休闲运动活动 D.全民健身活动

E.语言类活动

4.文艺文化活动的类型有( )。

A.语言类活动 B.健康促进活动

C.乐器类活动 D.书法、绘画等传统文化类活动

E.舞蹈类活动

5.在社区文化活动中,业主的参与形式有( )。

A.社区动员

B.业主自发参与《前期物业管理服务协议》制定

C.自发参与

D.被动参与

E.居民与社区合作

【养成性技能训练】

案例分析

案情:北苑家园是一个老小区,之前小区门口没有门禁,业主自由出入。前段时间,业主王先生看到小区门口在安装门禁,本以为只是普通的刷卡门禁,但门禁安装后他发现这是一套人脸识别门禁系统。接着,北苑家园物业服务公司发布通知,要求每个业主都要带着房产证等证件去录入人脸信息。"为了小区安全安装门禁无可厚非,但采集业主人脸信息有一定安全隐患吧,一旦泄露或者盗用的话,就会造成个人损失。"王先生说。因不同意录入人脸数据,王先生向北苑家园物业提出了采用人脸识别与刷卡两种方式进入小区,但物业人员不同

意,称这样会增加额外成本。张先生就小区安装人脸识别门禁问题向12345反映,物业经理答复称,安装该门禁系统为了小区更加安全,而且征求过业主意见,没有人提出反对意见。"物业服务公司并没有征求过我们的意见,业主群里大家都说没看到通知,物业服务公司装门禁后直接就通知业主去录人脸信息了。"张先生表示。张先生希望物业服务公司能尊重业主意见,让大家在刷脸和刷卡方式中二选一,而不是像现在这样只能刷脸。

问:请指出案例中物业服务公司运用新媒体服务存在的错误或不妥之处,并写出正确的做法。

项目八
内外部沟通

【知识目标】

1.了解企业内部沟通渠道和沟通方法。

2.了解与开发商沟通的特点和主要内容及方式。

3.理解与业主委员会的关系以及主要沟通事项。

4.掌握业主及业主群沟通的方式和细节要求。

【能力目标】

1.掌握企业内部沟通方法及工作汇报方式。

2.面对不同开发商代表时,能够采取针对性的沟通策略。

3.熟悉与业主委员会沟通的主要事项及组织方式。

4.掌握与业主及业主群沟通的技巧及方法。

【思政目标】

1.养成良好沟通习惯,具备与他人沟通的同理心。

2.掌握一定沟通技巧,提高服务工作能力和工作效率。

3.发挥沟通桥梁作用,在生活、工作中促进和谐沟通。

【知识储备】

沟通的目的是传递信息、传播思想和传达感情。物业服务企业的沟通可以分为内部沟通和外部沟通。物业服务企业内部沟通指公司总部及各职能部门与下属物业服务中心、物业服务中心各部门间、上下级间的沟通;物业服务企业外部沟通主要是与业主、业主委员会、开发商以及其他相关单位合作及信息沟通。物业管家的最核心的工作任务就是,通过沟通向沟通对象传递信息,并在一定时间内与业主达成共识,完成预定工作目标。良好的沟通能力和沟通技巧是物业管家及其他物业服务工作人员必须具备的基础条件。

【知识帮助】

企业内部沟通指物业服务企业借助文件、会议、邮件、电话等完成企业内部下行沟通、上行沟通和平行沟通工作。企业内部沟通是物业服务企业和物业管家工作正常运行的前提条件,只有企业内部沟通顺畅,对外沟通才能有高效率和高质量。物业服务企业和物业管家的最主要任务就是在物业服务中与业主沟通。按照信息流动顺序,企业内部沟通可以分类为下行沟通、上行沟通和平行沟通。

下行沟通指组织中信息从较高的层次流向较低层次的沟通。

上行沟通指在组织中信息从较低的层次传递到较高层次的沟通,主要是下属依照规定向上级提出书面或口头报告。

平行沟通指组织内部平行管理层各部门、各职能单位或人员之间的信息沟通。

任务一　物业服务企业内部沟通

1.任务导入

(1)团队内部沟通

小马晋升为绿港花园项目客服部主管,负责客服部内部协调,统筹管理等工作。当时,客服部刚经过了一轮重新竞聘,每个管家负责的网格基本都有了轮换,对负责的网格不熟悉,一切要重新开始。团队6位物业管家,3位是新人,另外3位是老员工。经过几天观察,小马发现,近期团队内部须解决的问题有两个:首先,团队内物业管家目前多单兵作战,信息互动、沟通较少,工作问题都由个人独自解决,团队的作用基本没有得到发挥;其次,有的物业管家工作目标感不够强,工作比较松懈。如果长此以往,团队很难发挥出应有的作用。

问:面对这样一个新团队,小马应如何使团队工作走上正轨? 如何在团队内部营造互帮互助、沟通顺畅的氛围并实现团队价值最大化?

(2)任务分析

搭建管家沟通平台是建立团队内部沟通渠道的方式之一,属于正式的沟通渠道,当然,在团队中,很多非正式的沟通渠道也是不容忽视的。与正式的沟通渠道相比,非正式的沟通往往更侧重灵活迅速地适应事态变化,并且常常能够提供大量正式沟通渠道难以获得的信息,真实地反映团队成员的思想、态度和动机。

在一个团队里面,在沟通渠道建立的基础上,培养自己的团队沟通文化是非常关键的。有了良好的沟通文化,当在工作中发生矛盾或冲突时,大家首先想到的不会是去找"证据"证明对方是错的,而是争取与对方沟通、化解冲突、达成共识、解决问题。沟通文化属于企业文化的范畴,指企业员工交流信息时约定俗成的规范,指导整个企业信息流动的过程。沟通的理念不能停留在人们的嘴上或停留在办公室的墙上,而应该渗透到制度层面,变得可操作和可执行。

2.物业服务企业内部沟通工作内容与工作流程

(1)物业服务企业内部沟通工作内容

企业内部应建立适当的沟通渠道,保证积极交流和有效沟通,传递信息,交流意见。有效沟通有利于灌注企业精神、增进相互理解,充分理解是工作的必要前提,只有充分理解才能明确工作的目的,消除认识偏差,提高企业效率。

物业服务企业内部沟通的工作内容如下。

序号	相关人员	工作内容
1	行政部门	1.行政部门要积极促进各部门间的沟通,并组织开展沟通技能的培训; 2.定期进行员工满意度问卷调查,了解员工目前工作状态和需求; 3.对每一层次的沟通进行监督、协调和加强沟通反馈; 4.行政部与整个沟通框架中的各岗位人员进行随机沟通
2	直线管理人员	1.在新员工入职时,要与其进行入职谈话,介绍公司及工作的简要情况,并表达对其在公司发展的期望与祝愿; 2.在员工试工期满转正时,要通过面谈,对其试用期的表现做出评价,表扬优点、指出不足,并提出对其今后的工作期望; 3.在员工工作绩效不佳时,要通过面谈,帮助员工寻找与工作目标之间的差距,提出改进意见,并表达对员工的期望,以提高员工工作绩效; 4.在员工心态出现问题时,要立即与其谈话,帮助其分析原因并摆正心态; 5.当员工表现优异时,要表达出对员工的赞赏,并提出对员工的工作期望; 6.当得知员工家庭出现重要事件时,要对事件情况表达关注; 7.须时常了解员工对自己管理风格、管理方式的意见和建议,并积极改进; 8.对于未发生以上情况的员工,也须保持最少每个月一次的沟通
3	每一名员工	1.当工作中出现需要与上、下级或同级同事沟通的事项,要立即沟通,以促进工作成效; 2.不同项目从事中相同或类似工作的人员(如物业管家、秩序人员等),彼此之间要加强沟通,促进业务技能的提升与信息的传递; 3.对于本部门的工作有任何意见或建议时,可与上级进行沟通,促进改进; 4.对于公司的发展与变革有任何意见或建议时,可通过上级逐级上报或越级上报,以促进企业发展

(2)物业服务企业内部沟通工作流程

①下行沟通。

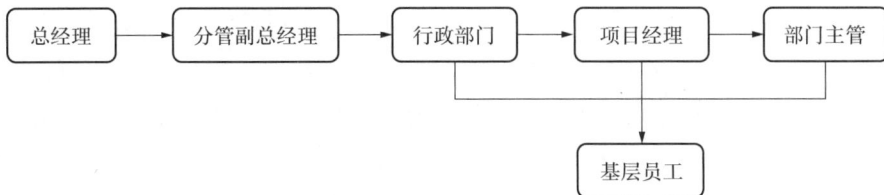

②上行沟通。

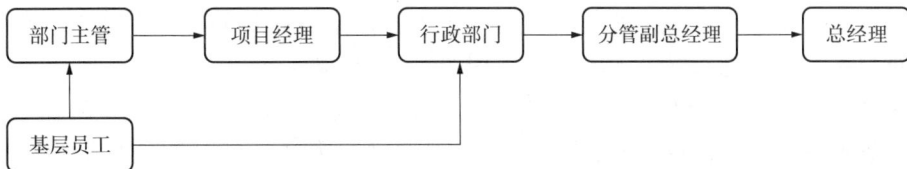

3.物业服务企业内部沟通作业指引

（1）目的

提倡良好、融洽、简单的人际关系，重视信息沟通，提高工作积极性，增加团队凝聚力，强调资源共享，为内部沟通提供指引。

（2）适用范围

公司各部门沟通工作。

（3）职责

序号	部门/岗位	工作内容	频次
1	人力资源部	指导、督促各部门与员工的良好沟通	持续
2	公司员工关系专员	负责员工关系管理及投诉处理	持续
3	片区员工关系专员	负责片区内员工关系管理及投诉处理	持续
4	部门负责人	负责组织、落实管辖范围内员工沟通的方式、方法和内容，并将有关信息传递到公司	持续
5	部门员工关系专员	调查事情情况或反馈上级，3个工作日内给予回复	持续

（4）程序要点

①各部门应耐心、礼貌倾听员工意见，重视并回复员工的意见。员工如有疑问，可在工作例会上提出或咨询直属上级。各部门负责人或授权的人事管理员每年与每位员工至少面谈一次，面谈内容包括工作生活中的收获与疑问、职业生涯规划等，面谈结束后，须留存面谈人的签字记录。各部门负责人负责指导监督基层管理人员沟通技能、方法、成效，以保障部门内部沟通管理良好、顺畅。

②员工可以通过以下几种沟通渠道沟通与反馈信息。员工如有疑惑或认为问题未得到及时有效解决，可按顺序逐级沟通：所在部门直属上级→主办/主管→部门人事管理员→部门负责人→公司人力资源部→分管领导→总经理。员工可拨打公司员工关系专员电话，公司将及时给予回复。公司设置总经理接待日，如有必要，可直接同总经理沟通，但请事先通过总经理秘书预约。也可将个人的意见或建议以书信形式投入公司本部和各部门所设立的内部业主意见箱。员工可以在公司组织的各类座谈会及培训上畅所欲言，也可以利用培训机会与培训讲师沟通。员工可以通过内部网络邮件等发表自己的意见，也可登录公司内部网站发表自己观点、见解。公司领导层应根据公司业务的需要不定期召开公司内部沟通会，向员工宣贯公司的管理情况、有关动态及阶段性目标和要求。公司各部门负责人应每月召开部门会议至少一次，讨论、商议部门工作的有关事宜。员工有任何疑问均可在部门会议上提出。公司职工委员会是代表全体员工利益并为之服务的机构，其基本职能是参与、沟通、监督。如果员工有意见和想法，可以向职工委员会直接反映。

③公司鼓励员工以主人翁姿态积极参与公司的经营管理活动，鼓励员工从各方面对公司的经营管理提出合理化建议。建议内容可包括提高工作效率，提高物品的利用率，节省不必要的工作时间，改进工作方法，改进劳动工具等；及时反映员工影响正常工作的思想苗头

和不良情绪,协助公司消除员工思想顾虑,提高员工工作士气;提高工作质量,针对质量管理体系运营过程中出现的问题提出改进意见和建议,帮助公司不断完善质量管理体系;减少浪费、节约成本;开源与节流是公司在经营管理中并行不悖的两种手段,公司欢迎员工提出增收节支的方法和建议及其他合理建议。

④为丰富员工生活,倡导"健康、丰盛的人生"企业文化理念,各部门可根据员工的特点及部门经营情况安排形式多样的员工活动,组织员工活动的部门应填写《活动方案及效果评估表》,部门负责人审核,片区分管领导审批,抄送人力资源部。

⑤员工如认为部门管理不合理,可向人力资源部申诉,员工关系专员须核查员工申诉,并将处理结果通知申诉人(已离职或匿名申诉等除外)。在处理申述时,员工关系专员要坚持保密原则,给予申述人必要保护。在向人力资源部申诉未得到合理答复时,员工可向分管领导或总经理申诉,受理人须核查员工的申诉,核查后将处理结果通知申诉人,须在三个工作日内回复,回复内容包括事情调查结果、拟采取措施等,以鼓励员工对改善工作进一步提出意见和建议。

⑥正式员工离职和员工延期转正时,部门负责人或授权人事管理员必须与员工面谈并填写《面谈表》,每延期一次,须面谈一次。

4. 物业服务企业内部沟通策略与技巧

(1)下行沟通策略

制订沟通计划,减少沟通环节,提高沟通效率;去繁从简,减轻沟通任务;言简意赅,提倡简约沟通;启用反馈,鼓励接受者对信息评价;多介质组合,例如,书面文件与电话相结合。

(2)上行沟通策略

建立信任关系。适当采用走动管理,安排非正式的上行沟通。非正式沟通多采用社交活动形式,如一起参加晚会等。与正式沟通相比,非正式沟通的沟通障碍少得多,沟通效果也非常好;维护领导层一致性,请示、汇报工作严格按照职责分工,不越级,不在背后议论。

(3)平行沟通策略

选择针对性的沟通形式,比如,工作推进会议,书面信函、电子邮件等。树立"内部客户"的理念,即认为工作的下一个环节就是本工作的客户;沟通中耐心倾听其他部门的诉求和困难,多换位思考,提出解决方案。

(4)工作汇报策略

事前汇报,接到重要或复杂任务或工作时,要在工作前汇报自己的工作思路或工作计划,尤其是新员工,可以避免沟通时任务理解偏差以及工作经验不足带来的失误;事中汇报,尤其在工作时间长或流程比较复杂时,要择机向上级汇报自己的工作情况,遇到困难时,还可以利用事中汇报寻求更多资源或帮助;事后汇报,完成上级布置的任务后,及时反馈,紧急、重要的工作完成后,要第一时间向上级汇报,让领导掌握工作情况,做出相关决策。

(5)越级沟通策略

工作正常时,各级工作人员要逐级上报。但当工作中出现如下情况时,可以越级沟通。对上级汇报的工作内容提出建设性意见和建议且多次得不到答复;对上级的管理方式产生意见,须投诉;发现上级的行为违规;对公司的改革、发展有良好的建议。越级沟通多采用意见信箱、隔级面谈等方式。

5.物业服务企业内部沟通风险识别与控制

风险点	风险影响及后果	预防措施
下行沟通风险： 1.企业组织机构复杂，信息传递层级过多； 2.长期过分依赖于下行沟通； 3.领导(上级)沟通技能、风格差异，沟通双方心态差异	1.传递过程中，信息可能被搁置、遗漏和曲解、误解，从而影响沟通的效果； 2.助长、形成权威主义，企业文化不民主； 3.信息传递失真，甚至被曲解或误会，进而影响工作和同事关系	1.建立合适的沟通制度与规范、完善沟通渠道，优化纵向沟通流程，减少不必要的层级，加强沟通反馈机制； 2.管理人员应具有民主作风，放下官架子，不打官腔，尊重下级的人格，对下属加强了解； 3.加强内部沟通培训、引导，鼓励员工参与、塑造适合沟通的企业文化
上行沟通风险： 1.传统、封闭的企业文化导致内部沟通机制不健全； 2.因处于弱势地位，下级产生一定心理距离和心理障碍，不敢沟通； 3.上下级关系不良	1.员工无法及时表达意见或合理建议，主动性和归属感差； 2.团队领导无法准确得知下属心里的想法，在工作中不能给予下属适合的帮助和指导，不利于工作开展以及员工进步； 3.因害怕打击报复，往往报喜不报忧，不愿反映真实情况，领导无法及时掌握真实情况	1.建立对话机制，确保员工表达意见的渠道通畅； 2.激励下属勇于提出相关工作建议，培养开放的心态和容纳部属意见的雅量； 3.了解、尊重上级的习惯，了解自己的长处和不足，与上级保持良好关系，正确对待批评； 4.多举行工作座谈会、民主对话会等
平行沟通风险： 1.部门本位主义与自我标榜行为； 2.空间距离造成沟通上的物理障碍； 3.争夺有限资源	1.企业内部沟通效率不高，部门之间工作配合不到位，甚至导致工作流程脱节，部分工作无法开展； 2.沟通时间成本和经济成本都比较高，工作效率降低，尤其是紧急重要工作难以及时开展； 3.难以充分利用公司各项资源，可能造成浪费，增加公司运营成本	1.树立"内部客户"观念和心态，建立相关机制； 2.公司积极塑造积极主动、换位思考、成人达己的企业沟通氛围和企业文化，根据沟通工作内容和轻重缓急选择沟通方式； 3.对待分歧时，求同存异，争取双赢、多赢

任务二　与开发商沟通

1.任务导入

(1)代人受过

2020年国庆节期间，北方某城市兴业公园里，小区的业主按照《入住通知》相关事项陆续来验收自己的房子，在服务接待区，物业管家小陈向业主介绍了验房、收房注意事项和流程，便让业主先去自行验房。业主走后，物业管家小陈心里忐忑不安，因为他知道，在销售期，开发商承诺在小区内部建设园林小景、休闲步道等景观,从开发商宣传页效果图上看,整个小区就像江南园林一样,但是现在已经陆续交房了,整个小区的绿化园林还没完全建好,加上北方秋天天气渐冷,已经不再适合绿化种植、移植。果不其然,业主没走多大一会儿就纷纷回到服务接待区,气冲冲地质问道:"小区园林绿化是怎么回事,我们都是冲着小区环境买的房,现在这样就交房,必须解释清楚……"物业管家小陈面对这样的"逼问",不禁慌了阵脚。

问:物业管家小陈应该如何处理此事呢?

(2)任务分析

随着城镇化建设发展,购房时,业主对于房屋施工质量和绿化等配套设施要求越来越高。如果开发商遗留房屋建筑质量问题或者开发商原来的配套设施承诺没有兑现且不能及时解决、厘清责任,这些问题会引发严重的物业服务纠纷,造成不好的社会影响。此案例表面问题是物业服务企业及物业管家与业主沟通,但要想真正解决问题,要与开发商沟通。物业服务企业及物业管家要想解决此类问题,必须在事前与开发商有针对地沟通,并让开发商给出解决方案,解决方案应包含真诚的歉意、事情的客观成因、补偿措施及下一步工作安排,关键还要提前告知业主。如实在无解决方案或开发商不愿意解决,一定要形成备忘录或物业服务企业寻求解决问题的工作过程记录。

2.与开发商沟通工作内容与工作流程

(1)与开发商沟通工作内容

①早期介入沟通。物业服务早期介入指新建物业竣工以前建设单位在项目立项、规划设计、营销策划、施工建设、竣工验收阶段所引入的物业服务咨询活动。早期介入沟通的主要内容:一是物业服务企业从新建物业更好地满足业主和物业使用人的需求、方便物业服务人员从工作开展角度对物业的环境布局、功能规划、楼宇设计、材料选用、设备选型、配套设施、管线布置、房屋租售、施工质量、竣工验收等方面提出合理化意见与建议;二是与开发商沟通物业服务定位和服务方案以及协助开发商拟定《临时管理规约》等文件。

②接管验收期沟通。物业接管验收是物业服务企业在承接新建物业前或业主大会重新选聘出新的物业服务企业入驻物业项目前核对查验物业共用设施设备并督促建设单位或前期物业服务企业及时发现、解决问题的一种复核。承接查验是实质性启动物业服务工作的标志,按照《物业承接查验办法》认真清点、验收公用部位、共用设施设备以及档案、资料,各方共同确认交接内容和交接结果,有利于明确各方的责任和权利,对于维护建设单位和物业服务企业以及业主三者的正当权益、避免出现责任纠纷具有重要作用。所以,这阶段沟通主要围绕承接查验工作与开发商沟通承接查验工作方案以及遇到问题后和开发商协调整改或做备忘录等。

③房屋质量、装修维保期沟通。房屋保修期指房屋开发建设单位在房屋交付使用,对购买人承担保修责任的期限。由于商品房销售以期房为主,交易周期比较长,单次建设和交付量比较大,房屋质量经常会存在各种问题。物业服务行业是以房屋售后服务为主要任务诞生的,加上房地产公司多是项目公司,一个项目的房屋建设、销售完后,可能就注销了,社会大众普遍形成了"房屋有问题找物业"的习惯。所以,在日常物业服务中,物业服务企业经常因为房屋保修问题协助业主与开发商、施工单位等沟通、协调。

（2）与开发商沟通工作流程

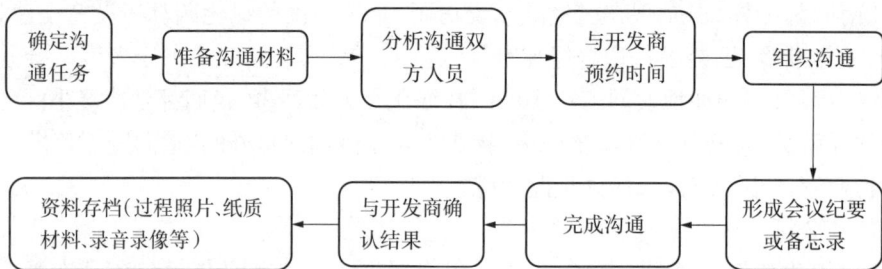

```
┌──────────┐    ┌──────────┐    ┌──────────┐    ┌──────────┐    ┌──────────┐
│ 确定沟   │ →  │ 准备沟通材料│ → │ 分析沟通双│ → │ 与开发商 │ → │ 组织沟通 │
│ 通任务   │    │          │    │ 方人员   │    │ 预约时间 │    │          │
└──────────┘    └──────────┘    └──────────┘    └──────────┘    └──────────┘
                                                                      │
                                                                      ↓
┌──────────────┐    ┌──────────┐    ┌──────────┐    ┌──────────┐
│ 资料存档(过程照片、纸质│ ← │ 与开发商确│ ← │ 完成沟通 │ ← │ 形成会议纪要│
│ 材料、录音录像等)   │    │ 认结果   │    │          │    │ 或备忘录 │
└──────────────┘    └──────────┘    └──────────┘    └──────────┘
```

3.与开发商沟通作业指引

（1）目的

规范与开发商沟通工作的流程、内容及标准。

（2）适用范围

已与公司签订全委托管理的项目物业服务中心与开发商关系正常期的维护管理。

（3）职责

项目所在分公司总经理、物业项目经理、物业员工就具体工作直接与项目开发商的各级人员对接、沟通。公司总经理、分管副总对接开发商总部，协调沟通。

（4）程序要点

①日常沟通。在房屋维保期内，物业服务中心必须每月与开发商沟通两次，整理业主对房屋质量、售后服务等的意见和建议，定期向开发商提交书面报告；整理施工单位的维保问题、维保进度，并向开发商提出书面报告。物业服务中心应当及时参加开发商组织的施工、监理等各相关单位的协调会，提出问题并向开发商寻求支持。监督物业保修期内施工单位的保修质量；物业服务中心必须每月整理与开发商、施工单位有关的费用，如水电费、维保费、空置费、委托施工费用等。以书面的形式上报开发商，并与之沟通。

②处理重要事项。业主因为房屋质量问题与开发商发生矛盾或直接将矛头指向物业服务中心时，物业服务中心应当在一个工作日内与开发商沟通，确定协调方法，尽量协调到由施工单位解决。物业服务中心应当每月检查与开发商签订的合同中的相关条款是否完成。物业服务中心应当根据条例规定协助开发商召开第一次业主大会。

③处理与开发商相关函件。必须按公司外来文件处理要求管理物业服务中心与开发商之间的函件，在来函后三个工作日内，必须答复或处理开发商的来函。物业服务中心不能处理或答复时，应当在一个工作日内上报分公司。分公司必须在两个工作日内作出处理决定并答复开发商，物业服务中心尽量使用书面形式与开发商或施工单位沟通，在发文时，应当要求收文人签字。物业服务中心必须在发文后每三个工作日跟踪一次，物业服务中心发给开发商的书面函件应当由分公司品质管理部门确认后提交。物业服务中心向开发商提出的问题不能及时处理时，物业服务中心应当向分公司报告，分公司总经理应当在三个工作日内与开发商沟通。

④工作标准。物业服务中心应每月与开发商沟通两次，业主与开发商因房屋质量引发的严重矛盾应在一个工作日内知会开发商。

4.与开发商沟通的策略与技巧

(1)建立多渠道、多形式的沟通机制

①为加强沟通,建立与开发商定期会议制度,及时让开发商获取物业服务中心管理服务的即时信息,整改问题,以期提高服务质量。物业服务企业应建立与开发商定期会议制度,每月度召开会议不少于2次,由物业服务企业的管理层、物业服务项目经理及该项目开发商指定代表召开定期会议,沟通、解决该项目的物业运营事宜。

②建立与该项目相关方的联席会议制度,即由物业服务企业、开发商代表、部分业主等代表参加的联席会议或专题会议制度,物业服务项目经理定期听取各方意见和建议,并根据项目管理的实时情况,召开周会、月度会议、紧急沟通会议等,按月度向开发商通报会中所提意见和建议的实施与改进情况。

③建立该物业项目的网络、远程、即时沟通平台,进一步加强信息沟通途径,如微信群、QQ群、App等,本项目客服部主管负责维护、及时处置网络沟通平台的各类服务需求。针对该项目实时推送各类资讯,并在节假日发送温馨祝福信息,遇强台风等天气,及时发送提醒信息,以拉动与开发商、业主等与本物业服务中心之间的距离。

(2)灵活应对,坚持原则

①把握开发商特点,快速取得其信赖,为有效沟通创建基础。国企开发商实力雄厚、机制健全,但通常决策较慢;私企品牌开发商实力雄厚、经验丰富,运作规范;小型私企开发商经验较少、规范性差,需要专业机制与理念。所以要针对不同开发商特点采取不同沟通策略。

②厘清开发商各级管理权限和其内部分工,让沟通对象、沟通内容清晰明确。与不同职位的开发商代表进行相应的、有针对性的沟通:高层(决策者)主要关注销售目标、资金流量、总体利润指标、项目总体定位、关键性难点等;中基层(执行者)主要关注具体程序、执行细节、操作过程、事情利弊等。

③态度良好,进退有度,不卑不亢。与开发商沟通时,特别要把握关系尺度,虽然开发商是物业服务企业的大业主,物业服务企业可以尊重开发商,但不能一味无原则地讨好开发商,在沟通中,物业服务企业可以根据实际情况一定程度让步,但不能无底线地屈从。物业服务企业要用专业能力协助开发商共同服务业主,塑造商业品牌,不要直接否定开发商,如果遇到分歧,要有理有据。

④因人而变,有所不同。要想高效地沟通,必须了解对方,根据不同性格采用不同沟通策略。比如,面对保守型沟通对象时,要解释思路、分析风险、列举事例、执行工作;面对目标型沟通对象时,要开门见山、先讲结果、达成目标;面对和善型沟通对象时,要建立个人关系、分享感受、细说利弊;面对自我型沟通对象时,要多赞同,在赞同他的基础上改进自己的观点。

5.与开发商沟通风险识别与控制

风险点	风险影响和后果	预防措施
早期介入沟通: 1.开发商产品宣传与实际不符;	1.业主拒绝收房或收房后与开发商沟通无果,矛盾会转嫁给物业服务企业;	1.与开发商沟通,尽量防止过度宣传,情况特殊时,要制定备忘录和风险预案;

续表

风险点	风险影响和后果	预防措施
2.开发商所宣传物业服务标准过高； 3.开发商向业主承诺减免物业服务费	2.后期物业服务企业难以达到或者根本无法达到，业主不满，产生物业服务纠纷； 3.物业服务企业经济受损，物业服务显性价值降低，业主觉得物业服务成本不高，物业服务像是附属赠送品	2.早期介入销售阶段，积极配合开发商案场销售工作，以及适当宣传物业服务； 3.要求开发商以现金或实物或政策等方式补偿
承接查验沟通： 1.房屋未达到交付标准，强行交付； 2.在质量整改期交付房屋； 3.物业服务企业专业能力不足	1.业主拒绝收房，可能引起重大纠纷或不良社会事件； 2.业主可能拒收，如果业主带问题收房，问题长时间无法解决； 3.承接查验时，无法发现问题或潜在问题，日后物业服务中整改成本或使用安全风险增加	1.与开发商沟通，争取延缓交付，视情况可以取消物业服务合同； 2.与开发商制定承接查验备忘录以及书面整改计划，并提醒、督促开发商及时整改； 3.物业服务企业提高自身专业能力，整合资源，借鉴成功经验、借助先进工具，严把验收关
房屋保修沟通： 1.开发商项目公司在房屋交易完成后注销； 2.批量精装房可能存在装修材料和装修施工工艺方面问题； 3.开发商或施工单位保修维修不及时	1.难落实保修责任或维修费用，物业服务企业成为"替罪羊"； 2.批量返修，大量业主投诉，业主和物业服务企业之间产生纠纷； 3.容易转化为业主和物业服务企业之间的矛盾，业主以维修不及时为由拒交物业服务费	1.物业服务企业必须获得对施工队质保金的控制签字权； 2.获得房屋质量和精装修保修期内维修的主动权； 3.与开发商和质保单位约定报修、修复的时间以及爽约的责任承担

任务三　与业主委员会沟通

1.任务导入

（1）人物访谈——万科物业成功推动业主委员会成立的那些事

朱云娥：原万科物业深圳金色半山物业服务中心综合系统负责人，全程参与和推动金色半山业主委员会成立。

万物君：请您简单介绍一下深圳万科金色半山项目。

朱云娥：万科金色半山项目位于深圳布吉镇坂雪岗龙颈坳片区，于2011年12月30日开始入住，有业主722户。

万物君：从筹备到选举出万科金色半山业主委员会成员，花了多长时间？

朱云娥：2014年11月25日，正式启动了金色半山业主委员会选举工作。正式选举是

2016年7月29日。整个选举的程序是比较复杂的,有许多事情要做,前后差不多花了一年半。

万物君:业主委员会成立后,对物业服务来说,有哪些变化?

朱云娥:很多人都觉得,有了业主委员会监督,物业服务中心开展工作更困难。说实话,有了监督,我们面临的挑战肯定变得更多,但更会理顺工作机制,物业服务中心、业主的权责划分会更清晰,服务业主的效率自然会提高。金色半山业主委员会成立一年多以来,物业费收缴率与同期比较一直在逐月上升,目前已超过95%。

举两个例子。一个例子是金色半山公交站点设立。早期市政公交线路规划时,金色半山没设立公交站点,坐公交车要走很远。金色半山的老人比较多,出行不方便,一些业主就提出这个问题。最后,业主委员会出面,物业服务中心协助,在2016年4月,终于在金色半山增设了公交站点。如果没有业主委员会,物业服务中心单方面是没有办法去推动的。另一个例子是关于小区养狗,小区里,一些业主很讨厌狗,觉得应该把狗全部打死,一直在向物业服务中心提要求。这个要求毕竟比较极端,最后,业主委员会出面和业主沟通,促成了物业服务中心和业主们相互理解。

问:通过此案例,请分析物业服务企业与业主委员会的关系。

(2)任务分析

物业服务企业与业主委员会的关系是契约关系,各享其权,各尽其责。业主委员会有权代表广大业主监督、督促物业服务企业履行合同义务,同时,也有督促业主按合同约定支付物业服务费并协助物业服务企业开展工作的义务和责任。物业服务企业是具体作业单位,实施日常服务的作业组织,在合同范围内,业主委员会要与之合作并给予帮助,必要时,建立协调工作会议制度,定期召开联席会议,解决物业服务中遇到的问题。同时,业主委员会可监督、检查物业服务工作。根据《民法典》第九百四十三条规定,物业服务企业应定期将服务的事项、负责人员、质量要求、收费项目、收费标准、履行情况以及维修资金使用情况、业主共有部分的经营与收益情况等以合理方式向业主公开并向业主大会、业主委员会报告。

物业服务企业与业主委员会的关系是鱼水关系,共存共荣,互惠互利。物业服务合同一经签订,业主委员会与物业服务企业双方都是物业服务目标的追求者。这个目标就是保持物业公共设施设备和共用部位完好,保障物业公共设施设备使用方便安全,维护物业优美整洁的环境和良好的公共秩序。在这个目标下,物业服务企业要以优质服务为全体业主和物业使用人提供服务,而这种服务本质上是维护业主和物业使用人的利益。基于双方的一致目标,物业服务企业与业主委员会的行为不能影响和损害这个目标。

2.与业主委员会沟通工作内容与工作流程

(1)与业主委员会沟通工作内容

①洽谈物业服务合同条款和签订物业服务合同。

《物业管理条例》明确规定,业主委员会可"代表业主与业主大会选聘的物业服务企业签订物业服务合同"。在签订物业服务合同之前,业主委员会要和业主大会选聘的物业服务企业详细洽谈物业服务内容、服务标准和物业服务费标准。由此可见,洽谈和签订物业服务合同是物业服务企业与业主委员会沟通的头等大事。

②专项维修资金筹集与使用。

《物业管理条例》规定,"业主共同决定筹集和使用专项维修资金",业主委员会作为业主大会的执行机构,在专项维修资金管理和使用方面负有重要职责,当物业过了保修期后,对物业共用部位和公共设施设备履行维修保养义务须动用维修资金时,物业服务企业应首先与业主委员会沟通,继而通过业主委员会征求广大业主的意见。

③召开业主大会或重大事件征询业主意见。

按照《业主大会规程》要求,业主委员会要组织业主,定期召开业主大会和临时业主大会,讨论并决定相关事项,其中,包括制定和修改业主规约、物业区域内物业共用部位和设施设备重大维修、改造,物业服务区域内秩序、卫生等规章制度等。这些事项都与物业服务工作满意度密切相关,而且都要经过业主大会或征询广大业主的意见,所以须跟业主委员会沟通,并要求业主委员会组织召开业主大会或向广大业主征询意见。这是物业服务企业和业主委员会沟通最频繁的内容。

④沟通利用物业共有部分从事经营活动以及收入分配、利用问题。

在物业项目日常运营中,利用物业共有部分从事经营活动,例如,在小区利用业主共有部分经营停车场,利用小区内公共场地、大堂等搞展销活动,在物业外墙、天台上投放经营性广告等,都必须首先与业主委员会沟通,协商是否可以经营以及收益如何分配及使用。业主委员会同意后,还须相关业主以及业主大会同意。物业服务企业应主动公开利用物业共有部分从事经营活动的收益情况,主动接受业主委员会和业主的监督。

⑤沟通物业服务费欠费催缴问题。

《物业管理条例》规定,"违反物业服务合同约定,业主逾期不缴纳物业服务费用时,业主委员会应当督促其限期缴纳。"《业主大会规程》第二十四条规定,"业主委员会应当督促违反物业服务合同约定逾期不缴纳物业服务费用的业主限期缴纳物业服务费用。"所以,业主委员会向不缴纳物业服务费的业主催缴是其法定义务。而实际工作中,欠费催缴工作大都由物业服务企业承担,业主委员会中履行催缴义务者寥寥无几。为避免因欠费导致企业亏损,物业服务企业应及时积极地与业主委员会沟通,获得业主委员会理解和工作上的支持。

(2)与业主委员会沟通工作流程

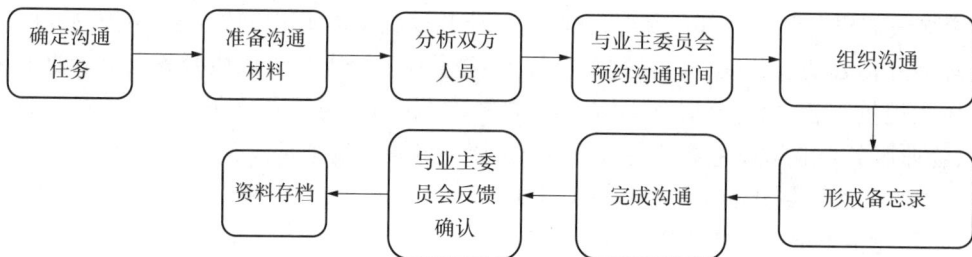

```
确定沟通        准备沟通        分析双方        与业主委员会        组织沟通
任务    →      材料    →       人员    →     预约沟通时间   →

资料存档   ←   与业主委      ←   完成沟通   ←   形成备忘录
               员会反馈
               确认
```

3.与业主委员会沟通作业指引

(1)目的

规范物业服务中心与业主委员会沟通、协调工作,确保物业管理工作顺利开展。

(2)适用范围

在日常的管理服务工作中物业服务中心与业主委员会沟通工作。

（3）职责

物业服务中心经理负责与业主委员会沟通、协调；物业管家负责依照本程序与业主委员会沟通。

（4）程序要点

①工作协调、沟通会议。

物业服务中心应当召开业主委员会例行工作沟通会议每季度至少一次，会议的主要内容是向业主委员会通报当季度的财务支出状况和工作简况，解决须经业主委员会协助支持方能完成的问题。

②专题解决问题会议。

在工作须经业主委员会同意方能进行时，物业服务中心经理应申请召开专题业主委员会会议，协商解决专项问题。每年6月底和12月底，物业管家应汇同公司领导一同拜访业主委员会，召开专题工作茶话会，向业主委员会全面汇报年度、半年度工作。

③定时工作沟通制度。

每月5日前，向业主委员会报送物业服务中心财务损益表；每月10—15日，接受业主、业主委员会质询、审计；每季度的第一个月，向业主委员会报送社区文化报刊、宣传品。

④重大物业管理工作应当及时向业主委员会申报、请求支持。

计划使用专项维修资金对楼宇本体大、中修；计划使用专项维修资金更新公用设施；物业管理服务工作涉及部分业主利益，须业主委员会出面协调；物业服务中心制定了新的管理措施须业主委员会支持；其他须向业主委员会请示、寻求支持的情况。

⑤日常工作的难点物业服务中心应当及时通报业主委员会。

新的物业管理法规颁布执行；所服务的物业出现了重大变化或发生重大事件；业主委员会的个别委员与物业服务中心有重大工作分歧且无法解决；有重要的活动，如创优迎检查；物业服务中心对个别业主执行违约金约定；其他应当向业主委员会通报的情况。

物业服务中心应当提前15日向业主委员会申报工作，在事实发生或做出决定后3个工作日内通报情况。物业服务中心向业主委员会申报工作、通报情况时，均应以书面形式送达。

⑥对业主委员会的质疑、建议、要求的处理。

物业服务中心经理应认真倾听、记录业主委员会的质疑、建议、要求，应当在3个工作日内答复、解决合理的质疑、建议、要求，质疑、建议、要求不合理、不合法时，物业服务中心经理应当耐心解释，无论如何不能不耐烦或言语失礼；问题解决不了时，应当记录后迅速上报公司总经理，由总经理寻求解决方案。物业服务中心与业主委员会往来工作的信函、记录、决议，一律归档在物业服务中心长期保存。

4.与业主委员会沟通工作的策略与技巧

（1）态度真诚

首先，一切良好的沟通都应以真诚为前提，都应为预防问题和解决问题而努力，只有物业服务企业和业主委员会成员真诚沟通，双方才能良性互动并获得有用信息，进而相互配合解决问题；其次，一定要及时进行预防性沟通，在问题出现之前，及时沟通，将问题消灭于无形，在问题出现之时，及时沟通，将问题迅速化解。沟通必须要具有针对性，具体事情具体对待,不能泛泛而谈,必须关注于探讨和解决具体问题。

（2）要保持连续和定期沟通

物业服务企业要和业主委员会成员约定沟通的时间和周期,保持沟通的连续性,例如,每月底召开双方共同参加的例会;重要事件的正式沟通一定要有信函、公告、会议纪要或备忘录等书面材料,如遇紧急事情,要先口头沟通然后及时补办书面沟通材料和过程材料。

（3）与业主委员会正式沟通要以会议为主

业主委员会正式沟通会议形式主要有邀请式、应接式和汇报式3种。

一是邀请式。邀请式是一种由物业服务中心向业主委员会及业主发出通知召开恳谈会、解决有关问题的形式。物业服务企业针对物业管理服务的重大问题或事项,如物业服务费核定及收取、公共场地设施设备重大维修和改造、小区卫生秩序服务工作程序变化等,须征求广大业主的意见并基本形成统一认识时,可以向业主委员会负责人提出召开恳谈会的时间、主要议题等。对物业服务企业来说,这种形式较为正常,双方的准备时间充足,会议的效果一般都比较好。

二是应接式。应接式是业主委员会对小区物业服务的问题以及社区居委会或街道办倡导的一些新政策或新活动向物业服务企业提出召开会议并研讨解决方案的形式。在遇到这种情况时,物业服务企业必须认真对待,尽可能及时召开恳谈会。同时,要调查、了解有关问题,收集情况材料,分析研究,提出整改措施或合理的解释意见,并形成文字依据。

三是汇报式。汇报式是一种物业服务企业按照正常程序定期或不定期报告物业服务工作并请业主委员会审议或知晓的形式。通过这种形式,业主可以了解物业服务工作内容、政策法规和物业服务人员付出的劳动,还可以了解物业服务各项费用的收支是否合理和目前经费困难及其他问题,以达到相互理解、相互支持的目的。

5.与业主委员会沟通风险识别与控制

风险点	风险影响及后果	预防措施
1.首次业主大会或改选业主委员会委员的业主大会未能成功召开; 2.选举过程中,业主委员会候选人得票不符合选举要求; 3.选举过程违法违规	1.挫伤业主积极性,后续须业主大会决策的工作难以开展; 2.业主委员会选举失败,须再次开会选举,时间和经济成本增加; 3.违法行为人负法律责任	1.积极协助筹备或改选工作组,召开业主大会; 2.积极协助街道办、社区居委会或原业主委员会,宣传、指导业主选举; 3.如果业主大会召开或选举过程违法、违规,积极劝阻或向相关部门说明情况,并配合调查
1.业主委员会成员不支持或不配合物业服务企业; 2.部分业主委员会成员不支持或不配合物业服务企业,同时呼吁其他业主一起抵制;	1.影响正常的物业服务工作; 2.激化物业服务矛盾,物业项目难以正常运转,社区动荡;	1.与有敌对情绪的业主委员会成员或业主委员会全体成员深入恳谈,交换意见,争取消除敌对情绪; 2.当部分业主委员会成员有抵制情绪时,积极与业主委员会和社区居委会沟通,看看能否消除,同时争取广大业主支持和理解;

续表

风险点	风险影响及后果	预防措施
3.业主委员会成员全体抵制物业服务企业	3.物业服务企业抛盘撤场,小区陷入混乱	3.积极与业主委员会沟通,交换意见,看能否挽回合作,如果确实困难,矛盾尖锐,就按相关法规程序准备撤场和交接,按规定程序撤场
1.业主委员会成员不熟悉物业服务和物业服务相关法规;2.业主委员会个别委员假公济私,利用业主大会赋予的权利以权谋私,违法"吃、拿、卡、要"	1.业主委员会无法正常开展工作,可能做出错误的决策或提出不合理要求;2.影响业主委员会工作开展和业主委员会形象与公信度,失去业主支持,行为违法,负法律责任	1.积极与业主委员会沟通,向其解释相关法律条款,并给出解决问题的合法、合理建议和办法;2.和业主委员会成员单独沟通,讲明利害关系,积极劝阻,明确拒绝,并保留依法追究的权利

任务四　与业主及群体沟通

1.任务导入

(1)理解业主的真正诉求

某日,业主王先生来到物业服务中心,向物业管家小何投诉道:"我们那栋楼里,一户邻居养了一只狗,昨天,我带女儿下楼玩,正好遇到这只小狗,小狗突然叫了起来,把我女儿吓哭了,再这样下去,我们以后都不敢带孩子到楼下玩了,你们管还是不管啊?"

其实,小何比较了解那户养狗的业主,她是与王先生同一栋楼的李阿姨。李阿姨养的小狗是一只非常可爱的小型犬,李阿姨有养犬证,小狗也打了疫苗,每次牵着小狗下楼时,李阿姨总将小狗打扮得很漂亮,邻居尤其小孩儿都很喜欢这只小狗。

于是,物业管家小何回答:"王先生您好,据我所知,李阿姨养的小狗是一只小型犬,并且办理了相关手续,她在小区养狗是符合规定的,我们确实无能为力,这只小狗平时是很温顺的,是不是您的女儿离小狗太近,小狗惊到了才大叫的。"王先生听到物业管家小何这样说,非常生气,认为小何非常不负责任。

问:如果你是物业管家小何,你应该如何正确理解业主的诉求并有效处理呢?

(2)任务分析

王先生的投诉内容是他女儿被突然大叫的狗吓哭了,通过王先生的讲述,可以看出,其实他的要求并不过分,他只是从一个父亲的角度出发,不希望自己的女儿再次受到类似的惊吓。面对王先生的投诉,物业管家小何并没有考虑投诉者的内心感受和真实想法,所以小何脱口而出的说辞和王先生的诉求明显对立,这使王先生非常不满,很可能激发更深的矛盾。

在倾听完王先生的投诉后，如果管家小何站在一个父亲的角度第一时间询问小女孩儿的情况，并表示出自己的关心，可能这件事就很简单地解决了。比如，小何说"这样呀，您家小公主没有受伤吧，您不忙时我去看看您女儿，她非常可爱，我们大家都很喜欢她。"当王先生听了这句话，沟通方向就会转移，由愤怒变为回应物业管家小何的问题，这样一来，王先生的情绪就趋于平和了。在此基础上，物业管家小何要站在王先生角度进一步沟通，面对王先生的需求给出解决办法。确实，如果小狗突然叫，小孩儿很容易被吓到，换做谁都是担心的，物业管家应发出倡导小区文明养狗的通知，根据通知要求积极劝说养狗的业主。

2. 与业主及群体沟通工作内容

物业管家与业主及群体沟通具体内容如下。

序号	项目	内容
1	沟通对象	所有常住或暂住业主，均应列为沟通对象
2	沟通方式	沟通方式和渠道包括但不限于板报、宣传栏、通知单（如停电、停水通知）、标识（如电梯维修）、电话、面谈、意见箱、回访、报刊、社区活动、信函、问卷调查
3	沟通内容	①业主对小区保安工作和保安员服务态度的意见和建议； ②业主对小区保洁工作和保洁员服务态度的意见和建议； ③业主对小区绿化工作和绿化员服务态度的意见和建议； ④业主对小区维修人员技能、服务态度和维修及时性的意见和建议； ⑤业主对小区休闲物品和儿童游乐设施设置的意见和建议； ⑥业主对物业管家服务态度和协调处理事务的意见和建议； ⑦业主对物业服务中心提供的便民服务的意见和建议； ⑧业主的特殊困难和需求； ⑨业主对社区文化建设方面的意见和建议； ⑩业主的其他意见和建议
4	要求	①在消杀、喷洒药物等作业时，有关人员应事先通知业主，并在作业处设置警示标识； ②维修性停水（如清洗水箱）、停电时，有关部门以通知单的形式告知业主，以便业主事先采取相应措施，避免影响业主的正常生活； ③举办各种社区文化活动时，项目物业服务中心在广告栏张贴海报或以其他适当形式通知业主； ④消防知识、有关法律法规等宣传内容及业主应注意事项等由项目物业服务中心张贴在小区宣传栏上，以方便业主阅读； ⑤财务报告、问卷调查结果由项目物业服务中心以适当形式向业主委员会或广大业主公布； ⑥在维修安装过程中，若维修安装服务影响业主的正常生活或危及其安全，维修人员应发出通知或设置警示标识； ⑦物业管家应通过适当方式及时与业主或业主委员会沟通并协调解决物业服务中心日常发现的问题；

续表

序号	项目		内容
4	要求		⑧在接收合同时,各部门相关人员若发现业主的要求不明确或在合同中没有写明,应通过询问、面谈等方式及时与业主沟通,确保在合同签定前清楚了解业主的要求,并形成文件; ⑨在履行合同时,不论合同因何变更,物业管家均须及时通知业主,与业主协商; ⑩当发现公司控制或使用的业主财产丢失、损坏或不适用时,有关人员应及时记录并报告业主,必要时,协助业主; ⑪了解业主对公司服务质量的评价、意见,包括定期调查业主意见和日常接收业主意见
5	业主访问	日常意见征询	①物业管家每月必须访问业主,每月访问业主数量如下: | 小区住户数/户	每月访问数量(不含回访且不能重复访问)
---	---
≤300	不低于已入住户数的4%
300~500	不低于已入住户数的5%
500~800	不低于已入住户数的6%
800以上	不低于已入住户数的7%	 ②每次访问时,须填写《业主访问记录》,物业管家应请求业主在记录上签名,业主拒绝签名时不得强求; ③业主要求反馈意见或建议处理情况或物业管家认为应当反馈时,应及时反馈有关信息
		方式	①上门访问; ②在物业服务中心办公室访问; ③业主在户外休闲时访问; ④问卷访问; ⑤电话访问; ⑥其他适宜的形式
		业主访问注意事项	①上门访问时,必须事先与拟访问业主预约并按约定时间上门访问(原则上22:00后不予访问); ②访问业主时,应态度诚恳、庄重大方; ③访问有关业主个人隐私时,物业管家负保密责任; ④被访人若谈论他人隐私或其他与工作无关的话题,物业管家应以适宜的方式结束访问或设法转移话题; ⑤管理难度较大或业主配合不积极时,物业管家应当细致地做工作
		意见及建议的处理方式	物业管家将访问业主记录签署意见,每月5日前,汇总并总结上月访问记录,提交物业服务中心主任审阅;物业服务中心主任根据物业管家提供的信息决定是否采纳业主的管理意见和建议,问题超出权限时,在访问业主总结中注明,提交公司客户投诉中心

续表

序号	项目		内容
6	业主问卷	发放及回收要求	①问卷调查以小区为单位,每年6月、12月,物业管家将业主问卷送达业主家中,并在15个工作日内收回; ②问卷发放数量是已入住业主数量且每个单元必须发到; ③问卷回收数量不低于问卷发放数量的60%
		数据处理及分析	①满意率=[(满意数+基本满意数)/(满意数+基本满意数+不满意数)]×100%; ②问卷回收数量不得低于发放数量的60%,每低1个百分点满意率相应降低5个百分点; ③若业主对项目未选择或选择两个或以上,则该项目作弃权处理,不参加满意率统计; ④根据"关键的少数"原则,将不满意项目的累计百分率在80%内的事项确定为主要改进事项; ⑤确定改进事项后,应分析原因并制定相应措施; ⑥分析业主的建议,确定业主的主要需求; ⑦物业管家于30个工作日内完成问卷统计分析工作,并填写《问卷结果统计表》,报物业服务中心主任审阅
		公布	①在发放问卷后的30个工作日内,将业主提出的意见和建议的解决措施公布于物业服务中心的宣传栏内; ②《问卷结果统计表》原件由物业服务中心保存,复印件交品质管理部

3.与业主及群体沟通作业指引

(1)目的

加强与业主沟通和交流,促进相互了解、理解、信任与合作,持续提升物业服务质量水平。

(2)适用范围

物业服务企业与业主及群体沟通工作。

(3)职责

物业服务中心负责组织发布、收集、分流和处理业主服务信息以及开展业主意见征询活动。

(4)程序要点

①物业服务中心应采取适宜方式发布与物业服务有关的信息,包括但不限于以下信息。物业服务内容和方式、物业服务企业、物业服务标准等,物业服务中心的服务(投诉)电话及其他联系方式、物业服务企业提供的有偿服务及收费标准、物业公司单方的物业服务承诺,小区管理规定、业主配合事项或要求、物业服务费收支情况等。

②物业服务信息告知方式。集中书面公告或信息广播;逐户发放书面通知、服务手册等文件,或集中投放(取阅),在指定地点设置告知牌;口头通知或说明等;物业服务信息的告知

内容和方式,应在经济原则下充分保证业主的知情权以及物业服务企业有效开展服务活动需要。

③主要日常性沟通的形式。见面主动问候,与业主沟通。物业服务企业应要求所有员工见到业主主动问候,三米之内主动打招呼,彬彬有礼,笑脸相迎。设立服务电话和智能程序(如App、微信小程序等),与业主沟通。

座谈会形式与业主沟通。定期召开业主专题座谈会、经理接待日、物业开放日等各种形式的联谊活动或会议,了解广大业主的物业服务需求。

利用网络社交平台沟通。积极利用广大业主常用的网络社交平台,进一步了解业主的物业服务需求、建议与意见。

节假日沟通。逢节假日或业主特殊纪念日,物业服务企业通常可以用标语、横幅、贺信表达对业主的祝福,也可以在业主的生日送上生日贺卡,在业主新婚时送上鲜花,培养业主对物业服务人员的信任感和亲情感,缩短彼此之间的距离。

针对性沟通。需要项目经理人针对物业服务区域内发生的重大事件、出现的特殊问题亲自登门拜访,面对面有针对地沟通,维护良好的企业形象。

④业主信息收集与处理。物业分公司各物业服务中心实行24小时值班制度,以保证及时响应业主的服务要求。物业管家必须及时、准确地记录各类业主服务信息,填写《业主服务信息登记表》。信息内容包括但不限于业主服务需求、咨询、建议、投诉等;信息来源包括但不限于来访、来电、来信、委托转告、上级部门转告等。在接待业主来访和来电时,物业管家必须严格执行物业服务行为规范以及公司的相关业主接待管理制度。

⑤业主信息处理及回访。物业管家应及时对业主信息分类整理,并以《内部联络单》形式传达到相关的处理部门。若问题须及时处理,可口头传达,并在《业主服务信息登记表》中记录;在收到《内部联络单》后,相关处理部门应根据问题的类型及时组织处理:针对业主服务需求,及时提供业主要求的服务项目;物业管家不能及时准确回答业主咨询事项时,相关处理部门应在规定时间内做出答复;按相关规定处理业主建议或投诉事项,问题处理时间较长时,负责处理部门应在两个工作日内向物业管家提出问题处理计划(方式、时间安排、承诺等),物业管家及时向业主反馈,并做反馈记录,在业主信息传达到各职能部门处理期间,物业管家须跟踪信息问题处理情况,发现未按承诺处理时,物业管家应督促问题处理责任人,必要时向物业服务中心主任或公司总经理报告。

⑥业主意见征询和交流。物业服务中心除按规定定期调查业主满意度外,还应制定日常业主沟通和交流管理规范,明确规定各级管理人员日常与业主接触和沟通的要求,要求包括,不同层级人员(至少包括公司领导、各部门负责人、物业服务中心负责人、物业管家等)与业主交流并征询意见的频次,不同层级人员征询意见的方式、内容和注意事项,不同层级人员提交沟通信息报告的频次和内容要求,物业分公司对沟通信息汇总、分析和利用等。

⑦物业服务中心主任和品质部应汇总分析各级人员定期(至少每月一次)提交的沟通信息报告,并提出改进建议,物业分公司领导层无论是不采纳建议还是即时采取措施或待时机成熟后处理,均必须逐项明确处理意见。为保证业主反馈意见收集的覆盖面,方便业主主动反馈,各物业分公司应通过宣传资料等有效方式向业主公告公司联系电话、部门、联系人等,

并在适当地点设置足够数量的意见收集箱。

4.与业主及群体沟通的策略与技巧

（1）根据不同业主的特点有针对地沟通

业主是物业服务企业的服务对象,是物业服务的最终消费者,想要更好地与业主沟通,物业管家必须了解业主,物业服务的业主形形色色,但可以按业主对物业服务企业的态度采取以下3种策略。

①注意维护顺意业主。顺意业主指认同、支持物业服务企业服务和行为的业主,在行动上按时缴纳物业服务费。顺意业主越多,物业服务工作就越顺利,物业管家应经常与他们沟通,尊重他们的意见,满足他们的需求,维护并扩大顺意业主的队伍。

②全力争取中立业主。中立业主指既不支持也不反对物业服务企业的业主,他们可能向上转化或向下转化,物业管家应引导他们转化为顺意业主。在服务过程中,诸多物业服务企业没有关注业主的数量和结构,使逆意业主越来越多,最终被业主解聘,所以全力争取中立业主十分重要。

③努力攻克逆意业主。逆意业主指对物业服务企业的服务和行为不满意、与企业有冲突和对立的业主,他们在行为上拒缴物业服务费,还可能通过不良言论影响其他业主。逆意业主和物业服务企业有过利益上的矛盾或由于沟通不及时、不准确而造成对企业的误解。所以物业管家应分析原因,说明引导,防止逆意业主队伍扩大,并努力将他们转化为顺意的业主。

（2）尊重业主

没有谁会拒绝别人的尊重。在与业主沟通的过程中物业管家首先应尊重业主,包括尊重业主的习惯,了解不同国家、民族、地区以及宗教信仰的基本常识,建立共同话题,交流情感,以诚相待,信守诺言,优先考虑业主的想法、语言和价值观,然后构思合适的表达和意见,这样业主就会感到温馨,更加支持和理解物业管理工作。

5.与业主及群体沟通风险识别与控制

风险点	风险影响及后果	预防措施
与业主及群体沟通时态度差、语言不规范、沟通技巧欠佳	1.沟通不顺畅,难以解决问题; 2.引起业主不满,甚至激化矛盾; 3.影响业主对物业服务的评价	1.加强员工行为规范培训,工作时刻注意工装整洁,佩戴工牌,使用礼貌用语; 2.加强员工沟通技巧培训,项目内注意总结和分享与不同类型业主沟通的案例; 3.不断修订、完善物业管家与业主及群体沟通的作业标准或服务手册
与业主及群体沟通渠和沟通方式单一	1.难以及时获得业主需求信息,服务效率降低; 2.物业服务信息或通知、提示等信息传递不理想; 3.物业服务存在感较低,业主难以感受到物业服务	1.根据物业服务企业和物业服务项目实际情况拓宽、增加与业主及业主群体的沟通渠道或沟通方式; 2.制定相关管理制度,指导、督促多种渠道和方式沟通平台顺利、规范运营; 3.脚踏实地做各项服务工作,同时,注重服务工作的宣传

续表

风险点	风险影响及后果	预防措施
1.突发情况不能及时或预防性沟通; 2.突发事件发生后不能及时或选择正确的渠道或方式将真实情况及时通知、传递给业主及群体	1.业主财产损失甚至人身伤害,承担经济和法律责任; 2.不良事件再次发酵,对物业服务企业造成更深的负面影响	1.一些事件可以明确预见时,要提前提示或告知业主; 2.物业服务项目工作人员要时刻关注服务项目巡查或业主的诉求信息,得知消息后即时反馈; 3.遇到突发事件时,第一时间掌握实际情况,按照公司相关要求、相应渠道及时将实际情况传递给业主及业主群体

【学习目标检测】

课程资源

一、思考题

1.作为一名刚刚入职的物业管家,日常工作中,应该如何汇报工作?

2.物业服务企业应该如何与开发商高效沟通?

3.物业管家应该和业主主动沟通哪些内容?

二、单项选择题

1.物业管家与业主面对面沟通时,最重要的是(   )。

   A.礼貌礼仪　　　　B.热情主动　　　　C.积极解释　　　　D.认真倾听

2.物业服务中心与业主委员会沟通的主要内容不包括(   )。

   A.洽谈物业服务合同条款和签订物业服务合同

   B.专项维修资金筹集与使用

   C.物业服务中心物业管家更换

   D.沟通利用物业共有部分从事经营活动以及收入分配利用问题

3.物业服务企业内部的平行沟通风险不包括(   )。

   A.部门本位主义与自我标榜行为　　　　B.争夺有限资源

   C.空间距离造成沟通上的物理障碍　　　D."内部客户"原则

4.在承接新建物业前,(   )是物业服务企业与甲方一起核对查验物业公共设施设备。

   A.竣工验收　　　　B.承接查验　　　　C.分户验收　　　　D.质量检查

5.(   )负责部门内部沟通,并积极与相关部门有效沟通。

   A.公司领导　　　　B.部门员工　　　　C.部门领导　　　　D.人事行政部

三、多项选择题

1.物业服务企业内部沟通上行沟通的主要内容有(   )。

   A.申诉与建议　　　B.工作任务布置　　　C.管理决策传达　　　D.工作汇报与总结

   E.工作评价与反馈

2.与业主委员会正式沟通要以会议为主,主要形式有( )。

    A.邀请式　　　　　　B.应接式　　　　　　C.汇报式　　　　　　D.书面式

    E.反馈式

3.正常情况下,开发商高层主要关注( )。

    A.销售目标　　　　　B.资金流量　　　　　C.总体利润指标　　　　D.项目总体定位

    E.关键性难点

4.物业管家应该定期采用( )形式访问业主。

    A.上门访问　　　　　　　　　　　　B.在物业服务中心办公室访问

    C.业主在户外休闲时访问　　　　　　D.问卷访问

    E.工作时间电话访问

5.按业主对物业服务企业的态度可以将业主分为( )。

    A.逆意业主　　　　　B.中立业主　　　　　C.消极业主　　　　　D.敌对业主

    E.顺意业主

【养成性技能训练】

案例分析

案情:农历新年将至,在北方某城市,燃放烟花鞭炮的禁令有些松动,政府发出通知,城市部分区域可以燃放烟花鞭炮,但住宅小区内还明令禁止燃放。最近,物业管家小王所在的华府小区总有人燃放烟花鞭炮,小区业主投诉也不少,投诉的业主有的因为休息受影响,有的因为婴儿被惊吓,有的则是担心"钻天猴"类烟花鞭炮引起火灾等。

一天下午,小王在小区巡视,在小区小广场内发现一对夫妻带着一个三四岁的小男孩儿准备燃放烟花,男业主为了让孩子体验点燃鞭炮的乐趣,摆放好后,抱着孩子,让孩子亲手点燃,小男孩儿迟迟不敢点燃。管家小王考虑小区内禁止燃放烟花鞭炮,也考虑业主投诉问题,于是急步上前制止,结果由于走路比较快反而吓得小男孩儿手抖,竟然点燃了鞭炮,男业主和小男孩儿都没反应过来,好在管家小王反应快,一脚把烟花踢开,随着远处传来一声声炮响,小男孩儿也哭出了声……

问:假如你是物业管家小王,你应该如何跟业主沟通?

项目九
社区增值服务发展与探索

【知识目标】

1.了解社区增值服务的含义以及物业企业开展增值服务的意义。

2.认识物业行业社区增值服务的发展历程和背景机遇。

3.了解目前物业服务行业社区增值服务发展现状和更新趋势。

4.熟悉物业服务企业社区增值服务和增值项目的运作模式。

【能力目标】

1.具备一般社区增值服务项目的基层执行能力。

2.掌握基础的社区增值服务项目调研分析方法。

3.具备一定社区增值服务项目方案设计和编写能力。

【思政目标】

1.了解行业社会价值,增强行业自信。

2.了解行业经济价值服务边界,不断拓宽,重新定义行业价值。

3.坚定行业用户价值,努力通过优质服务实现人们对美好生活的期待。

【知识储备】

物业服务企业开展社区增值服务,有助于企业资源充分利用,延伸服务领域,拓展企业发展空间,在挖掘并满足业主需求的同时,实现企业利润增长。物业服务企业开展社区增值服务,彰显了企业的综合实力和企业文化底蕴,扩大了社会影响,提升品牌价值,提高了员工收入和福利,调动了广大员工的积极性,增强了职业荣誉感。物业管家是优质服务的推广者,开展社区增值服务时,物业管家不仅要学会沟通,还要掌握相关的法律知识以便更好地提供社区增值服务。物业管家须掌握的相关法律法规具体如下。

《民法典》第二百七十四条【建筑区划内道路、绿地等的权利归属】建筑区划内的道路,属于业主共有,但是属于城镇公共道路的除外。建筑区划内的绿地,属于业主共有,但是属于城镇公共绿地或者明示属于个人的除外。建筑区划内的其他公共场所、公用设施和物业服务用房,属于业主共有。

《民法典》第二百七十五条【车位、车库的归属】建筑区划内,规划用于停放汽车的车位、车库的归属,由当事人通过出售、附赠或者出租等方式约定。业主共有的道路或者其他场地用于停放汽车的车位,属于业主共有。

《民法典》第二百八十二条【共有部分的收入分配】建设单位、物业服务企业或者其他管理人等利用业主的共有部分产生的收入,在扣除合理成本之后,属于业主共有。

《民法典》第二百八十三条【建筑物及其附属设施的费用分担和收益分配】建筑物及其附属设施的费用分摊、收益分配等事项,有约定的,按照约定;没有约定或者约定不明确的,按照业主专有部分面积所占比例确定。

最高人民法院《关于审理建筑物区分所有权纠纷案件具体应用法律若干问题的解释》第十五条规定,建设单位、物业服务企业等利用建筑区划内业主共有部分从事盈利性活动,当事人请求返还扣除相应成本之后的收益的,应予支持。

《物业管理条例》第四十四条规定,物业服务企业可以根据业主的委托提供物业服务合同约定以外的服务项目,服务报酬由双方约定。

《物业管理条例》第五十五条规定,利用物业共用部位、共用设施设备进行经营的,应当在征得相关业主、业主大会、物业服务企业的同意后,按照规定办理有关手续。业主所得收益应当主要用于补充专项维修资金,也可以按照业主大会的决定使用。

【知识帮助】

增值服务,即根据客户的需求,为客户提供超出常规服务范围的服务。在市场竞争进入白热化的今天,越来越多服务企业纷纷提供增值服务,物业服务企业也不例外。物业管理是劳动密集型行业,收益模式单一,人力成本逐年上涨,企业利润率逐年降低。而通过拓展物业增值服务,探索增值服务,不仅能满足日益增加的客户需求,提升客户满意度,还能挖掘更多的收益渠道,开发出多元化的盈利模式。

提供社区增值服务,是物业服务企业可持续发展的必经之路,也是物业服务企业创造全新盈利点、拓宽更多收益的商业模式。提供社区增值服务,须遵循"实事求是"基本原则。提供社区增值服务之前,要根据自身物业的实际情况,如物业的地理位置、业主的经济水平、业主的组成结构以及需求,不能盲目追求高大上,因此,物业服务企业要从实际情况出发,切实了解业主的真实需求,提供业主真正需要的增值服务,让增值服务成功落地。

任务一　了解物业服务行业社区增值
服务发展历程和趋势

1.物业服务行业社区增值服务诞生与发展历程

国家民政部等部门提出"社区服务"概念以来,随着中国住房市场化改革,商品房小区不断代替"单位大院""职工宿舍"等传统的聚居模式。一般来讲,按照居住地把人口划分为不同地域板块即为社区。如今,社区被当作一种"生活共同体"在广泛运用。因此,社区服务就是"在政府指导和规划下,发动和组织社区内成员建立完整系统的服务网络、开展互助活动、为居民提供满足各种物质和精神生活服务和产品"的服务模式。而所谓增值,其核心内容指挖掘或激发业主潜在需要,为业主提供超出常规服务范围的服务,或者采用超出常规服务方式提供多种社区服务项目及衍生服务项目,特别是特色化的服务项目。例如,社区文化服务,即营造物业项目独特的文化品位,塑造良好的物业服务企业形象,打造温馨、和谐的文化环境。社区文化服务是重要的增值服务。物业服务企业可以根据实际,开展形式多样的文化建设活动,通过社区文化活动给物业注入强大的文化内涵。品牌的背后是文化,文化是巨大的无形资产,当这种无形资产转移到物业之中,物业就会增值。

(1)物业服务行业社区增值服务萌芽阶段

2014年以前为物业服务行业社区增值服务萌芽阶段。中国大陆物业管理起源于40年前的深圳,随着中国住房市场化改革和城镇化推向全国。在物业服务行业发展初期,物业服务企业只提供基础的公共设施设备维保、绿化保洁、秩序管理服务,简称"四保"服务,工作重点是对"物"管理,产品比较单一且同质化,所以,在行业起步和发展期,从业公司都叫"××物业管理公司"。随着行业发展,社会和居民对物业管理要求越来越高,行业内外越来越多专家认为,"物业管理本质应该是受业主委托管理业主的物业,而管理的最终目标是服务业主。"随着这一认识不断加深以及房地产市场需求变化,各大物业服务企业先后更名为"××物业服务公司",同时,物业服务企业也逐步针对某一类人或某一集中需求提供专项服务,以及针对个别业主或个别需求提供特约委托服务。行内更多地称这一阶段为"多种经营",不同企业根据自身情况开展一些便民有偿服务或特色有偿项目。另外,一些开发商为了树立品牌形象,提升房屋销售价格,要求物业服务企业提供"超值服务",开发商出资补贴物业公司,开展一些便民服务或社区文化活动。

(2)社区增值服务尝试反思阶段

2014—2018年是社区增值服务尝试反思阶段。伴随着物业管理对"人"服务理念不断加强以及市场需求和利益呼应,尤其是2014年彩生活物业成功上市,物业行业发展开始了新篇章,物业服务产品不断延伸和创新,物业服务企业提供的产品,纵向上,包含了房地开发的整个业务链条,如前期规划设计、设施设备选型顾问、招商策划、营销代理以及中后期尾盘销售、商业物业招商经营和房地产经纪业务;横向上,涵盖了家政服务、居家养老、电子商务、金融投资、青少年教育培训等差异化、菜单式、高品质服务。从物业服务产品纵向延伸和横向覆盖来看,物业服务企业提供的物业服务产品几乎涵盖了人们生活的方方面面。物业服务企业也逐步更名为"××生活服务公司"或"××服务公司",一些公司标新立异,直接更名为"××科技公司""××智慧服务公司"。在这一阶段,中海物业、中奥物业、绿城物业先后在港交所上市,与此同时,"互联网+"思维不断冲击传统的物业行业,O2O、App、云计算、大数据、移动互联网等概念迅速与万科物业、长城物业、龙湖物业等行业巨头融合。当时,上市、圈地盘、资本化、金融化等词汇充斥着物业行业,充分说明物业行这个大"金矿"已经被唤醒,但跟风潮比较明显,多数大型物业服务企业都开发了自己的App,尝试做"App+O2O"模式,但鲜有物业服务企业真正成功或者敢于公布电商业绩。所以,在这一阶段,各大物业服务企业在不断尝试和反思。

（3）物业服务行业社区增值服务爆发式增长

2019年至今,物业服务行业社区增值服务爆发式增长,物业服务行业尤其是住宅物业服务关乎着老百姓的安居乐业、社会和谐稳定,与政府及相关职能部门的管理、服务工作交织在一起。在小区围墙内,物业服务企业是所有业主的"总管家";在小区围墙外,由于很多政府和相关职能部门的工作通过物业服务企业传达或执行,物业服务企业俨然成了政府和相关职能的"总代理"。随着社会治理和社区治理改革工作不断推进,尤其是在2020年"新冠疫情"防控工作中,物业服务行业起到了巨大作用,社会各界认识到物业管理纳入社区治理已成为必然趋势,"红色物业"建设也如火如荼,物业管理和社区服务乃至城市服务结合已然成为定局。同时,物业服务企业的重要作用以及和社区服务天然联系,被社会各界尤其是资本市场认可,所以,从2020年开始,物业服务企业大批量上市融资,物业服务行业新业务、新模式、新科技发展进入爆发阶段。在这一阶段,行业内外基本形成了统一认识,物业服务企业要想生存,行业要想发展,除了提供物业基础服务还须提供社区增值服务。

2. 物业服务行业发展社区增值服务的历史机遇

随着我国经济体制转型、政府机构改革等,我国社会治理体系日趋完善,党和国家越来越意识到物业服务是社区治理不可或缺的组成部分。物业服务尤其是社区增值服务功能,在社会主义新时期人民日益增长的美好生活需求中起到了关键作用,物业服务作为城市服务和社区服务的重要组成部分,已经成为提高居民生活品质、建设幸福生活的必需品。近年来,重要会议、重要文件多次提出"改进社区物业服务管理,着力补齐城乡社区治理短板""积极推动物业管理,将物业管理纳入社区治理体系""建立共建、共治、共享的社会治理格局"等。社区治理是社会治理的重要组成部分,关乎居民安居乐业,关系社会长治久安。物业服务是社区治理的重要承载者,一个城市的住宅物业服务水平直接影响居民的幸福感、满意度。所以,将物业服务管理纳入社区治理,通过社区治理工作改进、提升物业服务水平已经成为必然趋势。2021年1月5日,住房和城乡建设部、中央文明办等10部门联合印发《关于加强和改进住宅物业管理工作的通知》,提出了从融入基层社会治理体系、健全业主委员会治理结构、提升物业管理服务水平、推动发展生活服务业、规范维修资金使用和管理、强化物业服务监督管理6个方面对提升住宅物业管理水平和效能提出要求。在社区服务业方面,鼓励有条件的物业服务企业向养老、托幼、家政、文化、健康、房屋经纪、快递收发等领域延伸,探索"物业服务+生活服务"模式,满足居民多样化、多层次居住生活需求。

3. 物业服务行业社区增值服务发展现状

自2014年6月花样年控股拆分物业管理公司彩生活登陆港股上市至2021年7月31日,除南都物业A股上市外,目前共53家物业管理公司在港股上市,其中,有6家物业服务企业于2021年7月份上市,另外,截至2022年5月已经递表等待上市的物业服务企业还有24家。物业服务企业正以前所未有的热情拥抱资本市场,并被资本市场认可,这很大程度上归功于物业服务的增值服务。公开发布的2018年各上市公司中期年报明显显示,各大上市企业的各类增值服务收入都占到了总收入10%以上,一些企业甚至接近了30%,各类增值服务的利润率远高于物业服务费的利润率,中指研究院综合整理各大上市物业服务企业服务产品创新情况发现,增值服务收入的占比持续增长。

2018年上半年物业上市公司各板块收入及占比

序号	物业服务企业	上半年总收入/亿元	主要业务	收入/亿元	占比/%
1	碧桂园服务	20.16	物业管理服务	15.64	77.58
			社区增值服务	1.71	8.49
			非业主增值服务	2.76	13.67
			其他	0.05	0.26
2	绿城服务	29.28	物业服务	20.15	68.84
			园区服务	5.12	17.48
			咨询服务	4.00	13.68
3	雅生活服务	14.65	物业管理服务	7.5	51.19
			非业主增值服务	5.75	39.25
			业主增值服务	1.4	9.56
4	彩生活	17.57	物业管理服务	14.67	83.50
			租赁销售及其他增值服务	2.12	12.09
			工程服务	0.77	4.41
5	新城悦	3.035	物业管理服务	2.17	71.57
			增值服务	0.86	28.43
6	佳兆业物业	4.12	物业管理服务	1.78	43.10
			交付前及顾问服务	1.64	39.86
			社区增值服务	0.38	9.27
			智能解决方案服务	0.32	7.77

数据来源:2018年各上市公司中期年报。

4.物业服务行业社区增值服务发展趋势

(1)业务结构持续优化,社区增值服务增速明显

在基础物业服务市场,竞争加剧,基础物业服务成本直线增长,物业服务费很难提升,社区增值服务成为众多物业服务企业利润第二增长曲线及寻求突破的新方式。物业服务企业积极应对市场需求变化,整合公司自身和社区内外优质资源,持续提供多元化、差异化增值服务,进而将社区增值服务打造成企业新的盈利增长点,使社区增值服务成为助推企业快速发展的重要力量。

从社区增值服务收入增速来看,2020年,35家上市物业服务企业社区增值服务收入平均增长率达63.5%,9家企业增速超100%,社区增值服务正快速向物业服务企业营收贡献的

主力军迈进。其中,弘阳服务社区增值服务收入增速居上市物业服务企业首位,同比增速高达310.9%。世茂服务2020年积极通过企业合作、收并购与品牌建立等方式提高社区增值服务收入,社区增值服务收入同比增长146.8%,上涨至16.01亿元,占总收入的31.8%。

(2)社区增值服务渗透率不断提升

社区本身拥有巨大人口流量,对物业服务企业来说,随着管理面积增加,社区增值服务的业主基数显著增长,进而产生规模经济效益,促使公司营业收入不断增长。2020年,23家上市物业服务企业社区增值服务ARPU(住宅每户年均社区增值服务收入)均值为649.7元/户·年,同比增长约9.8%。物业服务企业社区增值服务渗透率和深度不断提升,成效显著。其中,世茂服务社区增值服务ARPU为1 841.1元/户·年,同比增长85.4%,绝对值排名第一,远高于排名靠前的绿城服务、永升生活服务、保利物业等公司(均在1 100元/户·年左右)。物业服务企业通过创新增值服务产品精准匹配业主消费需求,促使增值服务渗透率和业主接受度提升,收益持续增长。

(3)居家生活类与空间运营类增值服务将成为物业服务企业重要发力点

随着物业管理规模增长和业主覆盖面扩大,物业服务企业结合自身特点和业主需求,进一步通过服务创新、对外合作、加大渗透、创建品牌等方式构建多元化社区增值服务体系。社区增值服务的商业模式日益成熟且具有延展性,增值服务的内容和品类不断丰富,各物业服务企业向社区多维度深度挖掘。从上市物业服务企业社区增值服务布局来看,业务类别主要集中在社区居家生活服务(社区零售、家政服务、文化教育服务、家装服务等)、物业资产管理(经纪服务、租赁协助、长租公寓、车位租售等)及社区空间运营服务(社区媒体、停车场管理、快递柜等)三大服务。同时,企业结合业主及住户的日常需求开展个性化服务,如社区养老、旅居服务等。居家生活类服务主要指物业服务企业针对业主的各种日常生活需求并为其提供多样化服务,是业务内容最多元的一项子业务,也是增速最强劲、收入占比最高的社区增值服务。

2019年部分物业上市公司社区增值服务业务变化情况

公司名称	社区增值服务类型		上市后创新项目
	上市时	2019年	
碧桂园服务	家居生活服务、房地产经纪服务、园区空间服务	家政服务、美居业务服务、社区传媒服务、增值创新服务、房地产经纪服务、园区空间服务	家政服务、美居业务服务、社区传媒服务、增值创新服务
绿城服务	园区产品服务、家居生活服务、园区空间服务	园区产品和服务、居家生活服务、园区空间服务、物业资产管理服务、文化教育服务	物业资产管理服务、文化教育服务
佳兆业美好	空间租赁服务、停车位租赁服务、租售服务、社区金融服务	空间资源租赁服务、停车租赁服务、社区租售、装修美居、社区财务、社区教育、新零售及其他社区服务	装修美居、社区财务、社区教育、新零售及其他社区服务

续表

公司名称	社区增值服务类型		上市后创新项目
	上市时	2019年	
中海物业	基本服务、职能服务、其他服务	社区资产经营服务、居家生活服务、商业服务运营	社区资产经营服务、居家生活服务、商业服务运营

资料来源:上市公司公告中指研究院综合整理。

(4)高毛利率促使社区增值服务发展为物业服务企业未来核心业务

物业服务行业属于劳动密集型行业,基础物业管理服务须投入大量人力,人力成本剧增是物业服务企业面临的重要问题之一。物业服务企业的业主群体相对稳定,业主"黏度"较高,在提供社区增值服务抢占"最后一公里"市场时,有着天然优势。同时,相较于传统的基础物业管理服务,社区增值服务在毛利率上具有明显优势,可创造的盈利空间更大,能有效增加物业服务企业的利润。社区增值服务内容丰富,经营方式灵活,增长各异,但总体毛利率高,如果拓展成功,新的社区增值服务可以在短期内迅速增加利润,为企业带来更高经济效益,逐渐成为企业未来发展的核心业务。在物业服务企业"破题"可持续增长的当下,社区增值服务成为不少物业服务企业的着眼点,而此次爆发的新冠肺炎疫情则使各大物业服务企业朝社区增值服务方向加速挺进。同时,在政策上,社区增值服务得到明确支持,2021年1月5日,国家住建部等10部委联合发文,鼓励有条件的物业服务企业向养老、托幼、家政、健康、房屋经纪、快递收发等领域延伸。总体而言,对物业服务企业来说,社区增值服务前景广阔,是值得深入挖掘与发展的业务板块。

物业服务企业可挖掘的社区增值服务分类

序号	增值服务类别		具体操作项目或方式
1	社区公共资源经营	广告传媒	电梯、单元大厅、小区内广告牌、信息公告栏、小区出入大门、道闸、创意广告位(如座位靠背)
		停车场经营	小区内部地面规划停车位、小区内部道路临时停车位、小区周边底商停车位、小区地下人防车位
		场地租赁	业主共有商铺租赁、集中充电设施、自动洗车设施、自动售货机、净水机、快递柜、临时宣传促销活动、业主共有会所、泳池、球场
2	物业资产经营	尾盘销售	房屋销售、地下车库销售
		业主固定资产经营	房屋托管服务、房屋租赁、房地产经纪服务
		停车位经营	开发商产权车位(待销售车位)、人防车位、机器停车位
3	社区商务服务	电商	公司App系统、生鲜配送、社区团购
		新实体商业	小百货超市、汽车美容、业主食堂、饮水配送、宠物旅店、便利早餐、衣物收洗

续表

序号	增值服务类别		具体操作项目或方式
3	社区商务服务	美居业务	清水房装修、精装房软装、家具、家居用品、家装翻新
		节假日促销	大闸蟹、酒水、月饼、家电节、年货节、消费扶贫
		便民服务	工程入户维修、保洁保养、绿植养护
4	一老一小	健康管理	健康知识宣传、健康检测服务、健康咨询服务(包括讲座、沙龙、义诊等)、健康云监控
		社区养老	老年大学、老年照护、养老餐厅、医疗保健器材
		少儿教育	幼儿托管中心、四点半学堂、学生食堂、冬夏令营
5	社区文化	节日活动	节日氛围营造、组织睦邻活动、弘扬优秀文化
		重要政策宣传	垃圾分类、征兵宣传
		根据实际组建业主活动团体	义工先锋队、夕阳红歌舞队、太极拳队、乒乓球队、篮球队、排球队、棋牌队
6	金融理财		理财产品、保险业务、社区基金

任务二 物业服务增值服务项目案例
——美居业务

1.任务导入

(1)物业管家的美居业务

小李是一名刚毕业的物业管理专业大学生。2019年12月入职××物业,担任物业管家,负责美居业务。在从事美居业务中,从招商到寻找样板间、对接美居方案、跟进商家销售,从业主见面会活动、工地开放活动、交付活动到日常一场场活动,小李都亲力亲为,高质量完成任务,最终超额完成美居销售目标。小李年销售目标为980.92万元,截至2020年12月,小李全年累计销售额为1 225.29万元,超额完成本年度销售指标,小李也从美居销售业务中获得丰厚提成。

问:物业管家如何提供美居业务增值服务呢?

(2)任务分析

美居业务指,整合家装工程、整体家居、定制家居、家用电器、软装饰品等供应链,紧贴业主需求,开创家居零售新模式。美居业务提供家具、家电、家纺、软饰、灯饰和家居用品等全品类优质家居产品,同时提供定制全屋家具、打造专属产品、专业的配送安装和保修等一站式"美居业务"服务。目前,60%以上上市物业服务企业开展了美居业务。地产、物业、家装之间有着很强关联度,房屋交付之后,首个业务场景就是家装服务,物业服务企业具备天然的客源引流优势。从行业的未来趋势来看,越来越多房企、物业服务企业布局美居业务,在业绩中,美居收入占比不断增大。目前,美居业务已成为物业服务企业增值业务收入的重要组成部分,其中,涵盖新交付的毛坯房装修以及业主的整体装修、美居业务、存量房改造装修等。据上市公司公布业绩不完全统计,截至2021年6月,正式介入美居领域的上市物业服务企业已达六成,其余四成也在美居业务方面有相关尝试。美居业务的发展空间巨大,直接接触业务的物业管家在美居业务中大有可为。物业管家可根据具体美居业务如室内设计、硬装改造、墙面装饰、电器团购、布艺灯饰、五金门窗、洁具卫浴等向业主推介和销售商品,在完成公司目标的同时获得额外佣金。

2.美居业务内容、工作流程及相关注意事项

(1)新交付项目美居业务工作内容

美居业务工作内容

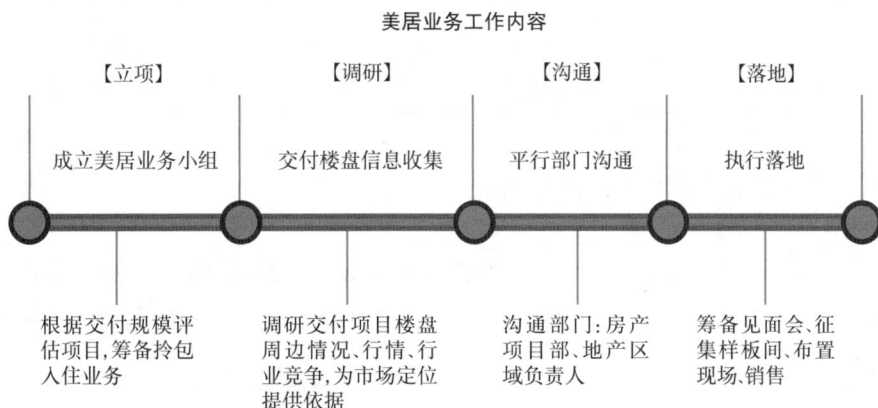

【立项】	【调研】	【沟通】	【落地】
成立美居业务小组	交付楼盘信息收集	平行部门沟通	执行落地
根据交付规模评估项目,筹备抢包入住业务	调研交付项目楼盘周边情况、行情、行业竞争,为市场定位提供依据	沟通部门:房产项目部、地产区域负责人	筹备见面会、征集样板间、布置现场、销售

(2)美居业务流程和工作时间节点

为了充分提供美居业务,需至少在物业项目交付前6个月启动美居业务相关工作。

美居业务流程中重要事项和时间节点

序号	流程节点	完成时间	输出
1	成立项目美居业务小组	交付前180天	搭建项目美居业务组织机构和明确责任分工
2	制订实施方案	交付前180天	《美居业务实施方案》《美居业务实施计划书》
3	调研业主需求	交付前160天	多种渠道发放《业主需求调研问卷》,收集分析
4	筛选合作供应商	交付前150天	确认供应商
5	设计装修方案	交付前120天	确认样板房装修设计方案
6	征集样板房	交付前100天	确认样板房选址
7	销售洽谈区及方案	交付前90天	确认洽谈点选址及方案
8	举行推广活动	交付前60天	落地售前推广活动
9	动线设计	交付前30天	确认销售动线
10	现场团队搭建	交付前25天	确认现场工作人员名单

续表

序号	流程节点	完成时间	输出
11	销售洽谈区布置	交付前20天	布置销售洽谈点
12	培训准备	交付前20天	落实相关培训
13	邀约业主	交付前15天	填写《美居业务台账》
14	样板房产品布置	交付前7天	样板房产品布置到位
15	样板房现场销售	交付期	更新《美居业务台账》
16	样板房现场销售	持销期（交付后1~3个月）	更新《美居业务台账》
17	财务结算	月初结算上月费用	填写《美居业务结算清单》
18	业主回访	产品安装后一周	填写《美居业务业主回访表》
19	业务评估	款项结算后一个月内	填写《美居业务评估表》

（3）美居业务流程中重要节点注意事项

①业主需求调研注意事项。

为精准把握项目业主需求，了解业主装修风格偏好，并为日后引进符合项目定位的合作供应商和定调样板房风格提供相关依据，在业务开展前半年，美居业务专项小组应调研业主需求。调研维度（包括但不限于）如下。

维度	调研内容	方式方法	输出	目的
业主维度	了解业主职业、家庭结构、家装需求、风格偏好、品牌喜好等	通过微信公众号或电话调研	业主需求分析报告	1.判断业主装修共性需求，从而确认样板房装修风格及数量比例
市场维度	了解市场同类定位项目美居业务趋势	同类定位项目实地考察	项目考察整合分析	2.初步了解潜在合作供应商业务素质及专业度；
市场维度	了解潜在合作供应商，提出的合作方案建议	约谈	建议方案整合分析	3.业务预热，让业主知悉物业"美居业务"增值服务，提前揽客

②样板房征集注意事项。

样板房选定须满足以下条件。

维度	目的	具体要求
位置	便于宣传引导，缩短参观动线	离交付中心、项目大门较近
风格	满足项目业主共性需求	与样板房业主沟通，装修风格理念一致
数量	满足业主体验需求，易于管理	根据项目体量，样板房3~6间为宜
楼层	避免电梯等候时间过长	选择低楼层单元
户型	覆盖项目多数业主	选择主力户型
使用时间	覆盖集中交付和零星交付业主	为期3~6个月

③销售洽谈区选址及方案注意事项。

洽谈区选定须满足以下条件:待确定销售洽谈区地点后,联系广告供应商尽快设计洽谈区布置方案,在交付前20天进场日布置。

维度	目的	具体要求
位置	便于宣传引导,缩短样板房参观动线	项目会所、展示中心、物业服务中心等
风格	环境优雅,适宜洽谈	与项目美居业务风格、调性统一
面积	满足业主体验需求,易于管理及展示	根据项目考察,60~100平方米为宜
展示内容	美居业务产品介绍	平台、供应商介绍、产品类别、产品展示
使用时间	交付前、集中交付和零星交付、持销期	精装交付为3~6个月,毛坯交付为12个月以上

④售前推广活动注意事项。

在推广活动时,美居业务专项小组应注意以下事项。

一是维护业主体验。在售前推广过程中,应弱化销售动机,突显物业增值服务。

二是管控合作供应商。在售前推广过程中,应减少供应商直接面客,避免服务标准落差及客源流失。

三是协同配合部门。在售前推广过程中,应让配合部门了解美居业务模式及服务亮点,为美居业务做准备。

美居业务专项小组应在样板房开放前全方位营销推广,提前蓄客,尽可能覆盖潜在业主,促成后期交易。可参考以下推广手段。

渠道	方式	内容	主责单位	效果
线上	微信平台或App	运用地产或物业开发的业主微信公众号或App,发布美居业务推广信息	美居业务小组	全方位覆盖业主,收揽客源
线下	项目开盘日	现场摆放宣传物资,搭建咨询处,将美居业务作为配套服务推广	区域分公司资产经营部	建立业主初步印象,吸引业主关注
	业主活动日	在地产组织的专题活动日中推广美居业务	美居业务小组	在项目交付前把握时效性,提前招揽业主
	工地开放日	结合业主动线摆放宣传物资,安排人员驻场介绍产品	美居业务小组	进一步宣传业务,巩固业主印象,吸引潜在业主
	业主见面会	组织物业专场活动,在物业服务团队、社区增值服务等介绍过程中宣传美居业务	美居业务小组	弱化销售动机,突显服务

⑤样板房产品布置注意事项。

在样板房布置过程中,应保护内部装修相关成品,保持交付标准。样板房产品布置一般流程及关键点,具体如下。

流程	完成时间	负责单位	注意事项
成品保护	交付前7天	供应商	严格按照公司成品保护标准执行
开荒保洁	交付前7天	供应商	清洁地面、门窗、墙面、瓷砖等
入场布置	交付前6天	供应商	建议布置顺序:墙面→阳台改造→空调安装→家具→窗帘、床品、饰品→电视、洗衣机、冰箱→全屋保洁→室内香薰
初次验收	交付前4天	美居业务专项小组	检验整体呈现效果及产品质量
布置调整	交付前3天	供应商	根据验收意见整改
物料到位	交付前3天	美居业务专项小组	确保样板房各项营销物料摆放到位
最终验收	交付前2天	美居业务专项小组	检验整改效果
二次保洁	交付前2天	供应商	全屋及供应商产品保洁

⑥销售现场准备注意事项。

销售现场动线设计。交付前30天,美居业务专项小组应完成现场销售动线设计,设计过程应遵循以下原则:一是把控时机,美居业务活动应设置在业主完成交付手续后,避免影响业主收楼;二是把控路线,避免业主回流,造成秩序混乱;三是把控体验,设计互动环节,软性引导业主至样板房,提升业主体验。

销售现场人员配备。在交付前25天,美居业务专项小组应根据各环节设置需求,分派合适的岗位人选,最终确认工作人员名单。现场人员设置可参考以下安排。

岗位	人员	数量/名	职责	工作路线
现场主管	物业管家	1~2	定期巡视现场,抽查工作人员销售动线、销售说辞、配合度、问题协调、样板房保洁等	业务全销售动线
现场引导员	物业管家	1~2	驻场交付签约处,待业主完成入住手续后,上前协助业主整理物资并发放宣传手册等材料,介绍美居业务产品	交付现场
中途引导员	物业管家	1~3	沿途为业主引导方向	交付现场—样板房
现场销售员	合作供应商	3~5	负责产品介绍、签单及收款等	样板房—签约付款处

人员培训。在样板房开放前20天,美居业务专员须组织现场工作人员营销培训,建立合作默契,从而提供良好的美居服务。培训内容包括但不限于以下内容。

序号	培训课程	培训内容	培训讲师	培训对象	培训方式
1	项目及业务模式介绍	美居业务模式介绍、合作供应商及卖点介绍	物业项目供应商	全体工作人员	集中授课
2	现场执行方案	现场人员安排及相关要求、销售动线、操作规范和统一说辞等	物业管家	全体工作人员	集中授课+彩排演练

物料布置。在交付前3天,美居业务专项小组应完成交付现场营销物料布置,促使业主更加直观、全面地了解美居业务,营造良好氛围,形成业主触点,具体如下。

宣传流线	宣传位置	物料(分为宣传、导示、使用三类)
交付现场	交付大厅	宣传类,如业务海报/易拉宝、样板房介绍、业务宣传册
交付现场到交付楼栋	外围	宣传类,如主题喷绘、宣传桁架
		导示类,如样板房指引标识
交付楼栋	大厅	宣传类,如主题海报、样板房房号公示
交付楼栋到样板房	外围	导示类,如样板房指引标识
样板房	楼栋	导示类,如样板房指引标识
	大厅	宣传类,如主题海报、样板房房号公示
	电梯	导示类,如样板房指引标识
	样板房	使用类,如红毯、鞋套、鞋套筐、价格标签、温馨提示牌等
		宣传类,如商家品牌资料、产品手册等

⑦销售现场注意事项。

序号	步骤	实施时间	实施人	实施内容	注意事项
1	邀约业主	交付前15天	物业管家	短信及电话邀约,建议以"温馨提醒"方式,通知业主交付注意事项,过程中宣传美居业务活动	与业主电话沟通,在美推广居业务时,应避免生硬、刻意,把握时机
2	带看样板房	交付期间	物业管家	在集中交付期间,待业主完成入住手续办理,物业管家引领业主至样板房参观,途中适当介绍美居业务活动特色及优惠促销方案	须在业主完成交付流程后带看样板房,避免延误交付进度,尊重业主意愿

续表

序号	步骤	实施时间	实施人	实施内容	注意事项
3	现场销售	交付期间	供应商	要求销售人员把握业主消费时机,促成其现场下单	每个样板房内,留守的品牌销售人员组成销售小组,任命组长,组长分配人员接待业主,每位销售人员必须整体介绍样板房产品,如业主提出细节问题,品牌销售人员单独讲解
4	洽谈区签约	交付期间	供应商	如果业主有意向产品,可带业主至洽谈区详细沟通产品方案及签约	样板房仅用于参观及产品介绍,须在洽谈区洽谈及签约
5	销售总结	交付期间	物业管家	组织供应商总结当日销售情况,反馈和解决问题,并要求供应商每日提报业务台账	及时解决突发事件及销售问题,并传达至全体工作人员,避免事故再发生
6	后期销售	零星交付期间	物业管家及供应商	在零星交付期间,物业管家电话约访未收楼业主,了解业主收楼时间并发出邀约	项目现场保留精简的工作人员接待与销售,保证服务标准,保障业主体验
7	持续销售	交付后(1~3个月)	物业管家及供应商	电话邀约入住期间未参观样板房的业主及零星业主	项目现场保留精简的工作人员接待与销售,保证服务标准,保障业主体验

⑧业主维护注意事项。

业主回访。在产品配送、安装后一周内,物业服务中心电话回访,回访内容包括服务态度、响应及时性、现场安装等,并记录,以此作为对供应商评估的依据,回访人员须填写《美居业务业主回访记录表》。

重视业主投诉处理。项目物业提供投诉电话,对业主投诉内容分类。美居业务相关产品投诉转由供应商负责解决,物业管家跟进;原则上,按照公司流程处理美居业务相关物业服务投诉。

增加附加业务推荐。白蚁防治业务,无论是毛坯还是精装交付,每家每户都会请专业公司进行白蚁治理,以免后期装修以及家具受白蚁侵害;绿植团购,新家装修之后,由于很多材料存在甲醛,空气中气味较大,购买绿植放在家中既美观又可以去除甲醛、异味;开荒保洁服务,搬家服务等都是业主需要的服务,可一并推荐。

任务三 社区增值服务项目案例——便民有偿服务

物业服务企业提供的便民有偿服务,指物业服务企业针对业主个人家庭需要的工程、电器维修、各类保洁、绿植养护等提供有偿服务。便民有偿服务是物业服务企业最早启动、最传统的社区增值服务之一。起因主要是,在接受物业服务企业按照《物业服务合同》提供针对小区公共设施设备、场地环境维护等基础服务时,小区业主经常要求物业服务企业上门维修水、电线路或家具、设备,如物业服务企业拒绝上门,势必影响企业的服务形象,如果免费上门维修,人工成本又非常大,而且存在一定管控风险。有时一些物业服务人员私下提供维修服务,但这样一来,由于服务质量、维修费用等问题更容易引起矛盾纠纷,很多物业服务企业为了进一步提升公司物业服务形象,及时解决业主的困难,在提供物业常规服务、确保服务质量同时,满足小区业主居家生活服务需求,开展了相对比较规范的便民有偿服务工作。

1.便民有偿服务的范围和运作模式

每家物业服务企业以及物业项目不同,有偿服务运营模式不同,所以便民有偿服务范围和运作模式也有所不同。

(1)小型物业服务企业便民有偿服务模式

小型物业服务公司受风险管控和资源整合能力制约,便民有偿服务的服务范围一般以小区内业主家庭的水、电维修安装和保洁、绿化为主,操作模式相对简单,根据所服务项目实际需求情况和公司人员构成,编制明码标价的服务菜单(如下表所示)告知小区业主,业主根据需要购买服务。公司客服部负责统一接单安排,工程部、保洁部、财务部等密切配合共同实施,所得收入由公司按照事先规定的比例分配给项目、客服、具体工作人员(工程师傅、保洁阿姨或其他参与人员)。

某项目工程维修类便民有偿服务价目表

(本表内容如有变动,另行通知)

序号	服务项目	收费标准	备 注
1	更换空气开关	10元/个	含检修费,不检修时5元/个
2	更换电源插座	5元/个	
3	更换电话插座	5元/个	
4	更换五类线水晶头	10元/个	
5	更换灯泡	5元/个	10个以上五折
6	更换灯管	10元/支	
7	更换灯罩	5元/个	
8	更换镇流器	10元/个	

续表

序号	服务项目	收费标准	备 注
9	安装吊灯	30元/盏	单价在300元以上时不安装
10	安装吸顶灯	30元/盏	
11	安装壁灯	25元/盏	
12	安装床头灯	20元/盏	
13	安装射灯(有轨道)	10元/盏	
14	安装射灯(无轨道)	10元/盏	
15	安装镜前灯	25元/盏	
16	疏通洗手盆	20元/次	动用疏通机时30元/次,须拆检查口时50元/次
17	疏通洗菜盆	20元/次	
18	疏通马桶	30~100元/次	
19	疏通浴缸下水管	30元/次	
20	疏通地漏	20~50元/次	
21	漏水修理	15元/次	含马桶、洗手盆、洗菜盆等
22	更换普通水龙头	5元/次	
23	更换混合水龙头	20元/次	
24	更换软管	5元/条	
25	更换玻璃(含材料)	真空玻璃160元/平方米、小窗户50元/扇	
26	更换纱窗	厨房厕所小窗10元/扇、大窗20元/扇、纱门30元/扇	

注:以上收费不含材料费;线路检测费30元/次;维修费按损坏点计50元/处(维修工程包括具体点检测、打地、维修、补水泥等)。

(2)中大型物业服务企业便民有偿服务模式

中大型物业服务企业有偿服务多是以构建"社区商业生态圈"的模式展开,尤其是上市的物业服务企业,不仅风险管控和资源整合、业务开发等能力强,同时迫于企业生存和资本逐利的影响,对有偿便民服务进行充分挖掘和开发,几乎涉及到小区居民生活的方方面面,有些物业服务企业借助科技和智能化平台,便民服务已经突破了小区界限辐射到周边社区,甚至目标已经直指覆盖城市。大多数物业服务企业都是以打造"社区商业生态圈"的理念在运营有偿服务,就是从市场出发,充分挖掘、引导业主的健康、文化教育、生活等各种需求,然后采取适当的整合方式,通过现有的平台支撑对优质的资源进行整合后,通过运行平台,以合适的渠道向业主提供包括健康、文化教育、生活在内的各种服务,以全面满足业主的服务需求,进而提升业主的生活品质,同时收获相应的利润。

社区商业生态圈运营模式

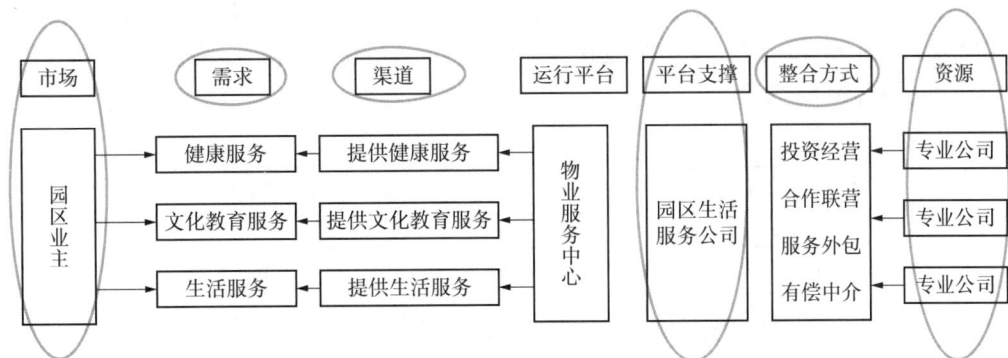

2.便民有偿服务开发流程和注意事项

(1)便民有偿服务开发流程

任何便民有偿服务产品必须经过严格研发流程方可推广,通常一项新产品的研发期应不少于3个月。研发流程图如下:

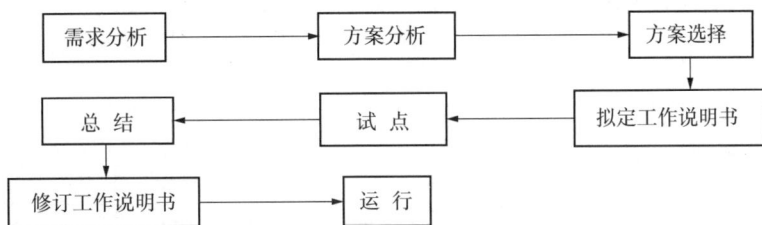

(2)便民有偿服务项目开发注意事项

①业主需求认知。

项目开展前,举行业主需求调查、业主座谈会等,从业主特征、项目基本情况等要素分析业主需求。通过对业主需求的再认知,得出本项目生活服务体系服务产品的开发方向,即了解业主真正需要哪些产品。

②服务项目设计。

对照业主需求再认知的结果,在项目所在城市、所在区块调查可利用资源。通过调查可用资源的过程,物业服务中心可以了解便民有偿服务应当提供哪些服务产品,小区当中配置了服务硬件时,可以明晰今后运营的品质要求,以取得差异化市场的效果。

③服务资源整合。

通过招投标的方式选择合作商家是降低运营成本的手段,与商家合作可以采用聘请顾问自营、合营、外包、有偿中介等方式。在确定合作方式的时候,主要了解该项目的盈亏平衡点和盈亏年限,一般要求商家提供3～5年运营计划。在商家选择过程中,一是首先应选择物业服务企业的分公司或者子公司,其次选择集团公司的分公司或子公司,最后选择外协资源,应按照以上顺序选择;二是商家选择上应采用最佳值(价格和质量)选择法,而不应采用价格驱动法和质量驱动法。

④财务分析。

分为项目硬件营运及物业服务中心自行开展服务项目的营运分类分析,尤其是结合两类分析,在不能收支平衡的前提下,最终确定在哪些方面项目公司须前期投入,须投入多少费用。

(3)便民有偿服务流程

①报事处理流程。

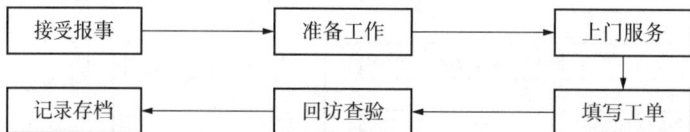

```
接受报事 → 准备工作 → 上门服务
                            ↓
记录存档 ← 回访查验 ← 填写工单
```

备注:带下划线步骤为物业管家工作,不带下划线为执行配合部门工作。

②接受报事。

物业管家根据公司和项目便民有偿服务手册或相关指导文件,判别是否接受报事,如果接受,物业管家填写纸质便民有偿服务派工单或输入平台系统。派工单最关键五要素为服务对象、联系方式、服务地点、服务内容、预约时间。

××公司上门有偿服务派工单

服务对象		联系电话		物业单元		执行部门及人员	
服务内容:							
派工签发人			预约时间	年 月 日 时 分			
工作时间	自 年 月 日 时 分至 年 月 日 时 分						
处理过程记录:				所使用材料名称			金额
				人工费			
工作执行人签署:				合 计			
回访效果验证:				费用支付方式			
				费用支付时间			
				费用支付经办人签署:			
				服务对象意见/签署: (备注:如该项派工任务涉及具体服务对象,则须请其填写此项,以做效果评价之客观依据)			
经办人签署:							
执行部门主管意见: 签署:				物业服务中心意见:			
物业项目经理意见:				公司分管领导审阅签署:			
备注:							

(备注:本单一式三份,物业服务中心、执行部门、服务对象各执一份)

3.上门服务的总体要求——"12345"

一工号牌:上门服务佩戴工号牌。

二公开:公开出示"统一收费标准"并按标准收费;公开出示派工单,服务完毕后请业主签署意见。

三到位:服务后清理现场到位;服务后检测演示到位;服务后向业主讲解使用知识到位。

四不准:不准喝业主的水、不准抽业主的烟、不准吃业主的饭、不准要业主的礼品。

五个一:佩戴一个工号牌、自带一副鞋套、自带一块垫布、自带一块抹布、提供"一站式"通检服务。

4.上门服务准备工作

首先,要阅读派工服务内容,如果内容描述不清楚,用电话或微信等及时联系服务对象,核实确认。其次,准备相关工具和持派工单领取器材。

上门准备工作注意事项

序号	事项	内容
1	搞清服务对象信息	①清楚报事人姓名,至少要知道姓什么; ②派工单上生成的姓名是法定业主但不一定是报事人,拨打联系电话时,如果不能准确判断接听人是谁,请这样开场:"您好,我是××工程部×××,打扰您一下,请问是××先生/女士家吗?" ③核对报事内容(征得业主同意后核实)
2	根据报事内容得到信息	①能否独立解决; ②需要什么工具; ③需要哪些材料; ④大概需要多久; ⑤是否须其他部门的同事配合
3	个人准备	①工作时,必须佩戴工号牌,统一佩戴在左胸位置,不得歪扭; ②身体、面部、手部必须清洁,着装整洁、不得有异味; ③不得佩戴眩目首饰物,不得留长指甲,不准蓄长发、烫发,不得有头屑; ④口气保持清新,不能有异味(烟味、大蒜味等); ⑤使用文明用语,不得讲粗话
4	器材准备	①根据派工单内容或报事人反馈,准备相应材料及工具,如收费标准表、疏通机、应急灯、皮碗、人字梯、鞋套等; ②接受派工时,注意查看部门其他人员是否已上门服务,如上门则向当事人仔细咨询报事情况,并作相应准备

5.上门服务注意事项

上门服务注意事项

序号	事项	内容
1	上门时间要求	①要求比预约时间提前至少3分钟到达报事地点； ②不能在规定时间上门时，按照规范用语电话预约："您好，我是××工程部×××，打扰您一下，请问您是××先生/女士吗？"确定是所找的人后："实在对不起，因×××原因我不能马上来为您处理××问题，但我能够在××分钟/小时后准时上门处理，您看如何？" ③如果业主不同意改变上门时间，交工程班长或物业管家处理
2	进门及服务准备	①敲、关门注意力量与节奏； ②出示工牌并自我介绍："您好，我是工程部×××，公司安排我来给您处理××事情，我可以进去吗？"征得业主同意后戴上鞋套进户服务； ③必须出示派工单和收费标准，业主同意后服务
3	服务过程	①检查、施工区域作成品保护，不得损坏业主物品，将工具放在事先准备的垫布上，不能直接放在业主家里； ②涉及安装工程时，应详细咨询安装部位是否有隐蔽管线等，并征得业主同意； ③较重物品安装还要考虑建筑材质的载荷满足问题； ④维修过程中，认真查看，如预见性判断会损坏物品，必须告知业主，业主同意后维修； ⑤维修完毕后，将使用工具清点完毕，并将维修现场清扫干净； ⑥因其他原因未能完成时，应及时跟踪，直至工作完成，按派工单（协调单）内容正确填写，并由业主签字认可
4	服务过程中与业主交流	①文明用语不离口，注意语言艺术，声调要自然、亲切； ②根据业主需要介绍本次服务细节； ③介绍项目管理情况（如公区维护、专业系统、特约服务项目）； ④了解业主的服务需求； ⑤倾听业主的看法和建议
5	处理完毕	①清理工作区域； ②通知业主验收用语"您的××问题处理完毕，请验收"； ③交代注意事项； ④请业主对派工单签字确认； ⑤告别用语："××先生/女士，如需帮助请及时与我们联系，再见！"

6.服务过程中常见问题及处理方法

服务过程中常见问题及处理方法

序号	常见问题	处理方法或话术
1	在服务过程中,业主会出于好奇或其他原因了解公司内部资料或隐私,如员工工资等	①婉言拒绝; ②引导业主咨询相关部门; ③不该说的绝对不能说,不知道的绝对不能乱说
2	业主对公司的标准产生异议	①特约服务费单价是经同行业比较以及公司根据人力、物料、工具消耗等成本核算出来的; ②特约服务费是双方自愿的服务,不须经物价局批准; ③如果您对服务价格不满意,我们也可以提供其他资源,或者您自己联系相关资源处理
3	业主对公司的标准产生异议	①您看到我们的服务只有几分钟,但物业服务中心从接到您的报事开始,相关部门就已经在为您提供相关服务(如打印派工单、安排派工、工具准备等); ②特约服务费除了人工费,还含一定材料及工具损耗费用(如派工单、色带、打印机、工具等); ③处理过程中技巧性地掌控时间;处理完后礼貌地询问有无其他报事须一并处理,给业主良好感受
4	为什么你们以前来的人不收费,你为什么要收费?	①请相信我在按照公司的标准执行(再次出示收费标准),如果以前来的人不收费,你可以把他的姓名提供给我,我们落实以后给您回复; ②如果对收费标准有异议,您可以咨询我们物业服务中心
5	带上去的常备材料与业主实际需要的材料型号不合	为了能及时为您解决问题,我们备有业主常用材料并在接到报事后根据报事核实实际情况,带上对应材料入户处理,可惜的是,我们所备材料与您需换的配件型号不匹配,需外购同型号配件,我把材料型号给您,您可自行购买,也可委托我们代为购买

【学习目标检测】

一、思考题

1.简述物业服务企业的更名规律以及意义。

2.简述物业服务行业发展社区增值服务的历史机遇。

3.简述物业服务企业开展增值服务的价值和意义。

二、单项选择题

1.( )即根据客户的需求,为客户提供超出常规服务范围的服务。

　A.便民服务　　　　B.服务外包　　　　C.增值服务　　　　D.有偿中介

课程资源

2.物业服务企业积极应对市场需求变化,整合公司自身和社区内外( ),持续提供多元化、差异化的增值服务。

    A.服务项目   B.消费需求   C.优质资源   D.人才优势

3.在便民有偿服务流程中,( )不是管家的工作。

    A.接受报事   B.记录存档   C.回访查验   D.上门服务

4.从上市物业服务企业社区增值服务布局来看,以下哪类业务不是目前主要集中的类别?( )

    A.社区居家生活服务(社区零售、家政服务、文化教育服务、家装服务等)

    B.物业资产管理(经纪服务、租赁协助、长租公寓、车位租售等)

    C.社区空间运营服务(社区媒体、停车场管理、快递柜等)

    D.金融理财服务(理财产品、保险业务、社区基金)

5.为了物业项目美居业务充分开展,须至少在物业项目交付前( )启动美居业务相关工作。

    A.1个月   B.6个月   C.12个月   D.24个月

三、多项选择题

1.物业服务行业社区增值服务发展趋势不包括( )。

    A.业务结构持续优化,社区增值服务增速明显

    B.社区增值服务渗透率不断提升

    C.居家生活类与空间运营类增值服务将成为物业服务企业重要发力点

    D.高毛利率促使社区增值服务发展为物业服务企业未来核心业务

    E.随着法规完善,社区增值服务发展越来越受限制

2.便民有偿服务工作中,派工单最关键要素为( )。

    A.服务对象   B.联系方式

    C.服务地点   D.服务内容

    E.预约时间

3.新住宅物业项目美居业务主要工作内容包括( )。

    A.立项成立美居业务小组   B.收集调研交付楼盘信息

    C.平行部门沟通策划方案   D.方案执行落地

    E.美居业务学习

4.物业服务企业可以通过( )提供社区增值服务。

    A.自身资源整合   B.服务外包

    C.合作联营   D.有偿中介

    E.投资经营

5.便民有偿上门服务"四不准"包括( )。

    A.不准喝业主的水   B.不准和业主沟通

    C.不准抽业主的烟   D.不准吃业主的饭

    E.不准要业主的礼品

【养成性技能训练】

技能实训

各学习小组利用周末时间,调研学校周边居住小区,根据小区实际情况撰写当前物业服务企业开展便民有偿服务工作的特点和优缺点,并针对便民有偿服务的缺点提出改进意见。

参考文献

[1] 王晓宇.物业客户服务管理[M].北京:中国财富出版社,2012.

[2] 邵小云,等.物业客服培训[M].北京:化学工业出版社,2014.

[3] 王占强.卓越物业客服炼成手册:策略、技巧、模板与实例[M].北京:中国法治出版社,2017.

[4] 王靖.物业客户服务[M].济南:山东科学技术出版社,2016.

[5] 邵小云,王高翔,等.物业管理风险防范与服务案例[M].北京:化学工业出版社,2011.

[6] 宋文东.诚大物业员工队伍建设研究[D].大连:大连理工大学,2013.

[7] 张志国,郑实.物业管理沟通艺术[M].北京:机械工业出版社,2006.

[8] 周志宏.物业管理工作流程与工作标准[M].北京:中国纺织出版社,2013.

[9] 赵文明.物业管理工具箱[M].2版.北京:中国铁道出版社,2016.

[10] 黄光宇.物业管理实务[M].2版.大连:大连理工出版社,2016.

[11] 中国物业管理协会.物业管理实务[M].北京:中国市场出版社,2014.

[12] 向阳,冯永键,潘小国.物业管理承接查验与入住装修实用工作手册[M].北京:机械工业出版社,2011.

[13] 梁晓东.物业管理前期服务实用工作手册[M].北京:机械工业出版社,2011.

[14] 余源鹏.物业客户服务培训与管理手册[M].2版.北京:机械工业出版社,2014.

[15] 廖小斌.物业管理处实用工作手册[M].北京:机械工业出版社,2011.

[16] 郑轶.社区活动策划与组织实务[M].成都:西南交通大学出版社,2018.

[17] 鲁捷,于军峰.物业管理风险防范管理[M].北京:中国建筑工业出版社,2021.